ESKKA BASIC SERIES

エスカベーシック

# 食べ物と健康
## ―調理学―

渋川 祥子 [編著]

同文書院

# 『エスカベーシック・シリーズ』の刊行にあたって

　今，管理栄養士・栄養士を取り巻く環境は激変している。2000年3月の「栄養士法」改正により，とりわけ管理栄養士は保健医療分野の重要な担い手に位置づけられた。しかし，現代の大きなテーマとなっている「食の安全」や国民の「健康保持活動」の分野で，管理栄養士・栄養士が十分な役割を果たしているかは意見が分かれるところである。

　同文書院では，2002年8月に「管理栄養士国家試験出題基準（ガイドライン）」が発表されたのを受けて，『ネオエスカ・シリーズ』を新ガイドラインに対応して全面的に改訂し，より資質の高い管理栄養士の育成を目指す教科書シリーズとしての強化を図ってきた。

　『エスカベーシック・シリーズ』は，『ネオエスカ・シリーズ』のいわば兄弟版として位置づけ，ガイドラインの「社会・環境と健康」「人体の構造と機能および疾病の成り立ち」「食べ物と健康」「基礎栄養学」「応用栄養学」「臨床栄養学」「公衆栄養学」「栄養教育論」「給食管理」の各分野の基本を徹底的に学ぶことに焦点をあて，応用力があり，各職域・現場で即戦力になりうる人材の養成を目指すことにした。

　本シリーズは『ネオエスカ・シリーズ』と同様，"基本的な事項を豊富な図表・イラストと平易な文章でわかりやすく解説する"とのコンセプトは踏襲しているが，より一層「コンパクト」に「見やすく」したのが最大の特徴で，内容もキーワードを網羅し，管理栄養士・栄養士養成施設校のみならず，栄養を学ぶすべての関係者に活用いただけるものと，自負している。

　2009年4月

監修者代表<br>㈱同文書院

## 執筆者紹介

**【編著者】**
渋川祥子（しぶかわ しょうこ）／Chapter1
横浜国立大学 名誉教授

**【著　者】** *執筆順
今井悦子（いまい えつこ）／Chapter2，Chapter4-Ⅱ-3，Chapter4-Ⅱ-4，Chapter4-Ⅲ，
元聖徳大学 教授　　　　　　演習問題（Chapter2，Chapter4-Ⅲ）

杉山久仁子（すぎやま くにこ）／Chapter3，Chapter4-Ⅱ-1，Chapter4-Ⅱ-2，Chapter5
横浜国立大学 教授

大石恭子（おおいし きょうこ）／Chapter4-Ⅰ
和洋女子大学 教授

辰口直子（たつぐち なおこ）／演習問題（Chapter1，Chapter3，Chapter4-Ⅰ，Chapter4-Ⅱ，
聖徳大学 講師　　　　　　　　　　　　Chapter5）

## まえがき

　食育基本法が制定され，食育が盛んに行われている昨今，管理栄養士や栄養士の役割は重要であり，社会の期待も大きい。管理栄養士および栄養士養成カリキュラムでは，調理に関する内容は「食べ物と健康」に含まれている。そのうち，食品学，食品加工学，食品衛生等の内容は別冊で刊行され，本書は調理学部分の内容である。調理学が別冊となっているのは，「食」の問題を扱う場合，人が食べるという最終段階を「調理」が担っており，調理は食べ物を管理する上で重要なステップであるためである。この部分の知識や技術なしには，食の問題の専門家にはなれない。

　調理技術は，昔から伝承されてきたものが多く，「技」として伝えれば良いと考えられがちであるが，食べ物をおいしく調理する技術の裏には，その理由（理論）がある。調理技術の進歩のためにはその基礎になる知識を理解しておく必要がある。調理の諸操作を整理しておけば，その作業を合目的に整然と進めることが出来るし，調理を理論に則ってすすめれば，その技術は確実になり，進歩が早く，失敗が少ない。本書では，「調理」の範囲に入る事柄について，その基礎になる必須の知識を網羅し，調理を行う際に役立つように理論を実際の技術と関連付けながら解説した。また，出来るだけ平易に記述するように努力した。従って，本書は，管理栄養士，栄養士の養成のための教科書としてだけではなく，調理師や食関連の専門家はもとより，専門家でなくとも調理に関心を持つすべての人々の役に立つものであると考えている。

　本書を刊行するに当たっては，調理は単なる技術ではなく科学的な根拠を持つものである，と確信している調理科学の研究者の方々に執筆をお願いした。熱心さのあまり，多少詳しくなりすぎた部分もあるが，現在の最も新しい知見を盛り込んだものであると信じている。しかし，不備や正確さを欠く部分があるかも知れない。是非，ご指摘いただき，より使いやすい正確なものに改めたいと願っている。

　執筆者の方々には，教育や研究で多忙な中ご協力いただいたことに心から感謝している。また，本シリーズを企画していただいた同文書院に謝意を表する，と同時に，遅れがちな原稿の進捗状況に根気強くお付き合いいただいた編集者の地主憲雄氏に御礼を申し上げたい。

　2009年4月

編者　渋川　祥子

# contents ■もくじ

まえがき　i

## chapter 1　調理の意義と食事の計画　1
### 1　調理とは　1
1）調理の定義　1
2）調理の目的　1
3）食品加工と調理の関係　2
4）調理の学び方　2
### 2　食事の形態　2
1）食事の役割　2
2）食事の種類　4
3）食事の様式　4
4）供食の形式　7
### 3　食事計画　8
1）栄養のバランス　8
2）献立の作成　12
◆　演習問題　14

## chapter 2　食物のおいしさ　15
### 1　食べ物のおいしさに関与する要因　15
### 2　食べ物の特性要因　15
1）味　15
2）におい　24
3）テクスチャー　28
4）外観　30
5）温度　32
6）音　33
### 3　その他の要因　33
1）人の特性要因　33
2）環境要因　34
◆　演習問題　35

## chapter 3　調理操作と調理機器（大量調理機器含む）　37
### 1　調理操作の分類　37
### 2　加熱操作　38
1）湿式加熱　38
2）乾式加熱　41
3）誘電加熱（マイクロ波加熱）　43
4）過熱水蒸気加熱　46
5）真空調理法　46
### 3　非加熱操作　47
1）計量・計測（はかる）　47
2）洗浄（洗う）　47
3）浸漬（浸す，つける，もどす）　48
4）切砕（切る，きざむ）　48
5）粉砕・磨砕（つぶす，裏ごす，する，すりつぶす）　48

       6）混合・攪拌（混ぜる，ねる，こねる，和える，泡立てる）　48
       7）圧搾・ろ過（押す，握る，絞る，こす，のばす）　48
       8）冷却・冷蔵（冷ます，冷やす）　48
       9）冷凍・解凍（凍らせる，とかす）　48
  **4　調理機器**　51
       1）エネルギー源　51
       2）加熱調理器具（鍋類）　55
       3）加熱調理機器　56
       4）非加熱調理器具　58
  ◆　演習問題　61

# chapter 4　食品の成分と調理　63

**I　植物性食品**　63
  **1　穀類の調理**　63
       1）澱粉の糊化と老化　63
       2）米の調理　64
       3）小麦粉の調理　70
  **2　いもの調理**　82
       1）いもの種類と成分　82
       2）いもの調理　83
  **3　豆の調理**　86
       1）豆の種類と成分　86
       2）豆の調理　87
  **4　野菜の調理**　92
       1）野菜の特性　92
       2）野菜の調理　98
  **5　きのこの調理**　106
  **6　藻類の調理**　109
       1）藻類の種類と栄養特性　109
       2）嗜好的特性および調理性　110
  ◆　演習問題　115

**II　動物性食品**　117
  **1　肉類**　117
       1）構造と成分　117
       2）肉の熟成　121
       3）肉の加熱による変化　121
       4）肉の軟化方法　122
       5）肉類の調理　123
  **2　魚介類**　125
       1）魚介類の構造と成分　125
       2）鮮度　127
       3）魚の調理　129
  **3　卵類**　133
       1）卵の構造　133
       2）卵の成分　134
       3）卵の鮮度変化と測定法　135

4）熱凝固性　137
　　　5）乳化性　142
　　　6）泡立ち性　142
　4　乳・乳製品　144
　　　1）牛乳の成分と性状　144
　　　2）牛乳の調理性　145
　　　3）牛乳の調理による好ましくない変化　146
　　　4）クリームの調理性　146
　◆ 演習問題　148
Ⅲ　成分抽出素材　149
　1　澱粉　149
　　　1）澱粉の種類と特徴　149
　　　2）澱粉の糊化　149
　　　3）澱粉のゲル化　151
　　　4）澱粉の老化　152
　　　5）澱粉の調理　154
　2　油脂　154
　　　1）油脂類の種類と特性　154
　　　2）油脂の調理性　154
　3　砂糖　156
　　　1）砂糖の調味性　156
　　　2）砂糖の溶解性，親水性，保水性　156
　　　3）砂糖の加熱による変化　158
　4　ゲル化剤　160
　　　1）ゼラチン　160
　　　2）寒天　160
　　　3）カラギーナン（カラゲナン，カラゲニン）　162
　　　4）ペクチン　163
　◆ 演習問題　165

## chapter 5　調理と安全　167

　1　**調理と衛生管理**　167
　　　1）食品の汚染防止　168
　　　2）病原菌の増殖防止　168
　　　3）加熱して殺菌する　168
　2　**食品の衛生的な保管**　170
　　　1）温度　170
　　　2）水分　171
　　　3）包装　172
　3　**食品の安全性**　172
　　　1）表示　172
　　　2）調理による食品成分の変化により生じる有害物質　175
　◆ 演習問題　178

index ■さくいん　179

# chapter 1 調理の意義と食事の計画

〈学習のポイント〉
・生活における食事の意義と役割を理解する。
・「調理」の目的を理解すると同時に，調理学を学ぶことの意義を理解する。
・調理と食品加工の特徴や違いを知り，よりよい供食ができるようにする。
・供食の形式を理解し，よりよい献立を作ることのできる知識を得る。
・日本の食事の形式の歴史を理解し，食文化の伝承と創造ができるようにする。

## 1 調理とは

### 1) 調理の定義

　調理とは，食品材料を食べ物に変えることである。私たちは，多くの動植物を食べて生きており，食べることのできる動植物を食料と呼んでいる。食料である動植物をそのまま食べるのではなく，安全でおいしい食べ物に加工して食べる。食料から食べられない部分を取り除き，食べられる部分だけにした物を一般に食品という。その食品を食べやすい形（食べ物）に変えることが料理することであり，狭い意味ではそれを調理といい，広い意味では食事を整えること全体をさして調理という。食事とは，食べ物をいろいろな観点から組み合わせて食べることである。

### 2) 調理の目的

　調理を行う目的を挙げると以下のようになる。

#### (1) 栄養効果を高めること

　細かく切ることやすりおろすことなどで食品の組織を壊したり，加熱によってやわらかくしたりすることで食品に含まれる栄養素の消化吸収をよくする。特に澱粉は生の状態では消化吸収が悪いが，加熱することにより，大幅に消化吸収率が高くなる。

　食品を組み合わせて調理することによって，栄養効果が高くなる。たとえば，油の使用でカロテンの吸収率が向上することや，数種の食品を組み合わせることでアミノ酸バランスがよくなることなどがある。

　また，見た目のおいしそうな料理にすることで食欲を増進させ，消化機能を向上させる。

#### (2) 安全な食べ物にすること

　動植物の中には，人間にとって害になるような成分を含んでいるものもあるので，これらを切断や洗浄，浸漬等で取り除く。微生物の増殖による腐敗を防ぐため加熱によって微生物を死滅させたり，塩や酢の利用によってその増殖を抑えたりする。これらの操作は食品の保存性の向上にもつながる。

　また，食品や調理品を安全に保存するための温度管理も調理の重要な役割である。

#### (3) 嗜好性を高める

　嗜好性は人や地域によって異なるが，一般には栄養価が高く食物として価値があるものをおいしいと感じる場合が多い。たとえば，澱粉を多く含む食品は，加熱によって澱粉を糊化させることによって生の時よりもおいしいと感じる。適度に調味されたものをおいしいと感じ，過度の塩分や過

度の苦味はおいしいと感じない。

　加熱によって味，香りやテクスチャーをよくする場合が多い。これは適度な温度操作によってテクスチャーが変化することや，うま味成分が増すこと，焼く場合に見られるように，よい香りやおいしそうな着色が起きるためである。

#### (4) 外観的価値を高める

　彩りや，形，食器との調和によって見た目が美しく，おいしそうに見えることは，食べることの満足感を高め，食欲を増す。

#### (5) 食文化を伝承する

　それぞれの国や地方には，昔から伝えられた食べ物があり，また人々の生活の仕方によってつくり出された行事に関わる食べ物がある。これらは，地域の地理的・歴史的な条件によってつくり出され，昔から伝えられた文化である。また，四季折々や暮らしの節目でつくられてきた料理は，人々が暮らしを楽しく安全なものにするために考え出し，伝えられたものでもある。

　これらを大切にすることは，生活を豊かにすることにつながる。

### 3) 食品加工と調理の関係

　古くは，食料を加工して食品にする段階を食品加工とよび，食品を食物に変える段階を調理としていたが，現在では，食品産業で調理操作が大量に同時に行われ，その製品を簡単な操作によって（たとえば，熱湯を加えるだけやあたためるだけ）食べられるような加工食品や，そのまま食べることのできる調理済食品が惣菜として供給されている。そのため，食品加工と調理の区別が曖昧になっている。

　調理と食品加工の境界は曖昧ではあるが，**調理**は食べる対象が限られている範囲で小規模で行われ，**食品加工**は，不特定多数の人を対象として大量に行われることに大きな違いがある。家族単位で行われる調理は，家族構成や家族の健康のことを配慮して行われ，学校給食の調理は，児童・生徒の健康や好み，さらには教育的な観点を配慮して行われる。

　加工食品の場合は，購入する人は限定されていないので，味はより多くの人に好まれるようなものとなる。安全性は配慮されてはいるが，個別に対応する上記のような配慮は払われず，一般的な好みや価格，保存性などが優先される。

### 4) 調理の学び方

　調理は，有史以来続けられている技術であり，以前はその操作方法だけが伝えられていた。しかし，現在は，科学の進歩とともに調理段階で起こるいろいろな現象を科学的に解明することができるようになった。一方で科学技術の進歩により，調理用器材も進歩している。理論に則って操作を行うことによって，これまで長い熟練を必要とした技術も比較的簡単に習得できるようになった。

　調理を学習するときには，技術のみを習得するのではなく，理論をよく理解することで，技術の上達が早くなり，応用・工夫ができるようになる。調理の上達のためには，理論を学んだ上で技術を修得することが必要である。それと同時に，食事の栄養や食事がもたらす精神的な側面をも理解して，調理を捉える必要がある。

## 2　食事の形態

### 1) 食事の役割

　食べることは人間が生きていくために不可欠なことであるが，それを食事の形で摂取することには次のような多面的な役割がある。

#### (1) 栄養機能

　栄養のために食べる必要がある。人間が健全に発達し，身体の健康を維持するために必要な栄養素をバランスよく摂れるように，食品を組み合わ

せて食べる。これは食事の最も基本的な働きである。

### (2) 生活のリズム

人は睡眠と覚醒を繰り返して生活をしている。起きている1日の時間は，生理的な活動や社会的（職業的）な活動，楽しみの時間などの組み合わせで構成されるが，それらを組み合わせて規則正しい生活を送ることは心身の健康につながる。食事を摂る事によって1日の生活にリズムをつくることができ，そのことが生理的にも精神的にも健康な生活につながる。人は，1日に数回食物の摂取をするが，現在では，朝食，昼食，夕食の3回の食事を摂る事が一般的であり，その他，場合に応じて間食を摂る。

### (3) 精神的な機能

食欲は本来人間が持っている欲望であり，これを満たすことで生理的な満足感が得られる。また，食事を楽しむことで豊かさや充実感を味わうことができ，精神的な安定につながる。

### (4) 社会的な機能

食事を一緒に摂ること（共食）で，人と人の関係を深めることができる。昔から深いつながりを求めるときには食事を共にすることが行われてきた。食卓を囲みながらその時間と空間を共有し，楽しく過ごすことの効果である。宗教的な行事にも必ず食べることが介在する。神や仏に食物を供えるのも，神や仏と共に食べる行為（共食）の現われである。

### (5) 文化的な機能

それぞれの地域で，天候や地理的な条件で収穫される食料が異なり，それらを利用してよりよい食生活をするための知恵が積み重ねられてきた。そのため，それぞれの国や地方に独特の食べ物や食べ方がある。これらは，長い歴史を持った文化（食文化）である。これらの文化を大切に受け継いでいくことや，時代に応じた新しい食の文化をつくり出していくことは，私たちの役割でもある。

MEMO

## 2) 食事の種類
### (1) 生活の場面での分類
#### ①日常食
　日常的な生活での食事であり、生活の場で繰り返される食事である。家庭で摂る食事と仕事や勉学の場などで摂る食事がある。後者の場合は、給食であったり、それぞれが持ち込む弁当の形をとったりする。

#### ②行事食・供応食
　非日常的な行事の食事がある。お祝い事のあるときの食事は、ハレの食事といわれ、昔からご馳走を食べることが多かった。これらは、おいしいものというだけではなく、お祝いの縁起を担いで、その行事にふさわしい食べ物を用意する習慣がある。たとえば、お正月には、新年を祝って、家族の繁栄と健康を祈るおせち料理がつくられる。黒豆は「まめ」である（健康である）事の願い、数の子は子孫繁栄を願っての料理である。

　供応食は、客人を迎えたときのおもてなしの料理で、相手に喜ばれるようなご馳走を出すのが一般的である。

### (2) つくる場所・食べる場所での分類
#### ①外食
　専門の厨房でつくられたものを、レストランや料理店など家の外で食べることをいう。1940年代には外食はハレの食事であったが、経済成長とともに手軽に利用できるファミリーレストランなども増えて日常的な行為になり、徐々に増えていった。しかし、1990年代に入ってその伸びは横ばいになった。

#### ②中食
　食品産業のめざましい発展と、生活の簡便化の影響で家庭の外でつくられた食事を持ち帰って、生活の場で食べるいわゆるテイクアウトによる食事が増えている。これを中食（なかしょく）と呼んでいる。外食と同様に専門の厨房でつくられているが、食べる場所が家庭内などの生活の場である。これは、ゆっくりと落ち着いて、仲間（家族）で食事をしたいとの要求の現われであろう。

#### ③内食
　家庭でつくり、家庭で食べる食事を内食（ないしょく）という。食べる人の好みや健康状態に合わせて食事をつくることができ、それぞれの家庭の味も創造される。しかし、現在は、忙しい生活者が増えており食事を全て食材からつくることは難しい場合が多い。上手に加工食品を利用することで、内食を手軽に実現する工夫も大切である。

　外食、中食が増えていることは、食費の支出金額からも推察することができ、1980（昭和55）年の食料費にくらべて、2005（平成17）年の食料費は1.05倍と大きくは変らないが、外食費は1.5倍、調理済み食品への出費は約2倍と大きく増えている。

## 3) 食事の様式
　日本人の食事は非常に変化に富んでおり、豊かである。外国からの影響も強く受けており、日本に居ながらにしていろいろな外国由来の食事を味わうことができる。そして、現在は日常的にも多くの外来の料理を折衷して食事を組みたてることが多くなった。しかし、それぞれの国の食事には長い伝統があり、その形式が決まっている。これらの形式に強く縛られることはないが、それらの形式を尊重し、理解したうえで、活用する必要がある。

### (1) 日本食（和食）
　日本は稲作の国であり、4方を海に囲まれた島国であることから、米や魚介類を食べる食習慣があった。現在の日本料理の形は、室町時代の貴族階級、武士階級、仏事の食事（精進料理）の形式、茶の湯の懐石料理が基になり、庶民の中に広がり伝えられていったものであるが、その後の西洋との交流により取り入れられた料理も日本料理として定着しているものが多い。本膳料理*の「一汁

三菜」「二汁五菜」「三汁七菜」形式は室町時代に成立し、この「一汁三菜」の形式は、現在も和食に受け継がれている。江戸時代には、酒宴を主体とした<u>会席料理</u>が始まっている。

現在の和食の膳組みは、本膳*の一汁三菜の流れが約束事となっており、主食である米飯、汁、主菜、副菜の位置が決まっている（図1-2-1）。

和風料理の特徴は、米飯を主食とすること、食材の持ち味を生かすことである。外観を重視し器との調和を取り、美しく盛りつける。調味料としては、塩、しょうゆ、みそを用い、砂糖やみりんなどで甘みをつけることが多い。

### (2) 西洋料理

ヨーロッパの食事を指すが、ヨーロッパもイギリス料理、ドイツ料理、イタリア料理等それぞれに気候風土、地方の産物、歴史的な背景による特徴がある。日本で西洋料理（洋風料理）というときには、フランス料理をさすことが多く、その形

> **＊本膳料理と本膳**
> 本膳料理は、料理の数が多い場合は、二の膳、三の膳など膳の数を増やして供されるが、そのうち客の正面に置く膳を「本膳」という。

図1-2-1　本膳の一汁三菜と日常和食の配置

式や料理の組み合わせもフランス料理を基本にしている場合が多い。西洋料理の特色は、肉類を用いるため種々の香辛料を多用し、ソース類が発達している。パンを主食とし、料理の調味には砂糖を使用しないが、食事の最後に甘いデザートを食べることが多い。

西洋料理の正餐は、前菜に始まり、デミタスコーヒーに終わる品数の多い豪華なコースが準備され、料理を一度に出さず順次サービスされる。使用する食器も料理ごとに取り替える。しかし、簡単な食事の場合は、そのコースを簡略化して組み合わされる（図1-2-2）。

### （3）中国料理

中国は広い国であり、地方によっていろいろな料理の特徴がある。一般的な共通点は、揚げ物、炒め物など油を多用すること、素材の生食が少ないこと、食材の種類が多く、香辛料を豊富に使い味つけが濃厚で変化に富んでいることなどである。北の地方（北京料理）では麺類などの粉食が多いが、南の地方（広東料理、福建料理）では魚介類、野菜を多種類用い、米を主食とする。味つけは比較的淡白である。内陸の四川料理では乾物の利用が多く、辛味の強い料理が多く、漬物も発達している。供卓の形式は、料理を大皿に盛り、取り分けながら食べる（図1-2-3）。

### （4）その他の国の料理

現在の日本でよく食べられている料理の特徴を簡単に記すと次のようである。

#### ①イタリア料理

パスタ（麺類）が多く、オリーブ油、トマトを調味に多用する。スパゲティ料理、ピザは代表的な食べ物である。

#### ②韓国料理

唐辛子、にんにくを多用する。キムチ、焼肉は代表的な料理である。

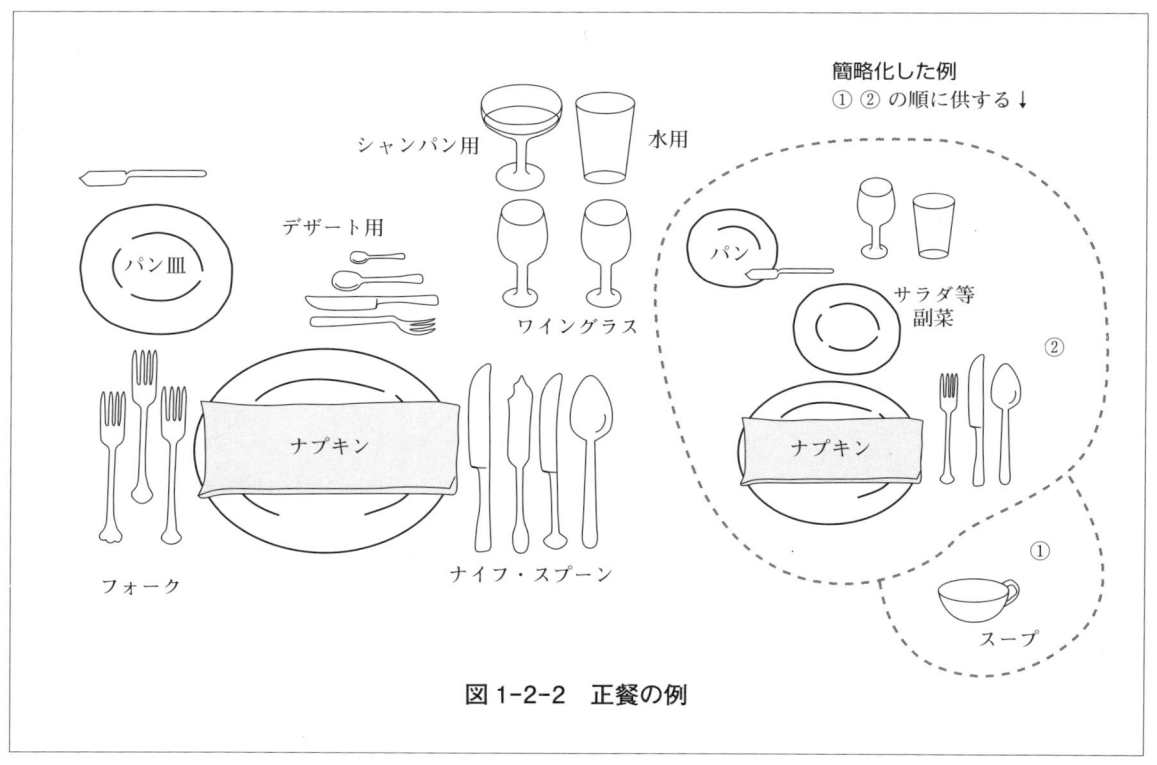

図1-2-2　正餐の例

③ **タイ料理**

　酸味，甘み，辛味の利いた味つけが特徴的であり，料理の味つけに砂糖を多用する。独特の香りの香菜を使う。トムヤムクン，生はるまきなどが代表的な料理である。

## 4）供食の形式

　日常の食事は，主食，主菜，副菜，汁物，その他のつけ合せの形で，食卓に出すのが一般的である。料理は，1人ずつ盛りつけることも，大盛りにして食卓で取り分けることもある。

　会食の場合は，西洋式，和式，中国式の様式に則って供食されるが，その他の方法として，ビュッフェ式やバイキング式などがある。

### （1）ビュッフェ

　準備された料理を各自が自分で取って食べ，席を決めず立食式の場合が多い。料理の内容は，洋式の正餐に準じる場合（オードブルからデザート

図 1-2-3　中国テーブル構成

MEMO

まで）が多いが，場合によって和食や中国風の料理などいろいろな料理が並べられることもある。

### (2) バイキング

ビュッフェと同様各種の料理がまとめておかれており，各自が自分で取り，自分の席に座って食べる。

## 3 食事計画

### 1）栄養のバランス
#### (1) 食事摂取基準

食事の第一の意義である栄養の充足のために，エネルギー量と栄養素の適切な摂取量を考え，栄養素のバランスをとることは重要なことである。必要な栄養素の量などについては「日本人の食事摂取基準（2020年版）」（厚生労働省策定）が定められている。食べる人の状況（年齢，性別，生活状態）に応じて必要なエネルギー量，たんぱく質量，脂質の比率，食塩量，ビタミン量などを知ることができる（表1-3-1）。

#### (2) 食品成分表

食事摂取基準から求められるエネルギー量や栄養素の量に見合うような食品の組み合わせと量を知ることが大切である。それぞれの食品に含まれている栄養素の量は，食品成分表で知ることができる。食品成分表には多くの種類があるように見えるが，中に書かれている食品の成分値は「日本食品標準成分表」の値が使われている。これらは，文部科学省科学技術・学術審議会資源調査分科会から出されているもので，現在は2023（令和5）年に発表された「日本食品標準成分表（八訂）増補2023年」[*]が使われている。専門的に正確に栄養素の量を計算するには，これを利用し，使用した食品の量から計算する。

表1-3-1　食事摂取基準

| 年齢（歳） | 推定エネルギー必要量[※1]（Kcal／日） | | たんぱく質推奨量（g／日） | | 脂肪エネルギー比率[※2]目標量（％） |
|---|---|---|---|---|---|
| | 男性 | 女性 | 男性 | 女性 | |
| 1～2 | 950 | 900 | 20 | 20 | 20～30 |
| 3～5 | 1,300 | 1,250 | 25 | 25 | 20～30 |
| 6～7 | 1,550 | 1,450 | 30 | 30 | 20～30 |
| 8～9 | 1,850 | 1,700 | 40 | 40 | 20～30 |
| 10～11 | 2,250 | 2,100 | 45 | 50 | 20～30 |
| 12～14 | 2,600 | 2,400 | 60 | 55 | 20～30 |
| 15～17 | 2,800 | 2,300 | 65 | 55 | 20～30 |
| 18～29 | 2,650 | 2,000 | 65 | 50 | 20～30 |
| 30～49 | 2,700 | 2,050 | 65 | 50 | 20～30 |
| 50～64 | 2,600 | 1,950 | 65 | 50 | 20～30 |
| 65～74 | 2,400 | 1,850 | 60 | 50 | 20～30 |
| 75以上 | 2,100 | 1,650 | 60 | 50 | 20～30 |

※1　身体活動レベルを「低い」「ふつう」「高い」の3つに分けた場合の「ふつう」＝身体活動レベルⅡの値。75歳以上ではレベルⅡは自立している者に相当する。
※2　総エネルギー摂取量に占める脂質の割合。
資料）「日本人の食事摂取基準（2020年版）」

## （3）食品群

日常的に食事の内容を考えるには食品成分表から栄養素量を計算することは煩雑なので，食品の組み合わせを簡便に考える方法として食品群の考え方を利用することができる。これは，食品に含まれている栄養素の特徴から群別に分類して，これらの食品群を組み合わせることでバランスをとるようにする方法である。よく使用される食品群の考え方は，次の種類のものがある（表1-3-2）。

### ① 3つの食品群

最も簡単なものであり一般的な指導に使いやすいものであり，低学年の学校給食の指導などにも使用される。

### ② 4つの食品群

かつての日本人の栄養改善を目標として考案された食品群であり，現在もこの食品群を利用している人が多い。

> **＊ 日本食品標準成分表（八訂）増補2023年**
>
> 「日本食品標準成分表2020年版（八訂）」の成分値を一部見直し，新たに60食品を追加して計2,538食品を収載する「（八訂）増補2023年」が2023（令和5）年4月に公表された。あわせてアミノ酸成分表編，脂肪酸成分表編，炭水化物成分表編の「（八訂）増補2023年」版についても，文部科学省ホームページより公開されている。
>
> ◎文部科学省
> 「日本食品標準成分表（八訂）増補2023年」
> https://www.mext.go.jp/a_menu/syokuhinseibun/mext_00001.html

表1-3-2　食品群

| 食品群 | 分類 | 主な栄養素など | 食品例 |
|---|---|---|---|
| 3つの食品群（3色食品群） | 血や肉を作る（赤群） | たんぱく質，カルシウム | 魚，肉，卵，大豆製品，牛乳，乳製品 |
| | 力や体温となる（黄群） | エネルギー源，脂質 | 米飯，小麦粉製品，いも，砂糖，油脂類 |
| | 体の調子を整える（緑群） | ビタミン類 | 野菜，果物，海藻 |
| 4つの食品群 | 第1群　乳・卵 | たんぱく質，カルシウム，ビタミン | 卵，牛乳，チーズ |
| | 第2群　魚介・肉・豆・豆製品 | たんぱく質 | 魚，肉，豆腐，みそ |
| | 第3群　野菜・いも・果物 | ビタミン類 | 野菜，果物，いも類， |
| | 第4群　穀類・砂糖・油脂 | エネルギー源 | 米飯，パン，麺類，砂糖，サラダオイル |
| 6つの基礎食品群 | 魚，肉，卵，大豆製品 | たんぱく質，カルシウム | 魚，肉，卵，豆腐，みそ |
| | 牛乳，乳製品，小魚，海草 | カルシウム，たんぱく質 | 牛乳，チーズ，ヨーグルト，しらす干し，わかめ |
| | 緑黄色野菜 | カロテン，その他のビタミン類，ミネラル類 | ほうれん草，かぼちゃ，にんじん |
| | その他の野菜・果物 | ビタミンC | 大根，白菜，きゅうり，りんご，みかん |
| | 米，パン，めん，いも | 糖質・エネルギー源 | 米飯，パン，麺類，砂糖，さつまいも |
| | 油脂 | 脂質・エネルギー源 | サラダ油，バター，マヨネーズ |

### 表 1-3-3　4つの食品群のとりかたの基本

| ♠第１群 | ♥第２群 | ♣第３群 | ◆第４群 |
|---|---|---|---|
| 乳・乳製品2点（250g）＋卵1点 | 魚1点（50g）＋肉1点（50g）＋豆・豆製品1点（80g） | 野菜1点（350g，うち1/3以上は緑黄色野菜）＋芋1点（100g）＋果物1点（200g） | 穀類9点＋油脂1.5点（植物油大さじ1強）＋砂糖0.5点（大さじ1強） |
| 3 | 3 | 3 | 9+1.5+0.5 |

・食品に含まれるエネルギー80kcalを1点とし，1,600kcalを摂取する場合，20点摂取する。
資料）香川明夫監修『七訂食品成分表2019』女子栄養大学出版部，2019より作成

### 表1-3-4　6つの基礎食品群の摂取量の例

食品群別摂取量のめやすと概量の考え方（調理に使いやすいポイントで示す）

| 食品群 | 食品群別摂取量のめやす（g）身体活動レベルⅡ 男・女18〜29歳 | 1ポイント（単位）の量 | 1日に摂取するポイント（単位）数 身体活動レベルⅡ 男・女18〜29歳 | 1ポイントに相当する食品例 |
|---|---|---|---|---|
| 1群　魚・肉・卵，豆製品 | 330（男）<br>300（女） | 60〜80g | 4　　（男）<br>3〜4（女） | 魚，ロース肉一切れ，豆腐1/4丁，卵1個[※1] |
| 2群　牛乳・小魚・海藻 | 300（男）<br>300（女） | 50g | 6　　（男）<br>6　　（女） | 牛乳50ml，戻しわかめT3，ヨーグルト1/2個 |
| 3群　緑黄色野菜 | 100（男）<br>100（女） | 25〜30g | 4　　（男）<br>4　　（女） | ほうれん草1株，かぼちゃ1切れ |
| 4群　その他の野菜・果物 | 450（男）<br>450（女） | 50g | 8[※2]（男）<br>8[※2]（女） | レタス2枚，ナス1/2個，きゅうり半本 |
| 5群　穀類・いも類・砂糖 | 700（男）<br>600（女） | 100〜120g[※3] | 5〜6（男）<br>5　　（女） | 米飯1杯，ロールパン1〜2個，食パン1切，うどん2/3杯分，さつまいも1/2個 |
| 6群　油脂 | 25（男）<br>20（女） | 5g | 5　　（男）<br>4　　（女） | バターt1，ドレッシングt1強 |

T：大さじ（15ml），t：小さじ（5ml）
※1　卵は80gにならないが，1Pとする。
※2　果物より野菜を多めに。果物299g程度。
※3　砂糖は50g。少なめに。穀類は調理品の重量とする。いも類50gくらいを摂るようにする。
資料）杉山久仁子　他6つの食品群摂取量検討グループ，2019

### ③ 6つの基礎食品群

厚生省（現在の厚生労働省）が栄養指導のために1958（昭和33）年に発表したもので，保健所における栄養指導や学校教育では長年使用されている食品群である。

### (4) 食品の組み合わせと量

どの食品群からも食品を摂るような食事を考えることによってある程度の栄養的バランスは取れるが，もっと詳しく栄養的な観点から考えるときには，食品の量を把握する必要がある。どのようなものをどのくらい食べるかについては，各食品群でその摂取量を示されたものを利用するとよい。4つの食品群および6つの基礎食品群は一般の栄養指導でも学校教育でも広く使われている方法である（表1-3-3，表1-3-4）。

4つの食品群はグラム数と図示された概量が点数で示されているし，6つの食品群では料理に使いやすい食品の概量を1ポイントとして示し，1

MEMO

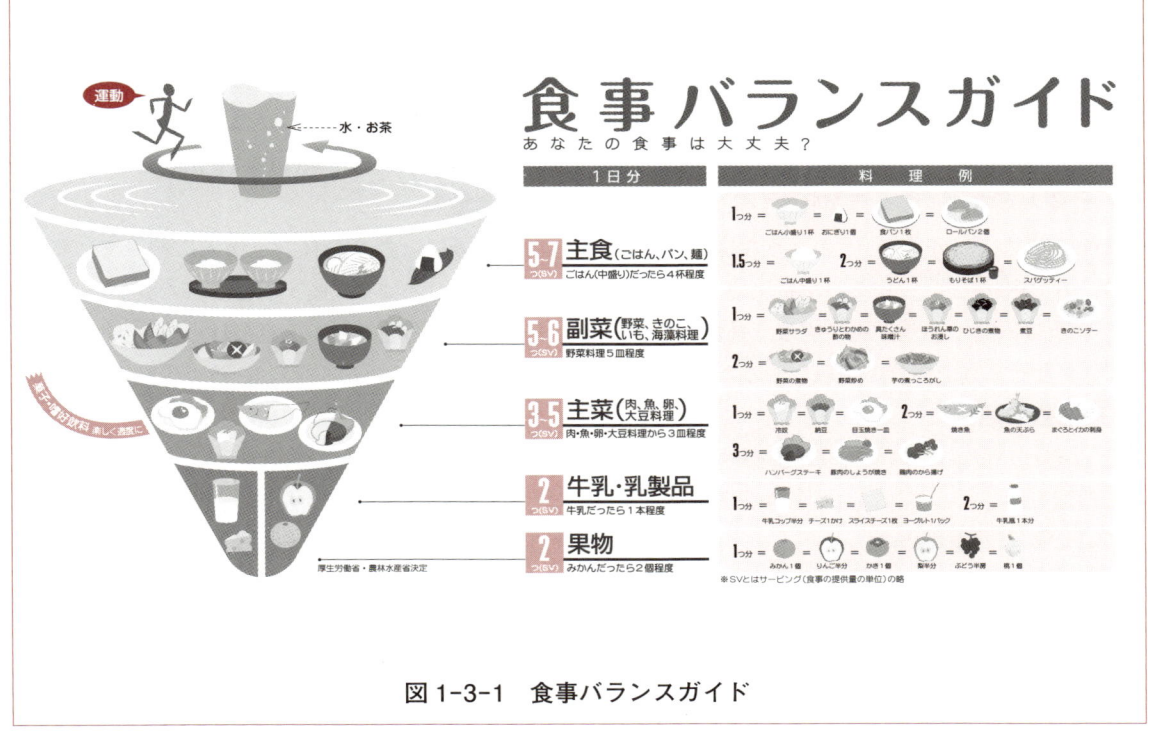

図1-3-1　食事バランスガイド

日に食べるポイント数を示すことによって日常的に使いやすく工夫されている。

また，2002（平成14）年に厚生労働省と農林水産省から「食事バランスガイド」が発表された。これは，一般の人たちがわかりやすいように，1日に摂る料理の組み合わせとその概量を図示し，こまの形で表したもので，食事を「主食（穀類）」「副菜（野菜，いも類，きのこ，海藻）」「主菜（肉・魚・卵・大豆料理）」「牛乳・乳製品」「果物」の5つに分け，1回に食べる分量を1サービング（SV）として示し，1日に食べるサービング数を示している（図1-3-1）。

どの方法を使っても，栄養バランスを取るという意味では大差はなく，使いやすいと思われる食品群を利用するとよい。

### 2）献立の作成

広い意味では，食事の計画を献立という。狭い意味では1回の食事の料理の組み合わせをいうこともある。献立を考えるときの手順は以下のようになる。

#### （1）食事の形式・様式の選択

1日に3回の食を摂るのが一般的である。どの食事をどのような形で摂ることができるかを考え，対象の食事はどのような形式か（家庭での食事か弁当かなど）を決め，どのような様式（和風，洋風，中国風など）にしたいかを決める。たとえば，朝食は家庭で摂り洋風にする，昼食は和風の弁当，夕食は家庭で摂り中華風にするなどである。

#### （2）主食の選択

それぞれの食事について，(1)の選択にしたがって，穀類を中心にして米飯にするか，麺にするか，パンなのかなどを決める。

#### （3）主菜，副菜の選択

(1)にしたがって主菜（主となる料理）を決める。肉類，魚介類，卵など主としてたんぱく質源となる食品の料理を主菜とすることが多い。主菜と主食を組み合わせた物にすることもある。たとえば，丼物，カレーライスなどである。

次に，食品の組み合わせを考えて，副菜や汁物を決める。

#### （4）その他の留意事項

##### ①味の組み合わせ

材料や味に同種のものが重複しないように工夫する。味の濃いもの，薄いもの，塩味，酸味などの変化，油の多い料理，あっさりとしたものなどを組み合わせる。

##### ②食べる人の好みや健康上の要求

食べる人の好み，健康上の必要条件を配慮して料理の種類を決定する。幼児，成長盛りの子ども，健康に問題があり食生活上制限を加える必要のある人，高齢者など喫食する対象の条件を満たすよう配慮する。

##### ③季節感

日本にははっきりとした四季があり他の国々よりも季節感を大切にする食習慣がある。季節によって使える食品が異なることから季節に適した食品（旬の食品）を選択すると同時に，それぞれの気候に合った料理を考える。たとえば，寒いときには体の温まる温度の高い濃厚な料理を選び，暑いときには清涼感のある料理を選ぶなどである。

##### ④地産地消

現在では，多くの食品を輸入に頼っているが，それぞれの地域で生産・収穫された食品を使うことが，環境問題からも，経済性からも大切なことである。生活の場に近いところで生産されたものを大切に考え，献立の中に取り込むようにする。

##### ⑤経済性

それぞれの事情によって，食事のために使われる予算がある。予算規模を考えてその中で成り立つような食品材料の選択をすることが大切である。栄養的には同様の特徴を持ちながら値段の異なる食品は多種類存在する。たとえば，魚は旬のものを選べば値段は安いし，手に入りにくい高級

魚を選べば費用は嵩(かさ)むことになる。

### ⑥能率と能力

　実際に食事を整える人の調理の能力と調理に使える時間を考えて，献立を考えることが必要である。調理する能力がない場合や時間のない場合に手の込んだ料理を考えても実現は難しい。このようなときには，たとえば電子レンジや自動化された加熱機器等の能率的な調理器具の利用や，加工食品の上手な取り入れ方を考えることが大切である。

　食事の機能を考えて，健康で健全な生活を維持できるような食事を計画していくことが大切である。

MEMO

## ◆演習問題

**問題1.** 日本料理に関する記述である。**正しい**ものはどれか。1つ選べ。

a 懐石料理は，酒宴を主体とした料理である。
b 精進料理は，植物性食品を中心にした仏事の食事様式である。
c 本膳料理は，江戸時代に始まった食事様式である。
d 会席料理は，茶の湯を主体とした食事である。
e 和食の膳組みは，米飯，汁，主菜，副菜の位置が決まっていない。

**問題2.** 次の文章のうち，**誤っている**ものはどれか。1つ選べ。

a ハレの食事は葬儀などの時に供される。
b 生活の簡便化の影響で，家庭の外で作られた食事を持ち帰って，生活の場で食べるテイクアウトによる食事を中食と呼ぶ。
c 食品群は栄養素の特徴が類似している食品をいくつかの群にわけたもので，バランスの良い献立の作成に使用される。
d 食事バランスガイドは1回に食べる分量を1サービングとして示し，1日に食べるサービング数を表示している。
e 調理の目的のひとつは，栄養摂取のバランスを取ることである。

---

◎解答
問題1.　b
問題2.　a

# chapter 2 食物のおいしさ

〈学習のポイント〉
- 食べ物の最も重要な要素であるおいしさについて，それを左右する要因を理解しておいしい食べ物を整えることができる知識を得る。
- 呈味成分とその濃度や，調味料の種類，調味の仕方を理解する。
- 味は呈味成分の相互関係や食品物性（硬さなど）によって影響されることを理解する。
- おいしさを左右する食物の口ざわりや香り，さらに食べる人の生理状態など呈味成分以外の要因について理解する。

## 1 食べ物のおいしさに関与する要因

　食べ物を食べたとき感じるおいしさには，人がそれを見て，においを嗅ぎ，口に入れ咀嚼したときどのような味がしたかなど，食べ物自身のもつ性質や状態が大きく影響する。さらに，同じものを食べても人によって，また同じ人でも食べるときによっておいしさが違うことがあるように，食べ物以外の食べる側のさまざまな要因もおいしさに関与する。たとえば風邪のときは何を食べても砂を嚙むようであり，真夏には冷えたそうめんが，真冬には温麺がおいしいと思う経験は誰もがしている。食べ物のおいしさに関与する要因を図2-1-1に示した。

## 2 食べ物の特性要因

　食べ物自身のもつ特性は，化学的特性と物理的特性に大別される。前者は味とにおい，後者は外観，テクスチャー，温度および音をさす。味とにおいは，食品中の呈味成分や香気成分が口や鼻中の感覚器官と化学的に結合したりすることから，化学的といわれる。
　食物のこれらの特性はそれぞれ図2-1-1の右端に示す人の感覚器で受容され，その刺激が電気信号に変えられて脳に伝わり，脳の中で過去の記憶などと照合され，最終的に総合評価としておいしさの判断が下される。図2-1-1の感覚は，いわゆる五感といわれるもので，味覚，嗅覚，視覚，聴覚および皮膚感覚である。皮膚感覚とは，触覚，圧覚，痛覚，温覚および冷覚（温覚と冷覚を温度覚ともいう）を含む感覚をいう。
　食べ物のおいしさに寄与する要因別にその比率を調査した研究がある（図2-2-1）。専門家にアンケート調査したもので，そのうち教師グループ50名の結果を図にした。味の比率が高いものはオレンジジュース，ポタージュ，なすぬかみそ漬けなど，香りは清酒など，温度は清酒，オレンジジュースなど，外観はにんじんグラッセ，栗きんとんなど，テクスチャーはだんご，卵豆腐，クッキーなどと，食べ物によっておいしさに影響する特性要因が大きく異なることが分かる。

### 1）味

　味には，5つの基本味（甘味，塩味，酸味，苦味，うま味）とその他の味がある。基本味は，近年ま

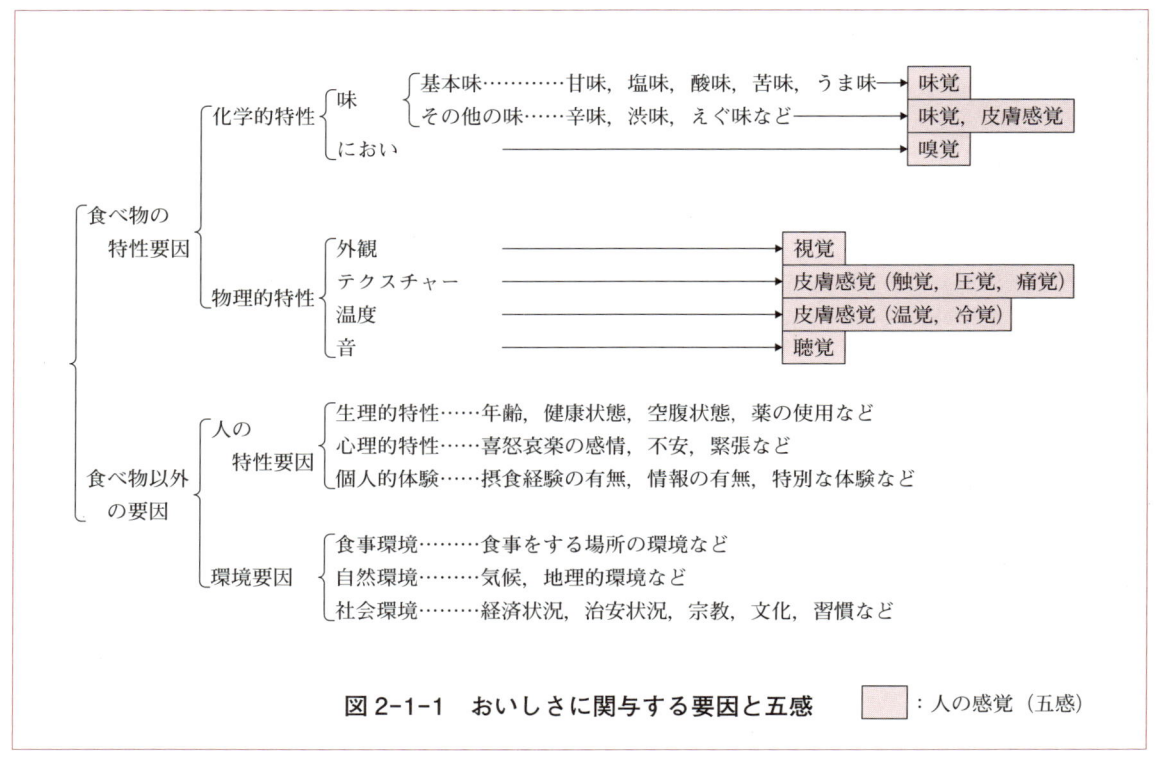

図 2-1-1　おいしさに関与する要因と五感　　■：人の感覚（五感）

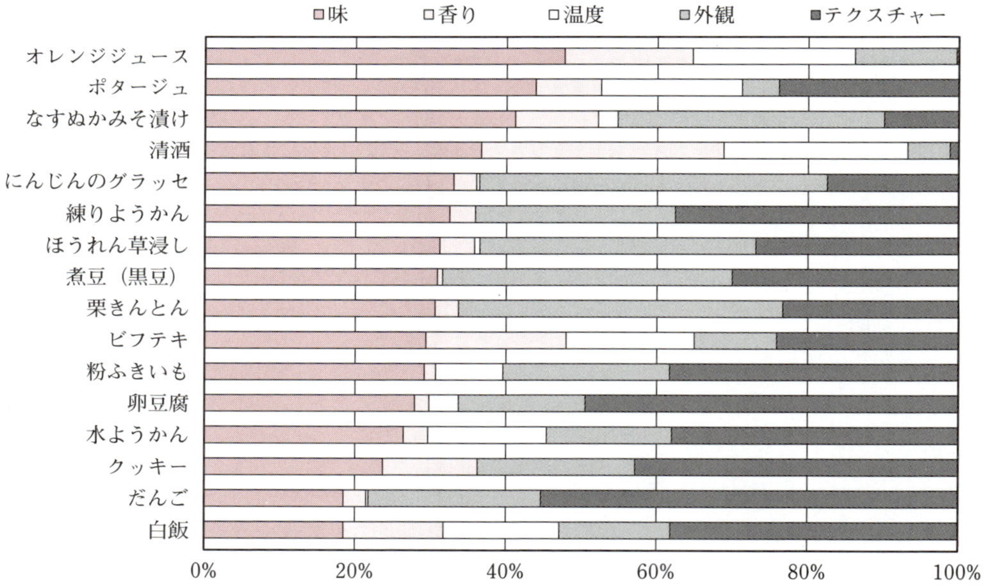

図 2-2-1　おいしさに貢献する要素大別項目の得点割合（教師グループ）

資料）松本仲子他「調理科学会誌」Vol10, p.97-101, 1977を著者が作図

で世界的には4つであるとされていた。1903（明治41）年にわが国で昆布からグルタミン酸が発見され，うま味と命名された。続いて1913（大正2）年にかつお節からイノシン酸が，1960（昭和35）年にしいたけからグアニル酸が発見され，ようやく1985（昭和60）年には5つ目の基本味として Umami が世界的に認知された。

基本味以外の味には，辛味，渋味，えぐ味，しゅうれん味，アルカリ味，金属味などがある。これらは味覚と皮膚感覚が関与して感じる味とされている。

## （1）甘味

甘味はヒトが本能的に好む味であり，生後間もない乳児でも甘味に対しおいしそうな反応を示すといわれる。食品中の甘味物質（砂糖）の濃度は，煮物などの2～6％～煮豆・餡などの50％前後～ジャムの60％程度～飴類などの80％程度と，非常に幅が広いのが特徴である。

食品中に存在する甘味物質には次のようなものがある。もっとも代表的なものはスクロース（ショ糖）で，果実，根，葉茎など植物に広く存在する。ラクトース（乳糖）は哺乳類の乳汁に含まれる。マルトース（麦芽糖）はビール製造中にできる麦汁や水あめに含まれる。グルコース（ブドウ糖），フルクトース（果糖）は，果物や蜂蜜に多く含まれる。これらは食品から抽出・精製して調味料としても利用されている。

工業的に製造される甘味料には表2-2-1のようなものがある。穀類に多く含まれる澱粉を酵素で加水分解して製造した結晶ブドウ糖や，グルコースに異性化酵素\*を働かせて一部をフルクトースに変えた異性化糖は，飲料などに広く使われている。一方，天然には存在しない，また存在しても量が少ないために工業的に製造され，広く加工食品に使われている甘味物質も多くある（表2-2-1）。その他テーブルシュガーとして使われているアスパルテームは，フェニルアラニンとア

> **＊ 異性化酵素**
> グルコースがフルクトースになることを異性化といい，この反応は異性化酵素（グルコースイソメラーゼ）によって起こる。天然に大量に存在する澱粉を甘味料として利用するために，まず澱粉をα-アミラーゼ等で分解し，グルコースにする。グルコースは砂糖に比べ甘味度が低いので，異性化酵素を働かせるとグルコースの約半分がフルクトースになる。このようにして製造したグルコースとフルクトースが約半分ずつ混合したものを異性化糖といい，甘味度は砂糖に近くなる。

表2-2-1 各種甘味物質の甘味度
(スクロースの甘味度:1)

| | 甘味物質 | 甘味度 |
|---|---|---|
| 天然系糖質 | グルコース | 0.7～0.8 |
| | フルクトース | 1.2～1.7 |
| | ラクトース | 0.16～0.32 |
| | マルトース | 0.3～0.4 |
| 工業系糖質 | 異性化糖 | 1 |
| | 結晶ブドウ糖 | 0.7～0.8 |
| | トレハロース | 0.3～0.4 |
| | パラチノース | 0.4～0.5 |
| | カップリングシュガー | 0.5 |
| | マルトオリゴ糖 | 0.2～0.3 |
| | フルクトオリゴ糖 | 0.3～0.6 |
| | ガラクトオリゴ糖 | 0.2～0.4 |
| | キシロオリゴ糖 | 0.5 |
| | エリスリトール | 0.75 |
| | キシリトール | 1 |
| | ソルビトール | 0.6 |
| | パラチニット | 0.45 |
| | マルチトール | 0.8 |
| 工業系ペプチド | アスパルテーム | 180 |

スパラギン酸が結合したジペプチド(アミノ酸が2つ結合したもの)で,スクロースの約180倍の甘味を呈す。

　これらの甘味物質について,スクロースの甘味を1としたときの甘味度を表2-2-1に示す。

　甘味調味料として調理で広く使われているものはスクロースが主成分の砂糖で(図2-2-2),その中の精製糖が主である。

## (2) 酸味

　酸味は,水中で解離して水素イオンを生じる酸類が呈する味で,人にさわやか感を与え,食べ物全体の味を引きしめる。食品には各種有機酸がもともと含まれていたり,発酵や熟成中に生成されたりする。

　代表的な酸味物質として,食酢に酢酸,果実類にクエン酸,アスコルビン酸,リンゴ酸など,野菜にアスコルビン酸,シュウ酸など,ワインに酒石酸,日本酒や貝類にコハク酸,乳製品,漬物な

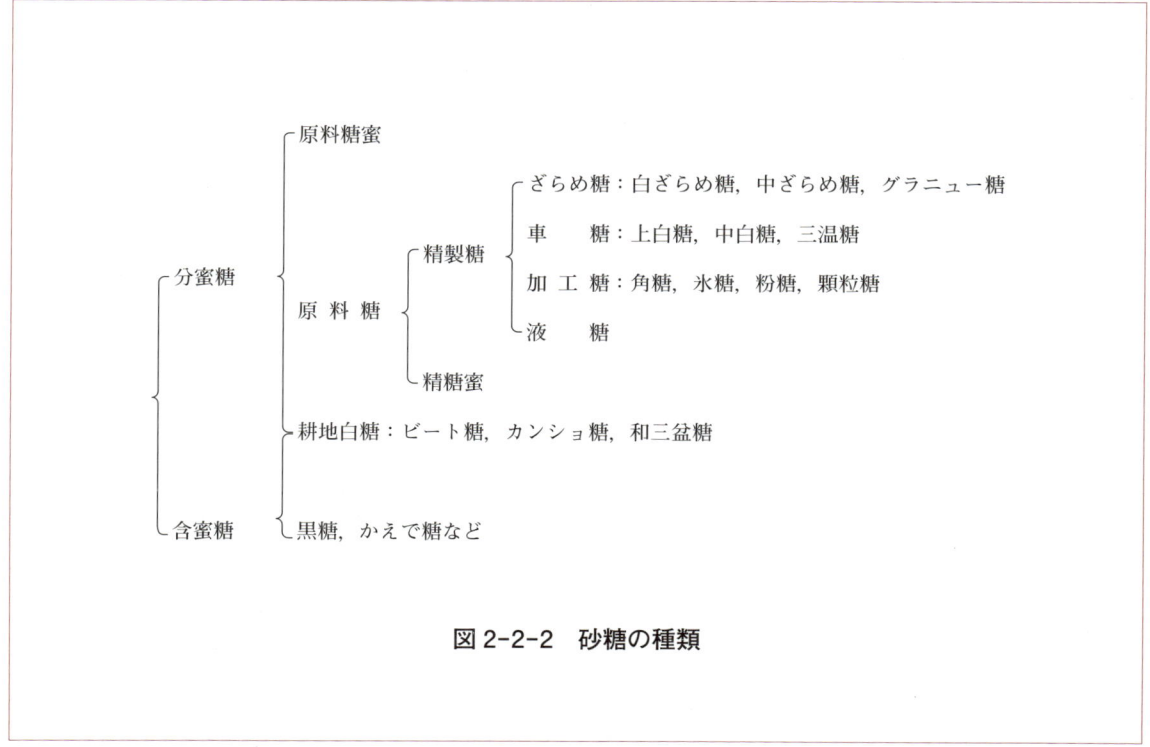

図2-2-2 砂糖の種類

どに乳酸が含まれている。これらの食品中の濃度は、一般に0.02〜1％程度である。ただし食酢には酢酸が4％程度含まれる。

　これらの酸は、たとえば酢酸は揮発性でかなり強い刺激臭、コハク酸はこくのあるうま味のある酸味、クエン酸は爽快な酸味など、固有の酸味を呈す。従って加工食品では、複数の有機酸を混合して目的の酸味をつくることが広く行われている。

　酸味調味料の食酢には、醸造酢と合成酢があり、前者に穀物酢や果実酢が含まれる。穀物酢には米酢や米黒酢、粕酢（赤酢）、麦芽酢などが、果実酢にはりんご酢、ぶどう酢、梅酢、柿酢、バルサミコ酢などが含まれる。ワインビネガーはぶどう酢に分類され、ぶどう果汁からワインを作り酢酸発酵をして製造する。醸造酢には糖分、アミノ酸、酢酸以外の有機酸などが含まれ、マイルドな酸味を呈する。

### (3) 塩味

　塩味はさまざまな料理において味の基本であり、食べ物のおいしさに大きく関与する。好まれる塩濃度は甘味と異なり範囲が狭く、0.5〜1.5％程度である。塩蔵品は塩濃度が高いが、人は白飯などと一緒に口中に入れ、適度な塩濃度にして食べている。

　塩味は中性塩の示す味であるが、純粋な塩味を呈するのは塩化ナトリウム（NaCl）だけで、他の塩類は苦味などの味も呈する。

　塩味調味料の食塩には、㈶塩事業センターが供給する生活用塩（表2-2-2）、財務大臣に届け出た業者が製造している特殊製法塩および輸入食塩がある。特殊製法塩は、消費者のニーズに対応してさまざまなものが製造販売されている。

　調味料のしょうゆは、日本農林規格で表2-2-3のように決められている。熟成中に糖分や各種アミノ酸、アルコールやエステル類、乳酸や酢酸などが生成され、味の抑制効果（p.23参照）により塩味がマイルドになる。

MEMO

表2-2-2 (財)塩事業センターが供給する生活用塩
(令和元年8月現在)

| 種 類 | NaCl | 原料等 |
|---|---|---|
| 食塩 | 99％以上 | 国内の海水を原料にイオン膜・立釜法で濃縮・煮詰める |
| にがり食塩 | 97％以上 | |
| 食塩減塩タイプ | 基準47％ | |
| 並塩 | 95％以上 | |
| 食卓塩 | 99％以上 | 輸入天日塩を原料に溶解・立釜法で濃縮・煮詰める |
| クッキングソルト | | |
| 食卓塩減塩タイプ | 基準45％ | |
| 精製塩 | 99.5％以上 | |
| つけもの塩 | 95％以上 | |

しょうゆが発酵物を搾ったものであるのに対し，原料がよく似たみそは大豆を主原料とした発酵食品そのものである。発酵途中のさまざまな成分により，非常に複雑な味をもつ塩味調味料である。みその種類と特徴を表2-2-4に示した。みそは手前みそという言葉があるように，地域ごと特徴的なみそが作られ，かつてはさらに家ごとわが家のみそが作られていた。

## (4) 苦味

苦味は強いと不快であるが，適度であればその食品特有の味，風味として好まれる。

植物に含まれるアルカロイドや配糖体，テルペン類，その他アミノ酸やペプチドなど，多くの苦味物質がある。たとえばカカオ豆からチョコレートやココアに移行したテオブロミン，茶やコーヒーのカフェイン，柑橘類のヘスペリジンやナリンギン，リモニンなど，ビールホップのフムロンなどである。

表2-2-3 しょうゆの日本農林規格（要約）
(平成27年12月3日改正)

| 種 類 | 製 法 |
|---|---|
| 濃口しょうゆ | 大豆にほぼ等量の麦を加えたものまたはこれに米などの穀類を加えたものをしょうゆこうじの原料とする |
| 薄口しょうゆ | こうじの原料は同上（小麦グルテンを加えたものも含む）で，もろみ（むし米等）を使用するもの。製造工程で色沢の濃化を抑制する |
| たまりしょうゆ | 大豆または大豆に少量の麦を加えたものまたはこれに米などの穀類を加えたものをしょうゆこうじの原料とする |
| 再仕込みしょうゆ | こうじの原料は濃口と同じで，もろみは食塩水のかわりに生揚げ※を加えたものを用いる |
| 白しょうゆ | 少量の大豆に麦を加えたものまたはこれに小麦グルテンを加えたものをしょうゆこうじの原料とし，色沢の濃化を強く抑制する |

※発酵，熟成させたもろみを圧搾して得られた液体

アミノ酸ではトリプトファンなどが苦味を呈する。さらにカゼイン（牛乳），グリシン（大豆），ツェイン（とうもろこし），グリアジン（小麦粉）などのたんぱく質の加水分解物中に苦味を呈するペプチドがあることが分かっている。

### (5) うま味

日本人によってその存在が世界的に認められるようになった味であり，日本人には昔からなじみの欠くことのできない重要な味である。うま味は，相乗効果(p.23 参照)を示すという特徴があり，これが5番目の基本味として認められる根拠のひとつとなった。

代表的うま味物質に，昆布のグルタミン酸，かつお節のイノシン酸，しいたけのグアニル酸がある。その他，みそやしょうゆ中のアスパラギン酸，お茶のテアニン，日本酒や貝類のコハク酸も，それぞれの食品特有のうま味に寄与している。うま味物質は一般に，アミノ酸系（グルタミン酸，ア

MEMO

表2-2-4　おもなみその分類と特徴

| 種類 | | 原料 | 味 | 色 | 食塩(%) | おもなみそ |
|---|---|---|---|---|---|---|
| 普通みそ | 米みそ | 大豆，米こうじ，塩 | 甘 | 白 | 5〜7 | 西京みそ，讃岐みそ，府中みそ |
| | | | | 赤 | | 江戸甘みそ |
| | | | 甘口 | 淡色 | 7〜11 | 中甘みそ，相白みそ |
| | | | | 赤 | 10〜12 | 中みそ，御膳みそ |
| | | | 辛 | 淡色 | 11〜13 | 信州みそ |
| | | | | 赤 | | 仙台みそ，佐渡みそ，越後みそ，津軽みそ，秋田みそ，加賀みそ |
| | 麦みそ | 大豆，麦こうじ，塩 | 淡色系 | | 9〜11 | 田舎みそ（九州，四国，中国） |
| | | | 赤　系 | | 11〜12 | （九州，埼玉，栃木） |
| | 豆みそ | 大豆こうじ，塩 | 辛 | 赤 | 10〜11 | 八丁みそ，名古屋みそ，三州みそ |
| 加工みそ | 醸造なめみそ | | | | | 金山寺（径山寺）みそ，醤みそ |
| | 加工なめみそ | | | | | 鉄火みそ，タイみそ，ゆずみそ |

スパラギン酸など）と核酸系（イノシン酸，グアニル酸など）に分類され，前述の相乗効果は異なる系の物質の混合で発現する。

うま味の強さはpHに依存し，pH7付近でもっともうま味が強い。したがってうま味調味料としては，グルタミン酸ナトリウムなどナトリウムと結合した形で利用されている。

うま味調味料には，単一調味料とうま味の相乗効果を利用した複合調味料がある。単一調味料は，L-グルタミン酸ナトリウムである。複合調味料はL-グルタミン酸ナトリウムに核酸系のうま味物質を混合したもので，それを1.5～2.5%加えた低核酸複合調味料と8～9%加えた高核酸複合調味料がある。混合する核酸系のうま味物質には，5′-イノシン酸ナトリウム，5′-グアニル酸ナトリウム，5′-リボヌクレオチドナトリウム（前2者の混合物）がある。

近年は風味調味料が多く使われる。日本農林規格では，風味調味料は，調味料（アミノ酸など）および風味原料（節類，昆布，煮干魚類，貝柱，乾しいたけなどの粉末または抽出濃縮物）に砂糖類，食塩などを加え，乾燥し，粉末状・顆粒状などにしたもので，食塩分35%以下のものをいう。その他各種だしやスープの素類がある。これらの使用に際しては，食塩が35～50%含まれることに留意しなければならない。

## (6) その他の味

辛味は，辛味物質が味覚以外の痛覚，温度覚などの感覚を刺激するために起こるとされていた。しかし近年唐辛子の辛味物質カプサイシンの受容器が見出されたことから，味覚も関与していると考えられる。他の辛味物質には，山椒のサンショオール，しょうがのジンゲロン，ねぎやにんにくのジアリルジスルフィド，芥子やわさびのアリルイソチオシアナートなどがある。ジアリルジスルフィドは，にんにくなどを切断したりすりおろすことにより，前駆体の含硫アミノ酸誘導体に酵素アリイナーゼが働くことによりはじめて生成される。同様にアリルイソチアシアナートも，調理によりからし油配糖体に酵素ミロシナーゼが働くと，糖が切れて生成される。

渋味は，収れん性のある味である。強い渋味は不快であるが，淡い渋味はその食品特有の風味をもたらす。茶のカテキン類，赤ワインや渋柿のタンニンなどが代表的渋味物質である。

えぐ味は，たけのこのホモゲンチジン酸などが知られている。その他ぜんまいなどの山菜も，いわゆるあくといわれるえぐ味を呈する物質を含む。あくのえぐ味は，タンニン類や無機塩類，有機酸などの混合したものといわれる。

## (7) 閾値

閾値とは，ある特定の感覚を引き起こすために必要な最小の刺激の値のことをいう。閾値には刺激閾値と弁別閾値があり，さらに刺激閾値には検知閾値と認知閾値の2つがある。ただ単に閾値といえば，認知閾値を指すのが一般的である。

味で説明すると，水とは違うとわかる最低呈味濃度を検知閾値，それがたとえば塩味であるとわかる最低呈味濃度を認知閾値という。弁別閾値とは，刺激閾値以上のある濃度に対し，その濃度を変化させていったとき両者の違いを識別できたときの最小の差の値をいう。

各種の主要な呈味物質の閾値を表2-2-5に示す。閾値は，測定方法により値が大きく異なることがあり，また被験者の年齢や健康状態などによっても異なるので，絶対的な値ではない。一般に甘味や塩味の閾値は大きく，苦味や酸味は小さい。

## (8) 味の相互作用

異なる2種類の味を同時に，または継続して味わうと，相互に作用しあって異なる味に感じることがある。それを味の相互作用という（表2-2-6）。

対比効果は，同時，または続けて2つの味を味

わったとき，一方が他方の味を引き立てる現象をいう。汁粉やあんに少量の食塩を加えると，塩味はしないが，さっぱりした甘味が深みのある濃い甘味に変わったと感じる。また，だし汁に食塩を加えると，ぼやけたうま味がはっきりした強いうま味に変わる。

**抑制効果**は，逆に一方が他方の味の強さを抑え，目立たないように，マイルドにする現象をいう。塩辛，しょうゆ，みそなどとそれぞれ同塩分濃度の食塩水とで塩味を比較すると，食塩水のほうが濃く感じる。これらに含まれる各種アミノ酸，ペプチド，有機酸類，糖類など多くの成分が塩味の強さを感じさせにくくするからである。

**相乗効果**は，他の味ではほとんど見られず，うま味に特徴的な現象である。アミノ酸系のうま味物質と核酸系のうま味物質を同時に，あるいは継続して味わうと，両者の和より著しく強いうま味を感じる。L-グルタミン酸ナトリウムと5′-イ

表2-2-5　主要呈味物質の閾値

| | 呈味物質 | 閾値（％） |
|---|---|---|
| 甘味 | スクロース | 0.1～0.4 |
| | グルコース | 0.8 |
| | フルクトース | 0.3～0.4 |
| 酸味 | 酢酸 | 0.0012 |
| | クエン酸 | 0.0019 |
| | 酒石酸 | 0.0015 |
| | 乳酸 | 0.0018 |
| | アスコルビン酸 | 0.0076 |
| 塩味 | 塩化ナトリウム | 0.25 |
| 苦味 | ナリンギン | $5\times10^{-5}$ |
| | テオブロミン | 0.015 |
| | カフェイン | 0.015 |
| うま味 | L-グルタミン酸ナトリウム | 0.03 |
| | 5′-イノシン酸ナトリウム | 0.025 |
| | 5′-グアニル酸ナトリウム | 0.0125 |

表2-2-6　味の相互作用

| 相互作用 | 現象 | 味 | 例 |
|---|---|---|---|
| 対比効果 | 一方が他方の味を強める現象 | 甘味+塩味 | 餡に食塩を加えると甘味が強まる。 |
| | | うま味+塩味 | だし汁に食塩を加えるとうま味が引き立つ。 |
| 抑制効果 | 一方が他方の味を弱める現象 | 塩味+うま味 | しょうゆ，みそ，塩辛などの塩味は，共存するうま味，甘味，酸味などによって緩和される。 |
| | | 苦味+甘味 | コーヒーの苦味が砂糖で緩和される。 |
| | | 酸味+甘味 | 酢の物の酸味は，砂糖や食塩，うま味などで緩和される。 |
| 相乗効果 | 2つの味の和より強く感じる現象 | 2種類のうま味（アミノ酸系+核酸系） | 混合だしのうま味が，かつおだし，昆布だしの和より著しく強い。肉類と野菜を使ってスープストックをとる。 |
| 変調効果 | 先に味わった味の影響で，後の味を異なる味に感じる現象 | 塩味+無味 | 塩辛いものを食べた後の水は甘く感じる。 |
| | | 味覚変革物質 | ミラクルフルーツを食べると，酸味が甘味に変わる。 |

ノシン酸ナトリウムの相乗効果の実験結果を図2-2-3に示す。

西アフリカ原産のミラクルフルーツはオリーブ様の赤い実であるが、これを口に含んでから酸味のあるものを食べると甘く感じる。これはミラクルフルーツ中のポリペプチドであるミラクリンが、酸が共存する状態でのみ口中の甘味受容器に強く結合するからである。同様に、インドから中国南部にかけて自生しているギムネマシルベスタの葉中のギムネマ酸は、甘味を消失させる。ミラクリンやギムネマ酸のような物質を味覚変革物質という。

### (9) 味と食品物性との関係

溶液、粘性のある溶液、固体の3つの異なる状態の食品中に同じ呈味物質が同濃度溶けているとき、それぞれ感じる味の強さは異なる。一般に、液体や半固体では粘性が大きいほど、またそれらより固体のほうが味は薄く感じる。味は、呈味物質が水に溶けて味蕾に入り込まないと認知されない。したがって、粘性が大きいほど味蕾に入り込むのに時間がかかる、また固体では咀嚼されて食片の表面に表れたものしか味が知覚されないからである。

### (10) 調味の方法

食品に調味をするときには、各調味料にあった使い方が重要である。複数の調味料を用いるときは一般的に、さ（砂糖）、し（塩）、す（酢）、せ（しょうゆ）、そ（みそ）の順に加えるといわれる。塩は分子量が小さいので食品に侵入しやすく、味が付きやすい。そのため塩より先に分子量の大きい砂糖を加える。同じ塩味調味料でも、しょうゆやみその好ましいにおい成分は揮発性のため加熱により揮散しやすい。そのため、一部は途中で、一部は最後に加えることが多い。酢の酸味成分も揮発性のため、褐変防止や軟化効果（魚、昆布など）を利用するとき以外は後半に加える。

調味料の添加時期は、食品の脱水・吸水に影響する。きゅうりの塩もみ、りんごジャムなどはあらかじめ塩や砂糖を加えて脱水をうながす。一方、サラダにドレッシングをかけるときは、食べる直前にかけて脱水を防ぐ。炊き込み飯では、一般に調味料は米の吸水を妨げるので、浸漬後の炊飯直前に加える。

## 2) におい

人は食物を口に入れる前に、鼻からのにおいによってさまざまな情報を得、それによって食べるか食べないかの最終判断を下すことが多い。したがってにおいは摂食行動を起こすための非常に重要な要因となる。また、においが味と一体となって知覚されると、味のみの場合より好ましさが向上するという実験結果がある。風邪を引いて鼻が利かないときの食べ物が味気ないことはよく経験することである。味とにおいを一体化させたものを風味（フレーバー）ともいう。

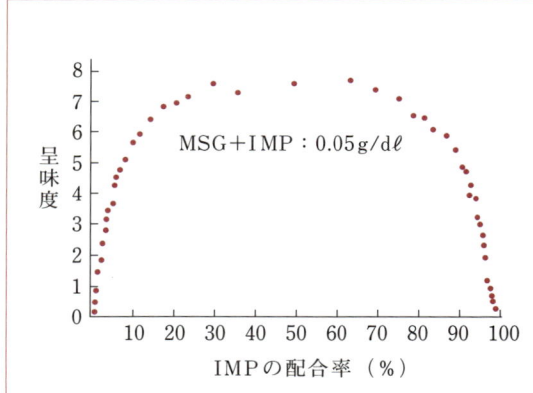

MSGとIMPの濃度の和を0.05%と一定にし、その配合比率（IMPを0～100%に）を変化させたときの呈味度を示している。

**図2-2-3　グルタミン酸ナトリウム（MSG）とイノシン酸ナトリウム（IMP）の相乗効果**

Yamaguchi.S., J.Food Sci., vol.32, p.476, 1967

におい物質は約40万種あるといわれ，低分子の比較的簡単な構造をもつ揮発性物質である。におい物質は，ひとつの食品中に数十から数百種類がさまざまな量で含まれ，それによってそれぞれの食品の特徴あるにおいが形成されている。しかし中には，多数あるなかのひとつのにおい物質で特定の食品を連想できるようなものもある。

におい物質の閾値は，一般に呈味物質に比べかなり小さい（表2-2-7）。また，同じ物質でも濃度が違うとまったく質の異なるにおいになることもある。

### （1）食品のにおい物質

におい化合物はさまざまな官能基をもつ。官能基別のにおい物質の例を表2-2-8に示す。構造式から見ると，物質(2)，(3)，(10)はフェノール化合物，(4)，(7)，(11)はテルペン化合物，(1)，(5)，(6)，(8)は鎖状化合物，(9)，(11)は含硫化合物などと分類することもできる。

MEMO

#### 表2-2-7 食品の香気成分の例とにおいの強さ（閾値）

| 化 合 物 | 閾値（水中mg／ℓ） | 食 品 例 |
| --- | --- | --- |
| エタノール | 100 | アルコール飲料，しょうゆ，みそ |
| バニリン | 0.02 | バニラ豆 |
| trans-2-ヘキセナール | 0.017 | 野菜 |
| ヘキサナール | 0.0045 | 豆乳 |
| ジメチルジスルフィド | 0.0076 | ニンニク |
| ジメチルスルフィド | 0.00033 | 青のり，緑茶 |
| ソトロン | 0.00001 | 貴腐ワイン，黒糖，しょうゆ |
| 1-p-メンテン-8-チオール | 0.00000002 | グレープフルーツ |

資料）久保田紀久枝・森光康次郎編，新スタンダード栄養・食物シリーズ5『食品学―食品成分と機能性―』p.100，東京化学同人，2016

表 2-2-8　香りに関する主な官能基と化合物名※

| 官能基 | 基の名称 | 化合物名の例 | 匂い | 式 |
|---|---|---|---|---|
| -OH | アルコール | 青葉アルコール（シスヘキセノール） | 新茶の香り | CH₂OH構造（1） |
| -OH（ベンゼン環） | フェノール | p-クレゾール | 消毒液の匂い | OH/CH₃ 構造（2） |
| -CHO | アルデヒド | バニリン | バニラの匂い | OH/OCH₃/CHO 構造（3） |
| -CO- | ケトン | メントン | ハッカの匂い | 構造（4） |
| -COOH | カルボキシル | 酪酸 | 汗臭い匂い | COOH構造（5） |
| -COOR | エステル | 酢酸イソアミル | バナナ果実の匂い | COOCH₃構造（6） |
| -CO-O-（環状） | δラクトン | イソイルドミルメシン（マタタビラクトン） | マタタビの匂い | 構造（7） |
| -O- | エーテル | エチルエーテル | 麻酔の匂い | $C_2H_5-O-C_2H_5$（8） |
| -SH- | メルカプタン（チオアルコール） | メチルメルカプタン | 硫黄の悪臭 | $CH_3-SH$（9） |
| -NH₂ or -NH | アミン，イミン | スカトール | 糞臭 | 構造（10） |
| -N=C=S | イソチオシアナート | アリルイソチオシアナート | ワサビの匂い | $CH_2=CH・C_2H_5NCS$（11） |
| -C=C- | 不飽和結合 | リモネン | オレンジ果実の匂い | 構造（12） |

※上記の官能基を発香団ということもある。ベンゼン環の二重結合は共鳴構造であり、環内に丸印を入れる方式もあるが、従来のケクレの構造式によった。

資料）清水純夫『食品と香り』p.10, 光琳, 2004

フェノール化合物は，強い刺激的なにおいと殺菌性を示すものが多い。オイゲノール（クローブ），チモール（タイム，オレガノ），バニリン（3）（バニラ），メチルチャビコール（バジル）などがある。

テルペン化合物は柑橘類に特徴的なにおい物質である。リモネン（12）は柑橘類の果皮に多い。ゲラニアールやネラールはレモン様のにおいがする。

鎖状化合物には，青臭いまたは新鮮な緑のにおいのヘキセノール（青葉アルコール）（Ⅰ）やヘキセナール（青葉アルデヒド）などがある。これらはトマトを切ったときのにおいであり，脂質が酵素により分解してリノール酸や$\alpha$-リノレン酸になり，さらに分解して生成される。また，まつたけのにおいは1-オクテン-3-オール（マツタケオール）であり，リノール酸から酵素作用により生成される。果物や野菜には，ブタン酸メチルなど各種エステル類が含まれる。

含硫化合物には，アルキルシステインスルホキシド類がある。これはねぎやにんにく，たまねぎ，ラッキョウ，にらなどねぎ属の野菜に含まれる特異的なにおい物質である。食品を切ったりすりおろしたりすると，前駆物質の含流アミノ酸に酵素アリイナーゼ（CS-リアーゼ）が働いて分解反応が進み，生成される。たとえばジプロピルジスルフィド（たまねぎ，長ねぎ），ジアリルジスルフィド（にんにく）などがある。

からし，わさび，だいこんなどアブラナ科の植物の刺激的なおい物質は，イソチオシアナート類である。前駆物質のからし油配糖体に酵素ミロシナーゼが働いて生成される。たとえばアリルイソチオシアナート（わさび）（Ⅱ），4-メチルチオ-3-ブテニルイソチオシアナート（だいこん）などがある。

干ししいたけを水戻しし煮たときのにおい物質はレンチオニンである。含硫化合物のレンチニン酸から酵素によって分解，生成されたものである。

MEMO

### （2）加熱により生成するにおい物質

　食品を加熱すると，生とは異なる加熱香気が生成される。たとえば糖質やたんぱく質，脂質自身の分解や重合によって生成されるものがある。砂糖溶液を加熱したときのカラメル臭はこの代表である。カルボニル化合物（還元糖など）とアミノ化合物（アミノ酸，ペプチド，たんぱく質，アミン類など）によるアミノ・カルボニル反応（メイラード反応ともいう）によって生成するにおいもある。この例にパンやケーキ，照り焼きなどの香ばしいにおいがある。アミノ・カルボニル反応で生成されるにおいは，アミノ酸や糖の組み合わせによって花様，カラメル様，こげ臭などさまざまである。

### 3）テクスチャー

　テクスチャー（texture）とは，広く織物や木材，岩石，皮膚などの表面の組織や状態，きめや手触りなどを指すときに使われる。また，音楽や絵画，詩などの質を表現するときにも使われる言葉である。

　食物分野では，食物を口に入れて咀嚼し，嚥下するまでに口中で感じる感覚のうち，味覚と温覚・冷覚以外の皮膚感覚で捉える感覚を総称してテクスチャーという。食べ物を食べたとき，かたい，べたべたする，滑らか，弾力がある，もろいなどと感じるそれらの感覚である。なお本来は，口中の感覚だけでなく，食物を目で見たり，手で触ったりしたときの感覚も含む。またさらに温覚・冷覚をも含むという考え方もある。

　テクスチャーを日本語に訳すると口当たり，口ざわりなどと訳されるが，近年よく使われる食感も当てはまると考える。

　テクスチャーのおいしさへの関与は，図2-2-1に示すように，だんご，卵豆腐，クッキー，白飯，水ようかん，粉ふきいもなどにおいては5要因中もっとも大きい。オレンジジュースや清酒のようにほとんど寄与しない食品もあるが，味や外観などとともにおいしさへの影響は大きく，重要である。

### （1）食物の状態

　食物は，液体，半固体，または固体状をしている。さらに詳しく見るとそれはさまざまな成分が不均質，不均等に混ざった分散系である。

　分散系は，分散媒（連続相）と分散質（分散相）への気体，液体または固体の組み合わせで，基本的に表2-2-9のように分類できる。ただし食物では分散媒が気体の分散系はない。

　液体に気体が分散したものを泡沫という。泡沫には，ホイップクリームのように，液体の中に多くの気泡が分散したものと，ビールの泡のように薄い液体の膜に囲まれた気泡が多数接しているものがある。

　互いに溶解しない液体の一方が他方の液体中に液滴となって分散することを乳化といい，乳化し

表2-2-9　食品の分散系

| 分散媒 | 分散質 | 分散系 | 食品の例 |
|---|---|---|---|
| 気体 | 液体 | エアロゾル | （湯気） |
| | 固体 | エアロゾル | |
| 液体 | 気体 | 泡沫 | ホイップクリーム，メレンゲ，ビールの泡 |
| | 液体 | エマルション | マヨネーズ |
| | 固体 | サスペンション | みそ汁，コーンスープ |
| 固体 | 気体 | 固体泡沫 | スポンジケーキ |
| | 液体 | 固体エマルション | バター，マーガリン |
| | 固体 | 固体サスペンション | 冷凍食品 |

たものを乳化物またはエマルションという。またエマルションと同様だが，分散媒が固体のものを固体エマルションという。食品ではエマルションは水と油でできており，水中油滴型（O/W型）と油中水滴型（W/O型）の2つがある。前者の代表がマヨネーズ，後者の代表が固体エマルションのバターやマーガリンである。

　泡沫やエマルションができるには，起泡剤または乳化剤が必要である。それらは界面活性剤ともいわれ，ひとつの分子の中に親水基と疎水基をもつ両親媒性物質である。気体と液体の界面，または液体間の界面に分布して，気体や油の側に疎水基を，水の側に親水基を向けて並び，たとえば水中に気体や油滴を分散させて泡沫やO/W型エマルションなどを形成させる働きをしている（図2-2-4）。

　液体に固体が分散している分散系をサスペンションまたは懸濁液という。

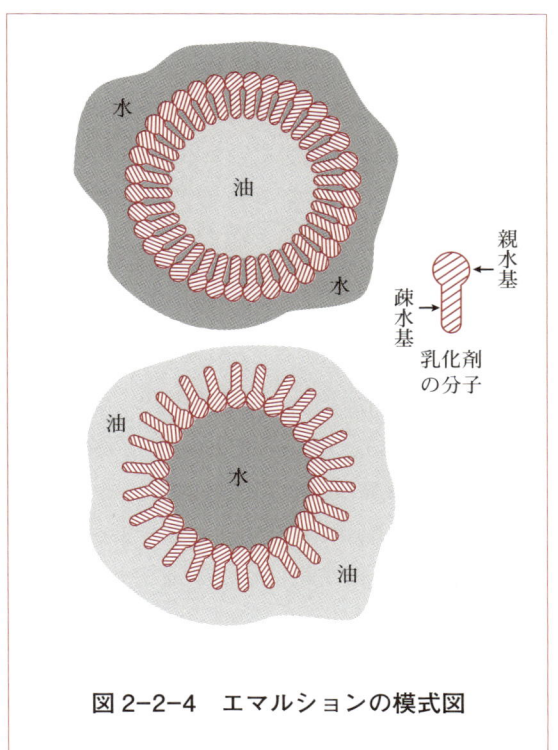

図2-2-4　エマルションの模式図

MEMO

その他，固体の分散媒に気体（固体泡沫）や固体（固体サスペンション）が分散したものもある。

分散系の分散質にはいろいろな大きさのものがある。このうち直径が1nm～100nmのものをコロイド粒子といい，コロイド粒子が分散した分散系をコロイド分散系という。食物の領域では，コロイド粒子の大きさを厳密にせず，表2-2-9の分散系＝コロイド分散系とする考え方もある。

コロイド分散系のうち，分散媒が液体のものをコロイド溶液という。コロイド溶液をゾルという。ゾルが流動性を失ったもの，または分散質が網目構造を作りその中に多量の分散媒を保持して一定の形を保持したものをゲルという。生の卵白（ゾル）が加熱すると卵白ゲルになる，寒天を水に浸漬して加熱溶解した寒天ゾルは冷えると寒天ゲルになる，コーンスターチを水に分散させ加熱糊化させた澱粉ゾルは冷えると澱粉ゲルになる，などの例がある。

### (2) 食物の物性とテクスチャー

さまざまな状態である食物の物理的特性は，レオロジーの理論で解析，客観化することができる。レオロジーとは流動と変形に関する物理学で，その基礎は，純粋な粘性流動についてのニュートンの法則と，理想的な弾性についてのフックの法則である。これらの理論を基礎として，食物の物性，すなわち硬さ，粘性，付着性，弾力性，もろさ，伸び，破断性などを数値化することにより，たとえば甘さを砂糖濃度で表すのと同じように，テクスチャーをそれらの数値で近似的に表現することができる。

液体および半固体は流れる性質をもつ。その流れをストップさせる食品自身の抵抗力を粘性といい，粘度（または粘性率という）で表す。20℃の水の粘度は1mPa・s（ミリパスカル・秒）である。その他の食品の粘度（またはみかけの粘度）を図2-2-5に示す。たとえば食品を激しく撹拌すると抵抗が変わってくるようなものを非ニュートン流動性食品という。それらは撹拌速度（ずり速度という）に依存して粘度が変化するので，それをみかけの粘度といい，図2-2-5に粘度の幅をもって示されている。一方，水，油，アルコール，シロップなどはニュートン流動性食品で，粘度はずり速度に依存しない定数であり，図2-2-5では点で示されている。

食品には完全なる弾性体はないので，半固体や固体食品は粘弾性を示す。食品の粘弾性特性は，食品を微小変形させて測定する。たとえば一定の応力を与えたとき食品に生じる歪（変形）を測定するクリープ測定，一定の歪を与えたときの応力を測定する応力緩和測定，正弦振動を与えたときの挙動を測定する動的粘弾性測定などがある。

食品を咀嚼するということは食品に大きな変形すなわち破壊を起こさせることであり，この測定に破断試験がある。食品に応力をかけていったとき破断した点（破断点）から，破断するときに必要な力（破断応力），そのときの歪の程度（破断歪率），破断するまでの間に要するエネルギー（破断エネルギー）などが求められる。クッキーのテクスチャーであるもろさ感が大きいほど破断エネルギーが小さい，またかたいと思うものほど破断応力が大きいなど，テクスチャーと物性値との関係について多くの研究がされている。

### 4) 外観

料理は目で食べるともいわれる。食物の色やその組み合わせ，切り方など形と大きさ，器の大きさ・形・色，盛りつけ方・器との調和，光の影響など，外観はおいしさに大きく影響する。図2-2-1においても，にんじんのグラッセや栗きんとんなどは，外観がおいしさに寄与する割合が50％前後を占める。

### (1) 食物の色，形

食物として好まれる色は，今まで食べたことのある食物から連想されるので，イメージが固定さ

chapter2 ●食物のおいしさ

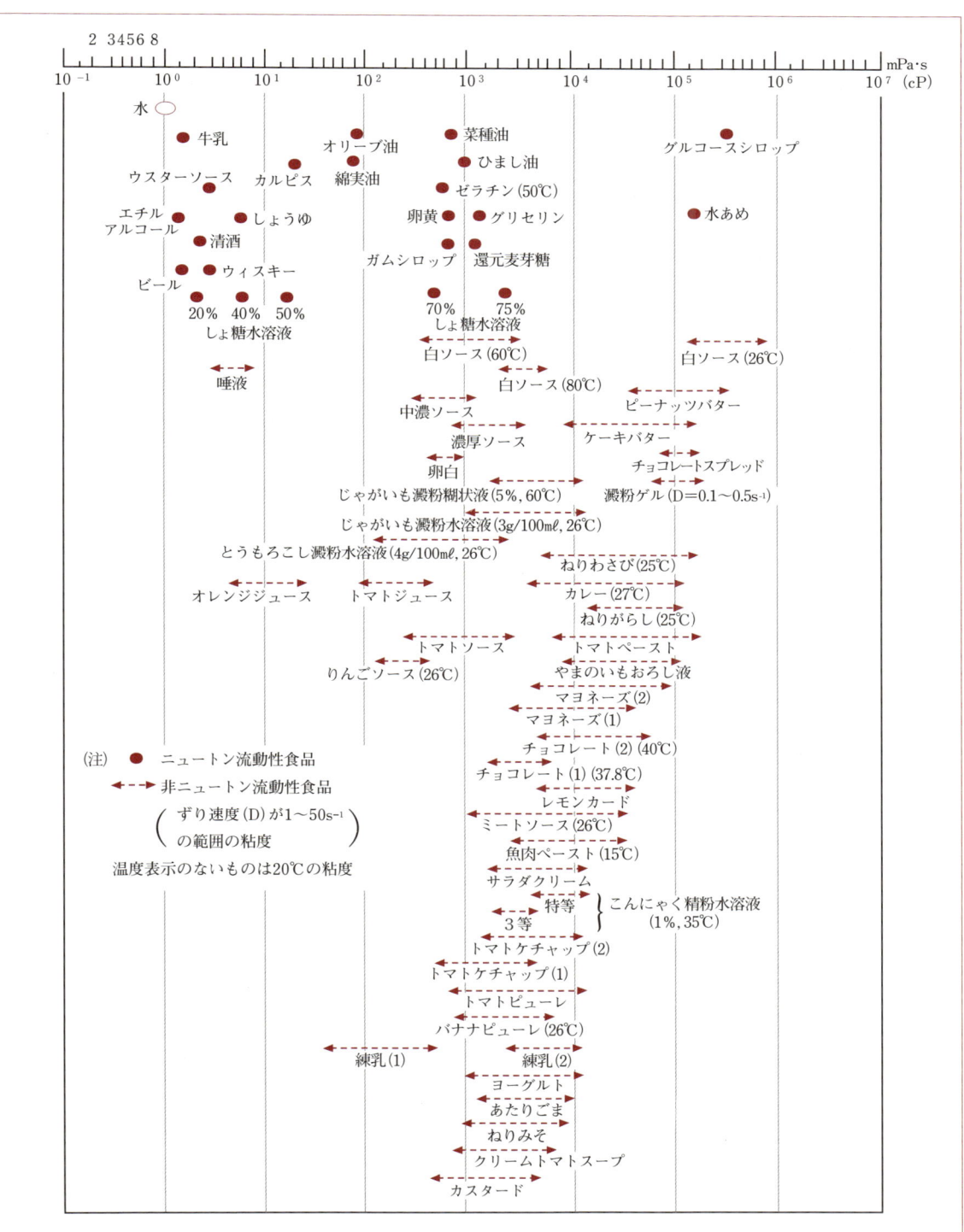

**図2-2-5　各食品の粘度**

注）上の横軸は各食品のねばっこさの程度を表わす粘度またはみかけの粘度で，対数軸で示してある。

資料）川崎種一「New Food Industry」vol.23（1），p.84，1981

れていることが多い。アメリカと日本で色の嗜好度を調査した結果（図2-2-6），日米で共通して好まれ，食欲が増進するとされた色は赤，オレンジ，黄であった。一方，青は日本では好まれずアメリカでは好まれ，黄緑はその逆であった。文化の違いが色の好みに表れたと考えられている。

複数の食品を組み合わせた料理では，配色は基調色に対して，強調色を20〜30％にするとよいという。たとえば紅白なますは，白いだいこんの重量の20％程度の赤いにんじんを加えると，紅白がバランスよく落ち着いた配色になる。

照りやつやも外観のおいしさに寄与する。にんじんのグラッセは最後にバターがまとわり付くように煮詰め，パイなどは表面に卵を塗って焼き，魚の照り焼きはみりんとしょうゆを使って照りをつけるように焼く。

食品の切り方も重要である。同じ材料は同じ大きさ・形に切る，面取りをするなどは，見栄えと同時に火の通りをそろえる，煮崩れを防ぐなどの意味ももつ。各種飾り切りも外観の美しさに寄与する。同時に供卓する複数の料理では，料理によって切り方を変えることもポイントである。たとえばどの料理も線切りとか，角切りというのでは，料理に対する興味を低下させる。

### （2）盛りつけ

料理や季節に合った器を選ぶことが第一である。また，四角い（丸い）料理には丸い（四角い）器，白っぽい（黒っぽい）料理には濃い（淡い）色の器を組み合わせると映える。盛りつけは余白を生かし，また中高に立体感のあるように盛りつけるとよい。

### 5）温度

一般に温かいものは60〜70℃，冷たいものは5〜10℃がおいしいといわれている。すなわち体温±25〜30℃が適温と考えられる。

**図2-2-6　食品の色に対する日本とアメリカの嗜好度**

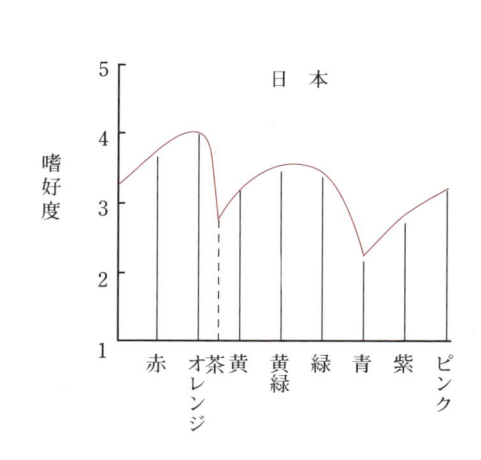

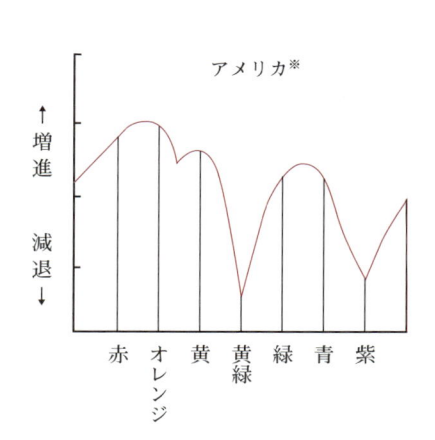

赤色，オレンジ色，黄色などの暖色が日米ともに好まれ，日本では青色が好まれないが，アメリカでは好まれている。また，黄緑色は日本では好まれているが，アメリカでは好まれていない。

※ Birren, F.：Food Technol., 17, 553, 1963.
資料）島田淳子，下村道子編，川染節江『調理とおいしさの科学』p.121, 朝倉書店, 1993

味の強さは温度の影響を受けるといわれ、昔から多くの研究がされているが、結果は一定していない。フルクトースについては、$\beta$型のほうが$\alpha$型より甘味が強く、低温になるほど$\beta$型が多くなる。したがってフルクトースを多く含む果物は冷やして食べたほうが甘味を強く感じる。

### 6）音

音は、外から耳に入ってくる音と、咀嚼により発生し骨を通じて直接内耳に伝わる音の2つがある。自分が食物を食べたときの音は、その両者の合成音である。

せんべいやたくあんのぱりぱりした音や、包丁がリズミカルに食品を切る音はおいしそうに聞こえる。また、そばをツルツルっとすすりこむ音は日本人にとってはおいしそうに聞こえるが、食べるときに音を立てるのはマナーにかなっていないと考える欧米人にとっては、おいしいそうとは思えないだろう。文化によって好ましい音も異なることが分かる。

## 3　その他の要因

### 1）人の特性要因

年齢、健康状態、空腹状態や、服用している薬など、人の生理的要素がおいしさに影響する。年をとると、たとえば味覚では、味受容のための感覚器である味蕾の機能低下、呈味物質を溶かすための唾液の分泌量低下、喪失歯や義歯の影響などで、味覚閾値が上昇する。また高齢者ほど各種の医薬品を服用していることが多く、医薬品による味覚変化の影響も大きい。

健康がすぐれないと食欲もなく、嗅覚や味覚が利かないこともある。また、空腹は最高のご馳走といわれるように、空腹時には何を食べてもおいしく、満腹時にはおいしいとは思わないこともある。

MEMO

さまざまな心理状態が，おいしさの感情に影響を与えている。ストレスや不快の状態では交感神経の働きが活発化し，唾液や胃液の分泌が抑制され，胃の活動も低下することが分かっている。逆にリラックスした，快の状態では副交感神経が活発化し，消化酵素の分泌も高まり，胃も活動する。

個人的な食経験・体験の有無や，情報の有無などもおいしさに影響する。食べたことのない，聞いたこともない食物には人は警戒心をもつ。過去に食べて不快な経験をしたことのある食物には負のイメージをもっている。逆によく知っている，さらにいつもおいしいと思って食べている食物なら，食べる前からおいしそうと思うであろう。

### 2) 環境要因

食事空間，すなわち食事部屋，食卓，食器などの雰囲気，清潔さ，テーブルコーディネートなどがおいしさに影響する。また部屋のライトなど照明により食物の色が違って見える。一般に蛍光灯（とくに昼白光）の下では食物の色はやや青みがかかり，白熱灯下ではオレンジ系でおいしそうに見える。

日本のように四季がはっきりしていると，季節により同じものを食べてもおいしさが異なる。また，海辺なら新鮮な魚介類がおいしいというように，その地域ならではの食材は鮮度が高く，料理法も発展していて，古くからもっともおいしい食べ方がなされてきた。現在は流通技術が発達して，どこでもいつでも何でも食べられるようになってきたが，産地で食べるものがもっともおいしいと思われる。

その他，さまざまな社会環境もおいしさに影響する。代表例が，ヒンズー教では牛が，イスラム教では豚を食べてはいけないため，それぞれの信者にとってそれらは決しておいしい食物にはならない。

chapter2 ●食物のおいしさ

## ◆演習問題

**問題1.** 味の相互作用に関する記述である。正しいものはどれか，1つ選べ。
    a　餡に少量の食塩を加えると甘味が強まる現象を，相乗効果という。
    b　みその塩味が同じ塩分濃度の食塩水より薄く感じる現象を，変調効果という。
    c　煮干しとかつお節を合わせてだしをとると，それぞれ単独のだしよりうま味が数倍強く感じる。
    d　ミラクルフルーツを食べた後レモンを食べると甘く感じる現象を抑制効果という。
    e　酢の物の酸味が，砂糖の添加で緩和される現象を対比効果という。

**問題2.** 食べ物のおいしさに関する記述である。正しいものはどれか。1つ選べ。
    a　ある同じ食べ物を食べたとき感じるおいしさの程度は，皆同じである。
    b　日時等違っても，ある食べ物を同じ人が食べたら，感じるおいしさの程度はいつも同じである。
    c　食べ物のもつ特性は，人の味覚，嗅覚，視覚，聴覚及び温度覚の五感で受容される。
    d　味とにおいは，その成分が人の感覚器官と化学的に結合することから，食物の化学的特性といわれる。
    e　いろいろな食べ物のおいしさには，味が最も大きく影響する。

**問題3.** 味に関する記述である。正しいものはどれか。1つ選べ。
    a　味の基本味は，甘味，塩味，酸味，苦味の4つである。
    b　甘味は，好まれる濃度範囲が10〜20％程度と狭いのが特徴である。
    c　みそやしょうゆの塩味は，それぞれ同濃度の食塩水より弱く感じる。
    d　食酢にはクエン酸が4％程度含まれ，酸味を呈する。
    e　酸味の閾値は，うま味の閾値より大きい。

**問題4.** 食品の分散系に関する記述である。正しいものはどれか。1つ選べ。
    a　分散させている相を分散質，分散している相を分散媒という。
    b　気体に液体が分散している系を泡沫という。
    c　液体に固体が分散している系をエマルションという。
    d　液体に液体が分散した系をサスペンションという。
    e　ゾルはコロイド溶液である。

◎解答
問題1.　c
問題2.　d
問題3.　c
問題4.　e

# chapter 3 調理操作と調理機器（大量調理機器含む）

〈学習のポイント〉
・調理操作の種類とその目的や特徴を理解する。
・各加熱操作の熱の伝わり方の理論と特徴を理解する。
・加熱機器やその構造と加熱方法の特徴を理解する。
・熱源の特徴を知る。
・加熱以外の調理操作に使用される器具・機器についての知識を得る。

## 1 調理操作の分類

調理操作は，食品に含まれる栄養成分をヒトが効率よく摂取できるようにし，おいしく，かつ安全で衛生的なものとすることを目的として行われる操作のことをいう。調理の多くは，複数の調理操作の組み合わせで行われる。調理操作は，表3-1-1のように加熱操作と非加熱操作，調味操作に大別することができる。一般に加熱調理して食べる食品が多く，非加熱操作や調味操作は加熱操作の前処理や加熱後の仕上げに行われることが多い。

表3-1-1 調理操作の分類

| 分　類 | | 種　類 |
|---|---|---|
| 加熱操作 | 湿式加熱<br>乾式加熱<br>誘電加熱（マイクロ波加熱） | ゆでる，煮る，蒸す，炊く<br>焼く，炒める，揚げる |
| 非加熱操作 | 計量<br>洗浄<br>浸漬<br>切砕<br>粉砕・磨砕<br>混合・撹拌<br>圧搾・ろ過<br>冷却・冷蔵・冷凍<br>解凍 | はかる（重量，容量，体積，温度，時間）<br>洗う<br>浸す，つける，もどす<br>切る，きざむ<br>つぶす，裏ごす，する，すりつぶす<br>混ぜる，ねる，こねる，和える，泡立てる<br>押す，握る，絞る，漉す<br>冷ます，冷やす，凍らせる<br>とかす |
| 調味操作 | うま味成分抽出<br>調味 | だしをとる<br>しみ込ませる，まぶす |

## 2　加熱操作

　加熱操作は，重要な調理操作である。加熱によって食品成分は大きく変化する。たとえば，澱粉は糊化して消化性が高まり，たんぱく質は熱凝固してテクスチャーが変わり，野菜はペクチンが分解して軟化する。したがって，加熱方法の選択，温度管理は調理において重要である。

　食品に与えられた熱は温度の高い方から低い方へ伝わる。その熱の伝わり方には，「熱伝導」「対流」「放射（輻射）」の３つの形態がある（図3-2-1）。「熱伝導」とは，固体のように流動しない物体の内部に温度差がある時，高温側から低温側に熱が移動する現象，「対流」とは，水や油などの液体や空気などの気体の流れによって熱が移動する現象，「放射」とは，熱源の熱エネルギーが電磁波（赤外線）として放出され，食品などに吸収されて再び熱エネルギーとなる現象である。加熱調理においてはこれらが単独あるいは組み合わされて，熱源から食品へと熱が伝わる（図3-2-2）。

　熱源と食品の間には熱を伝える媒体として空気，水，油などが存在する。昔から行われている加熱調理法は，熱媒体として水または水蒸気を利用する湿式加熱（ゆでる，煮る，炊く，蒸す），水を利用しない乾式加熱（焼く，炒める，揚げる）に大別することができる（表3-2-1）。近年では，従来の加熱方法と食品の発熱法が異なる誘電加熱（マイクロ波加熱），湿式加熱と乾式加熱の複合である過熱水蒸気加熱なども行われている。

### 1）湿式加熱

　湿式加熱は，熱媒体として水または水蒸気を利用する加熱方法である。加熱温度は常圧では100℃以下であり，圧力鍋などの加圧調理では約120℃までの加熱が可能である。

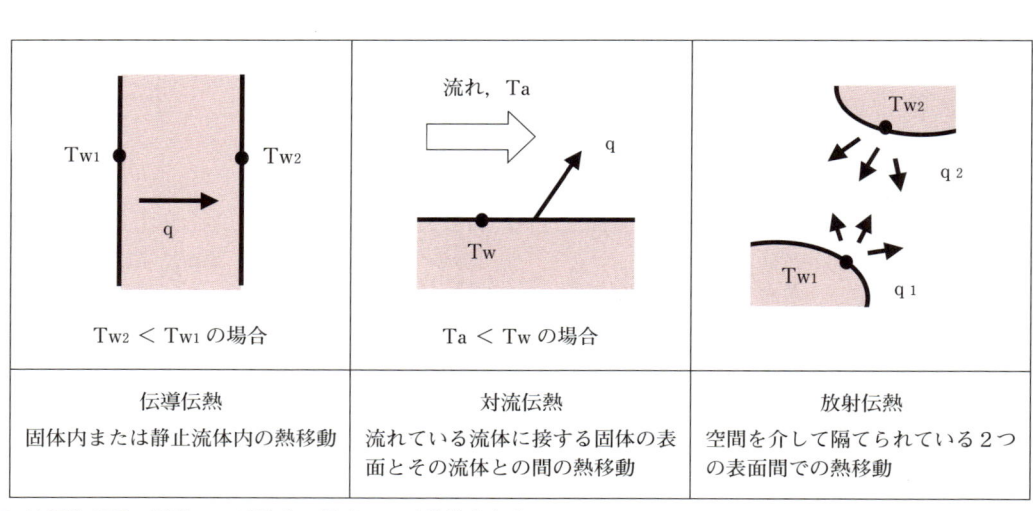

| 伝導伝熱 | 対流伝熱 | 放射伝熱 |
| --- | --- | --- |
| 固体内または静止流体内の熱移動 | 流れている流体に接する固体の表面とその流体との間の熱移動 | 空間を介して隔てられている２つの表面間での熱移動 |

$T_w$は固体表面の温度，$T_a$は流体の温度，$q$は熱流束を表している。

**図3-2-1　３種類の伝熱様式**

資料）渋川祥子編『食品加熱の科学』p.3，朝倉書店，1996を改変

## （1）ゆでる

食品を多量の水の中で加熱する操作である。水（湯）からの対流熱で熱が伝わる。加熱後のゆで水は、そばのゆで水（そば湯）などでは利用されているが、通常は利用しない。

ゆでる目的は、食品組織の軟化（野菜類）、澱粉の糊化（麺類）、たんぱく質の熱凝固（卵類）、不味成分（あく、生臭みなど）の除去（たけのこなど）、酵素反応の抑制（野菜類の冷凍の前処理として行われるブランチング）、消毒・殺菌、色素の安定化（緑黄色野菜）、などがあげられる。

### ①食材を水に入れるタイミング

食品の中の成分を溶出させたいとき（たけのこ）、加熱時の食品の内部と表面の温度差をできるだけ小さくしたいとき（いも類や卵類）には、水からゆでる。できるだけ加熱時間を短くしたいとき（緑黄色野菜）や食品の表面を早く加熱した状態にしたいとき（麺類）には、沸騰水に入れて

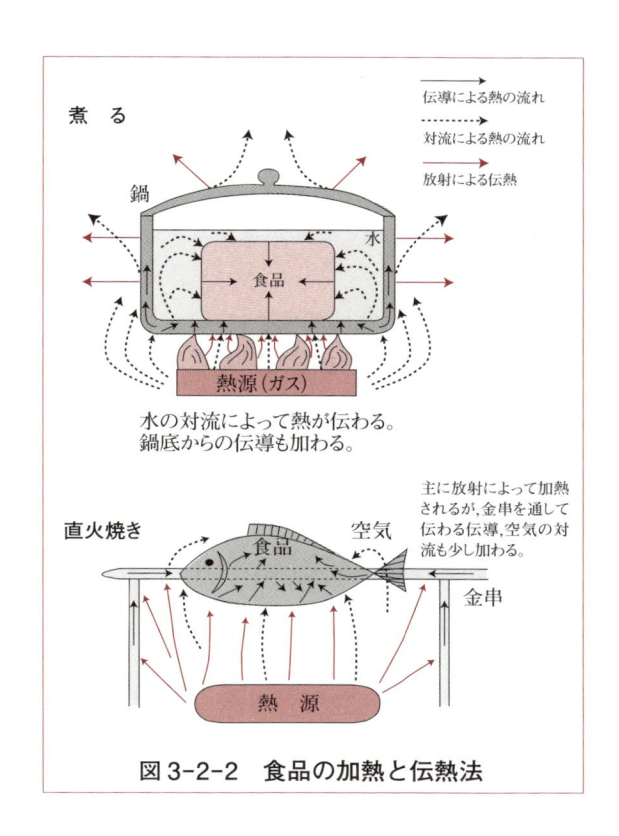

**図3-2-2　食品の加熱と伝熱法**

**表3-2-1　湿式加熱と乾式加熱**

| | 加熱操作 | 熱媒体 | 主な伝熱方法 | 通常の加熱温度 |
|---|---|---|---|---|
| 湿式加熱 | 煮る | 水 | 対流 | 100℃（または100℃以下） |
| | ゆでる | 水 | 対流 | 100℃（または100℃以下） |
| | 炊く | 水・蒸気 | 対流 | 100℃付近 |
| | 蒸す | 蒸気 | 対流・蒸気の凝縮 | 100℃（または100℃以下） |
| | 圧力鍋加熱 | 水・蒸気 | 対流・蒸気の凝縮 | 115～120℃ |
| 乾式加熱 | 焼く　直火焼き | | 放射 | 200℃以上 |
| | 　　　間接焼き | 金属 | 伝導 | 130～250℃ |
| | 　　　オーブン焼き | 空気，金属 | 放射，対流，伝導 | 150～230℃ |
| | 炒める | 金属 | 伝導 | 150～250℃ |
| | 揚げる | 油 | 対流 | 120～200℃ |

加熱する。

### ② 水の量
　食品投入時の温度低下を避けたいとき（緑黄色野菜）や吸水が起きるとき（乾麺）には，たっぷりの湯を用意し，いも類や根菜類をゆでるときには，ちょうどかぶるくらいの水でよい。

### ③ ゆで水の種類（水に加える材料）
　酢を加えて白く仕上げる（れんこん，うど，ごぼう，カリフラワー），食塩を加えて緑色の変色を抑える（緑黄色野菜），米ぬかを加えてあく抜きをする（たけのこ），みょうばんを加えて煮くずれを防ぐ（栗やいも類），小麦粉を加えてうま味成分の溶出を抑える（カリフラワー）などが調理で行われている。

## (2) 煮る
　食品をだし汁や調味液などからの対流伝熱で加熱する操作であり，加熱による食品成分の変化と調味を目的とする。ゆでる操作と比べると汁（液体）の量は少ない。加熱時間，火加減，煮汁の量，調味料は材料や料理の種類によって異なり，煮物の種類は多岐にわたる。

　煮る操作において煮汁の量が調理のポイントとなる。煮付けや煮しめの煮汁は材料の重量の1/3〜1/4で，煮汁がほとんど残らないように煮上げる。煮汁が少量のために，汁から出ている部分には調味がしにくい。汁を回しかけたり，食品の上下を入れかえたりすることで調味料のしみ込みは改善されるが，軟らかい食材では崩れる。それを防止するために，落とし蓋を使用する。落とし蓋を使用すると沸騰した煮汁が蓋を伝わって食品の上部にもまわるようになり，上部まで調味料がいきわたりやすくなる（図3-2-3）。落とし蓋は，木製のもの以外に和紙やパラフィン紙（クッキングペーパー），アルミ箔などを鍋の大きさに切り，小さな穴をあけたものでもよい。材料が動くのを抑えるので煮崩れを防ぐ効果もある。

　含め煮や煮込みでは，食品が十分浸る程度の煮汁を用いる。弱火で長く加熱したり，加熱終了後も食品を煮汁の中に浸したりして味を食品の中までしみ込ませる。青菜など緑黄色野菜の煮物では，調味液中で長く煮ると緑色が悪くなるので，薄味で煮汁を多めにして短時間加熱後，一度食品を取りだして冷まし，再び煮汁中に戻して味をしみ込ませる煮浸しという調理方法をとる。

## (3) 炊く
　米に水を加えて加熱し，米飯にする調理操作である。最初は水が十分に存在し，加熱が進むと水の一部は米に吸収され，一部は蒸発して余分な水分が残らない状態になる（p.66〜68参照）。煮る・蒸す・焼くと状態が変化する複合した加熱調理方法ともいえる。一部の地域では，煮ることを炊くというところもある。

## (4) 蒸す
　水を沸騰させ，発生した水蒸気を熱媒体とする加熱操作である。水が水蒸気に変化するとき，気

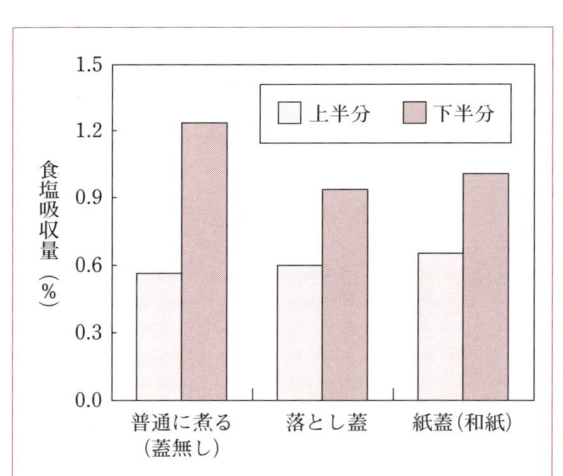

煮汁量は材料の重量の1/2とした。落とし蓋や紙蓋をした方が，材料の上半分と下半分の食塩吸収量の差が小さくなる。

**図3-2-3　落とし蓋，紙蓋によるじゃがいもの食塩吸収量**

資料）松元文子，板谷麗子，田部井恵美子「家政学雑誌」vol.12, p.391-394, 1961から作成

化熱（2.25 k J/g・539cal/g）を必要とする。この水蒸気が蒸し器内を対流して食品表面に到達する。水蒸気は，冷たい食品に触れると表面で液体の水に戻り，そのとき食品に凝縮熱（2.25kJ/g・539cal/g）を与える。したがって，食品の表面温度が低い加熱初期における熱伝達速度が速い。凝縮した水は，水分の少ない食品では一部吸収され，残りの水は流れ落ちて再び水蒸気として利用される。蒸し器内の水蒸気の温度は，蒸気が充満した状態で常圧では100℃になる。蓋をずらしたり，火加減を調整して蒸し器内の蒸気量を調整すれば100℃以下の温度を保って加熱することも可能であり，茶碗蒸しやカスタードプディングなどの希釈卵液の加熱調理では蒸し器内を85～90℃に調整して加熱する（p.140 参照）。

蒸し加熱の特徴は，①初期の加熱速度が速い，②形が崩れにくい，③流動性の食品を容器に入れて加熱することができる，④水溶性の成分やうま味成分の溶出が抑えられるなどがあげられる。

### 2）乾式加熱

乾式加熱は，熱源からの放射伝熱による加熱と，空気や油の対流伝熱，金属板を介しての伝導伝熱で食品を加熱する方法である。食品の表面は100～250℃の高温に接するため，食品の表面の変化が湿式加熱に比べると大きく，温度管理が重要となる。食品内部は水分がある限り100℃以上には達しないので，食品表面と内部の温度差が大きくなる。水を用いないため，湿式加熱に比べると食品に含まれる水溶性成分の溶出を抑えることができる。

#### (1) 焼く

熱源に直接食品をかざして加熱する直火焼きと，熱源によって加熱された鍋，フライパンなどを媒介として加熱する間接焼き，オーブンを使用して焼くオーブン焼きがある。

MEMO

### ①直火焼き

直火焼きでは，主として熱源から放射される赤外線が食品の表面で吸収されて熱に変わる。熱源からの赤外線の放射特性（放射率，放射伝熱量など）は熱源の種類や表面状態，温度によって異なり，食品の赤外線の吸収特性は食品の成分や表面状態によって異なる。魚や肉の直火焼きで使われる炭は，赤外線の放射率が高く，放射伝熱量が大きい。ガス火の温度は高いが放射率が低いので，金属やセラミック付きの焼き網などをガス火で加熱して高温にし，焼き網からの放射伝熱を利用して焼く。

### ②間接焼き

間接焼きでは，鍋やフライパン，ほうろく*，石などを熱源で加熱し，その上に食品をのせて主として伝導伝熱で加熱する方法である。加熱された金属板などに直接接する部分は温度が高くなるが，上部は熱を受けないので，食品の上下を返して焼いたり，蓋をしたりして蒸気を充満させ蒸し焼きにすることもある。

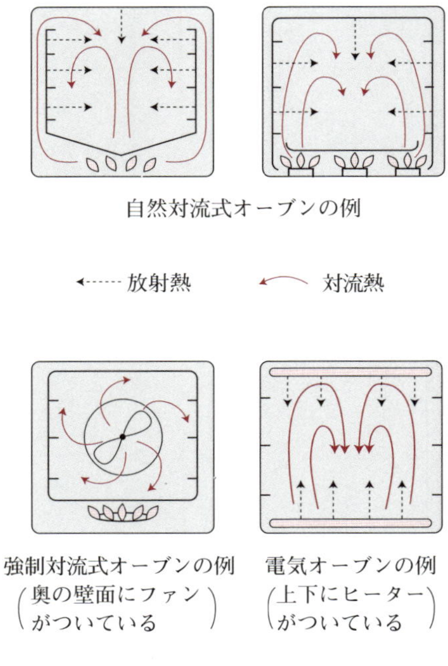

### ③オーブン焼き

密閉されたオーブン内の空気を加熱し，食品を中に入れて加熱する方法で，熱は空気からの対流伝熱，オーブン内の庫壁やヒーターなどからの放射伝熱，天板からの伝導伝熱によって食品に熱が伝えられる。庫内の空気温度は通常100℃以上の高温であるが，空気の熱伝達速度（熱伝達率）は小さく，湿式加熱に比べて加熱に時間がかかる。食品表面全体から熱を受けるため，体積の大きい塊肉や流動性のあるケーキ生地などを型に入れたまま加熱することができる。周囲が庫壁で囲まれているため，食品からの水分の蒸散で蒸し焼きに近い状態になる。

従来は，熱源が下部にあり，加熱された空気の対流伝熱と庫壁からの放射伝熱により加熱する自然対流式オーブンであったが，現在は庫内後方の庫壁にファンを組み込み，庫内の空気を循環させる強制対流式オーブン（コンベクションオーブン）が主流となっている（図3-2-4）。電気オーブンでは，熱源として庫内上下にヒーターが取付けられている。オーブンの構造は機種によって異なり，加熱能が異なる。そのため，庫内の空気温度設定を同じにしても必要な焼き時間や加熱後の調理成績は異なるので注意が必要である（表3-2-2）。

### （2）炒める

熱せられた鍋やフライパンに少量の油脂を加え，主として伝導伝熱で加熱する方法である。間接焼きとの違いは，食品材料を熱が均等にかつ速く伝わるように，表面積を大きくするように切り，加熱中には撹拌したり，鍋を振り動かしたりして食品の加熱面が変わるようにする。高温短時間加熱が基本となる。

用いた油は薄膜状になって加熱されるために，酸化しやすく劣化が急速に進む。

図3-2-4 オーブンの種類

## （3）揚げる

熱せられた多量の油の中で，油からの対流伝熱によって加熱する方法である。油の温度は120～200℃で，高温の油の中で食品の表面では水分が蒸発し，油が吸収され，油脂味が付与される（図3-2-5）。食品への熱伝達速度は速く，食品表面と内部の温度差が大きくなるので，体積の大きい食品の加熱はむずかしい。油の比熱は2.0kJ/kg・K（0.48kcal/kg・℃）で水の約1/2であるため，油は熱しやすいが温度管理はむずかしい。

## 3）誘電加熱（マイクロ波加熱）

物質に電磁波の一種であるマイクロ波（振動数300MHz～30GHz）を照射し，マイクロ波のもつエネルギーによって物質内部の有極性分子**を回転・振動させ，発熱させる加熱方法である。食品の調理では，振動数2,450MHzのマイクロ波が電子レンジに利用されている（電子レンジの構

> \* ほうろく
> 素焼きで，浅く平たい鍋。乾物のごま，豆，田作り，茶葉などをいるのに用いる。熱伝導は悪いが保温性がある。弱火で加熱すれば，食品を焦がさず香ばしく仕上げることができる。
>
> \*\* 有極性分子
> 分子内の正電荷と負電荷の重心が一致しないものを，有極性分子，極性分子という。有極性分子で代表的なものは水である。

表3-2-2　オーブンの種類によるケーキの焼き時間と焼き色

| 機　種 | 熱伝達率 [W/(m²・K)] | 放射伝熱の割合 [%] | 焼き時間 [分] | 表面の色 L値 |
|---|---|---|---|---|
| 強制対流式ガスオーブン | 55 | 25 | 11.5 | 51.4 |
| 強制対流式電気オーブン | 42 | 40 | 15.1 | 57.3 |
| 電気オーブン | 24 | 85 | 16.2 | 40.9 |
| 自然対流式オーブン | 19 | 50 | 18.2 | 61.1 |

熱伝達率：熱の伝わりやすさを表し，値が大きいほど熱が伝わりやすいことを示す。
焼き時間：直径12cmの金属のケーキ型，スポンジケーキ生地120gをオーブンの庫内空気温度200℃で焼き，生地の中心温度が97℃になるまでの時間。
L値：明度を表し，値が低いほど色が濃いことを示す。

資料）渋川祥子，杉山久仁子『新訂調理科学』p.30，同文書院，2005

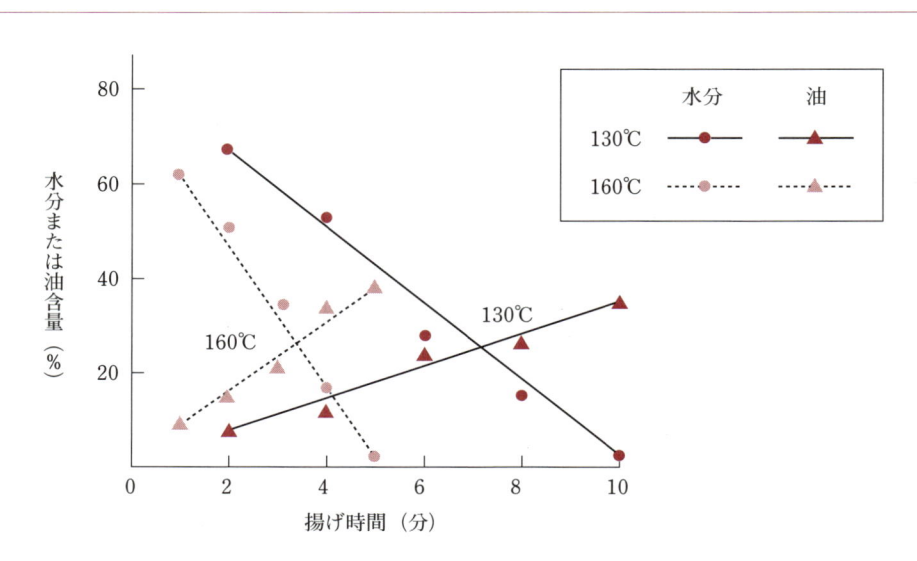

図 3-2-5　ポテトチップの水と油の交代

130℃および160℃の油でポテトチップを揚げたとき，揚げ時間が長くなればなるほど，水分は減少し，油含量は増加する。

資料）浜田滋子「三重大学教育学部教育研究所研究紀要」vol.34, p.39-48, 1966

造は p.58 の図 3-4-7 参照）。食品自体が発熱するために，食品外部から加熱される他の加熱方法とはまったく異なる加熱方法であり，食品の表面は高温になりにくい。食品の加熱時間は，内部発熱のため一般的には短くなるが，発熱量は食品の単位体積当たりのマイクロ波の吸収量によって左右されるため，一度に加熱する食品の量が多いと他の加熱方法よりも加熱時間が長くなる場合がある。

マイクロ波の吸収のされ方は，食品の形状や成分によって異なり，水はマイクロ波の吸収効率がよいが，油脂や氷は吸収効率が低く，水分が少なく油脂量の多い食品や冷凍食品は温度上昇速度が遅い。塩分濃度によっても吸収効率が変化し，塩分濃度が増すとマイクロ波の吸収が増え，温度上昇速度が速くなる。木や紙，耐熱性ガラス，陶磁器，プラスチック類などマイクロ波を透過しやすく，耐熱性のある材質のものは容器として使用す

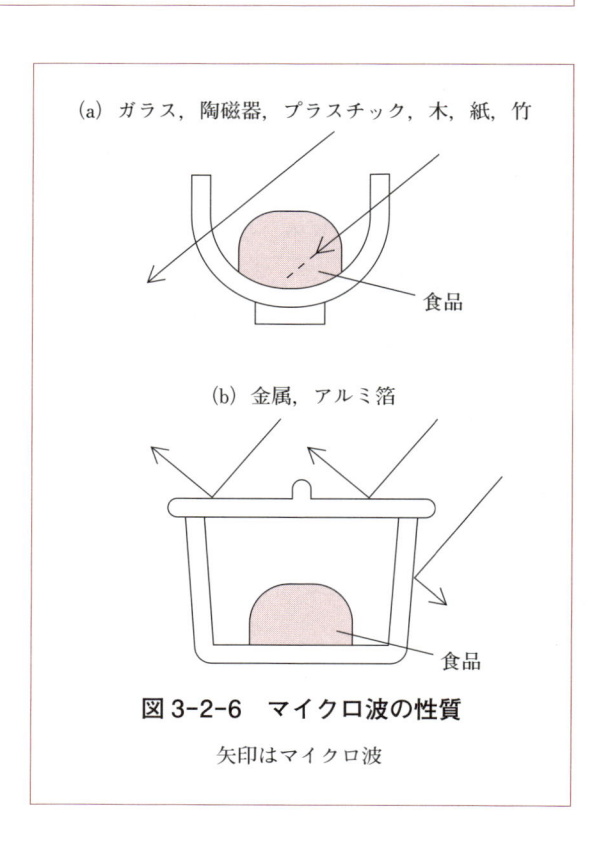

図 3-2-6　マイクロ波の性質

矢印はマイクロ波

ることができるが，マイクロ波を反射する金属容器やアルミ箔などは使用することができない（図3-2-6）。

マイクロ波加熱された食品の品質は以下のような特徴がある。

① 内部発熱であるため，食品の表面は焦げにくい。
② 加熱速度が速いため，食品内部の酵素の失活が早く，酵素反応が十分に進まない。たとえばさつまいもの加熱において，蒸し器で加熱したものと電子レンジで加熱したものを比較すると，蒸したものの方が糖量が多く，甘味が強くなる（図3-2-7）。これは，蒸し加熱の方が温度上昇が緩慢なため，さつまいも内に含まれる澱粉の糖化酵素であるアミラーゼが働く時間が長く，多くの糖が生成されるためである。電子レンジ加熱では，急速に温度上昇が起こるため，酵素が失活してしまう。

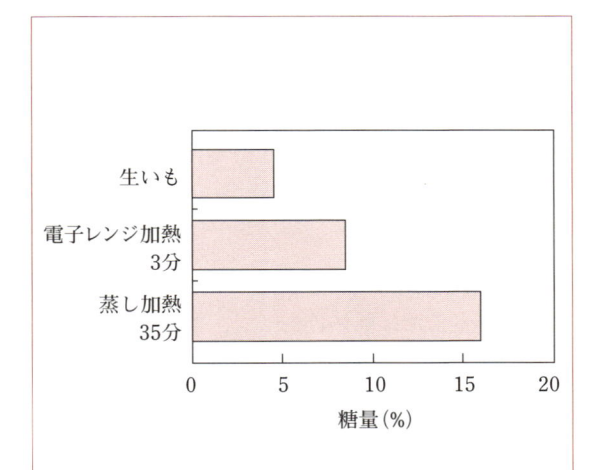

**図3-2-7　電子レンジと蒸し加熱によるさつまいもの糖（マルトース）量**

資料）松元文子，平山静子，大竹蓉子「家政学雑誌」vol.16, p.284-287, 1965

MEMO

③ 水分が蒸発しやすい。
④ 加熱時間が短時間であり，水を使わないため，熱に弱い成分の分解や水溶性の成分の溶出を抑えることができる。しかし，あくは抜けにくい。
⑤ 食品の成分や形状によって温度むらができやすい。
⑥ パンやいも類などの澱粉性の食品を加熱すると，非常に硬くなることがある（硬化現象）。

### 4）過熱水蒸気加熱

沸騰気化した水をさらに加熱して沸点以上の温度とした過熱水蒸気を利用した加熱方法である。加熱調理では主にスチームコンベクションオーブンに利用されている。

過熱水蒸気加熱では，被加熱物の表面温度が100℃に達するまでは，蒸し加熱と同様に食品表面で水蒸気の凝縮が起こり，表面温度は急激に上昇する。しかし，表面温度が100℃に達してからは，オーブン加熱と同様に気体からの対流伝熱や庫壁からの放射伝熱によって加熱される。初期の温度上昇速度は蒸気量が多いと速くなるが，庫内温度の影響はほとんど受けない（図3-2-8）。表面温度が100℃を超えてからは，庫内の空気温度の影響を強く受け，庫内温度が高くなるほど加熱速度は速くなる。食品の表面温度の上昇は速いが，食品内部には伝導伝熱で熱が伝わるため，加熱時間の短縮効果は食品の大きさに影響を受け，厚さの大きい食品ほど短縮効果は小さくなる。

加熱初期に食品表面で水蒸気の凝縮が起こることから，オーブン加熱に比べて，食品の水分蒸発や表面の硬化が起こりにくいと考えられているが，その影響は食材の種類や加熱温度によって異なる。さらに過熱水蒸気はごく微量の酸素しか含まないため，加熱中の油脂の酸化をおさえることが期待されている。しかし，加熱調理における加熱時間の範囲ではその効果を示すデータは少ない。加熱時間が短く，水蒸気と空気を媒体とする加熱のため，ビタミンCなどの水溶性成分の減少を抑えることができる。脱油・脱塩効果については，食材の種類や油脂量，塩分量によっても異なると考えられる。

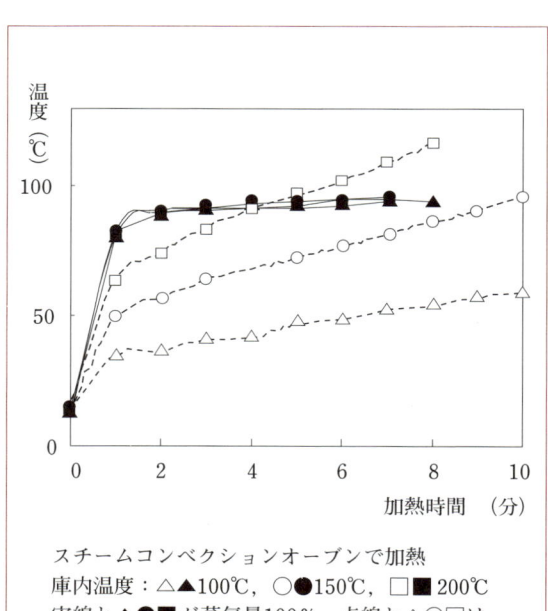

### 5）真空調理法

食材を生または前処理をして，調味料と一緒に真空包装（脱気包装）し，比較的低温で加熱する1970年代にフランスで開発された調理方法である。「真空低温調理法」とも呼ばれ，食材の水分の蒸発を抑えることができ，風味や栄養成分の損失が小さく，味が均一化され，酸化を抑えることができる。

加熱は基本的に食肉・魚介類は58～68℃，野菜類は90～95℃の範囲で行う。厚生労働省の「大量調理施設衛生管理マニュアル」で規定されている指導基準「中心部が75℃で1分間以上（二枚

スチームコンベクションオーブンで加熱
庫内温度：△▲100℃，○●150℃，□■200℃
実線と▲●■が蒸気量100%，点線と△○□は蒸気量0%（通常のオーブン加熱）の結果

図3-2-8　魚のすり身の表面温度変化

貝等ノロウィルス汚染のおそれのある食品の場合は 85 〜 90℃で 90 秒間以上）又はこれと同等以上まで加熱されていること」に準じた殺菌効果が得られるように加熱温度と加熱時間を管理することが衛生管理上非常に重要となる。加熱には，スチームコンベクションオーブンや湯煎器などが使われる。近年は，家庭用の真空包装機に加え，湯浴を 100℃以下の温度で長時間管理することのできる家庭用の低温調理器が開発され利用され始めているが，衛生的な取扱いには充分な注意が必要である。

真空調理法はクックチルシステム*の加熱法の一つとしても利用されている。真空包装のまま急速冷却して冷蔵保存または冷凍保存し，摂食時に再加熱することから，外食産業を中心に実用化されている。

> \* **クックチルシステム**
> 1960 年代にイギリスやスウェーデンで開発された大量調理を行う際の新しい調理システム。食品を加熱後，急速冷却し，0 〜 3℃のチルド温度帯で一定期間保存し，提供時に最終調理としての再加熱を行う。急速冷却の方式は冷風により冷却するブラストチラー方式と，冷水を満たした回転ドラムの中で冷却するタンブラーチラー方式の 2 種類がある。前者は，食材の厚さ，容器の厚さに制約があり，後者の方が急速冷却の信頼性が高い。いずれの場合も，衛生・安全性の面から，各工程における温度と時間の厳密な管理が必要である。

## 3　非加熱操作

### 1）計量・計測（はかる）

調理を効率よく再現性を持って行うためには，正確な<u>計量</u>が基本となる。調理においては，食品や調味料の重量および体積，調理中の温度，時間などを計る。食品では体積は重量よりも誤差を生じやすい。

### 2）洗浄（洗う）

<u>洗浄</u>とは，調理の最初に行う基本的な操作である。食品材料に付着している汚れ，不味成分，有害物質などを除去し，衛生的で安全なものにすることを目的とする。食品の洗浄は，基本的に水道水で行うが，冷水や食塩水，酢水，洗剤水を用いることもある。食品の種類や状態，目的に応じて洗浄する水の種類を使い分けるようにする。

### 3) 浸漬（浸す，つける，もどす）

　食品を水または食塩水や酢水などの液体に浸す操作である。穀類や豆類，乾物など水分の少ない食品に吸水させたり，食品中の成分（あく，塩分，うま味成分）を溶出させたりすることを目的として行われる。野菜や果物では，皮をむいたり切った後の褐変の防止のために浸漬することがある。

### 4) 切砕（切る，きざむ）

　切砕とは，食品を2つ以上に分ける操作である。器具としては，包丁や皮むきなどが使われる。目的は，食べられない部分を取り除く，食べやすい大きさや形状にする，加熱しやすくする，調味料を浸透しやすくする，外観を整え美しく仕上げるなどである。繊維が一定方向に走っている肉やごぼうなどの食品では，切り方によってテクスチャーが大きく異なってくる。繊維の方向に平行に切ると硬く歯ざわりのあるものになり，繊維と直角の方向に切ると軟らかくかみ切りやすくなる。

### 5) 粉砕・磨砕（つぶす，裏ごす，する，すりつぶす）

　食品の組織を破壊し，粉末状や粒状，ペースト状など，切断よりも食品をより細かくする操作である。器具としては，すり鉢やすりこぎ，裏ごし器，おろし金，ミキサーなどが使われる。消化吸収をよくしたり，味や香りを強めたり，テクスチャーの改善を目的として行われる。

### 6) 混合・撹拌（混ぜる，ねる，こねる，和える，泡立てる）

　混合は2種類以上の食品材料を合わせる操作である。器具としては，ハンドミキサー，泡立て器，ミキサー，木じゃくしなどが使われる。味や材料の均一化，温度の均一化，物理的な性状の変化（小麦粉に水を加えてこねる，ひき肉に調味料を加えて混ぜるなど）を目的として行われる。

### 7) 圧搾・ろ過（押す，握る，絞る，こす，のばす）

　食品から水気を絞ったり，液体と固体，または必要な部分と不必要な部分に分ける操作である。圧力を加える操作を圧搾，圧力を加えず自然の重力で液を分けることをろ過という。圧搾には，汁を分けずに変形だけを目的とする場合もある（押し寿司，茶きん絞りなど）。器具としては，レモン絞り，茶こし，こし器，のし棒などが使われる。脱水，液汁の搾取，固形分と液体分の分離，変形を目的として行われる。

### 8) 冷却・冷蔵（冷ます，冷やす）

　冷却は，温度を常温以下に下げる操作であり，冷蔵は15℃以下から0℃付近までの食品内部が凍結しない温度で貯蔵する操作である。冷たい感触を得る，熱による反応を抑える，物性を変化させる，保存性を向上させるなどの目的で行われる。冷却の方法は，室温に放置する，送風する，冷水につける，冷蔵庫に入れるなどの方法がある。

　低温保存で使用される温度帯は，図3-3-1のように分けられている。冷蔵温度では，微生物は増殖しており，油脂の酸化や変色などの化学反応も速度はゆっくりであるが進行している。酵素反応も進むため，冷蔵の場合には保存期間に限度があるものの，温度が低いほど保存期間は長くなる。冷凍に比べれば保存期間は短いが，凍結による組織の損傷がないため，凍結した物よりも品質はよい（図3-3-2）。ただし，野菜や果物の中には，低温障害を起こすものもあるので注意を要する。

### 9) 冷凍・解凍（凍らせる，とかす）

　冷凍は広い意味では0℃以下で食品中の水分が凍結した状態にする操作である。一般には，食品中の自由水が氷になる−18℃以下での保存を凍結貯蔵という。保存性の向上を目的として行われ，

ほとんどの微生物は増殖することができないが，油脂の酸化などの化学反応や乾燥などの物理的変化は進むので，包装などに注意し，早めに使うようにする。アイスクリームなどの氷菓などをつくるためにも冷凍は利用されている。解凍は，凍結している食品の氷結晶を融解し，凍結前の状態に戻す操作である。

① 凍結方法

食品を冷却・凍結するときの品温の変化を図3-3-3に示す。0℃以下で凍結が始まる。水が氷結晶に変わるとき333J/g（80cal/g）の凝固熱が放出されるため，品温の低下はゆるやかになる。この温度帯を最大氷結晶生成帯（0～－5℃）といい，この間に水は最初にできた氷結晶のまわりに移動して氷結し，氷結晶は成長する。この温度帯の通過に時間がかかる（緩慢凍結）と氷結晶が大きくなり，組織が破壊され，解凍後の品質が低下する。冷却力が大きい場合には，この温度帯を

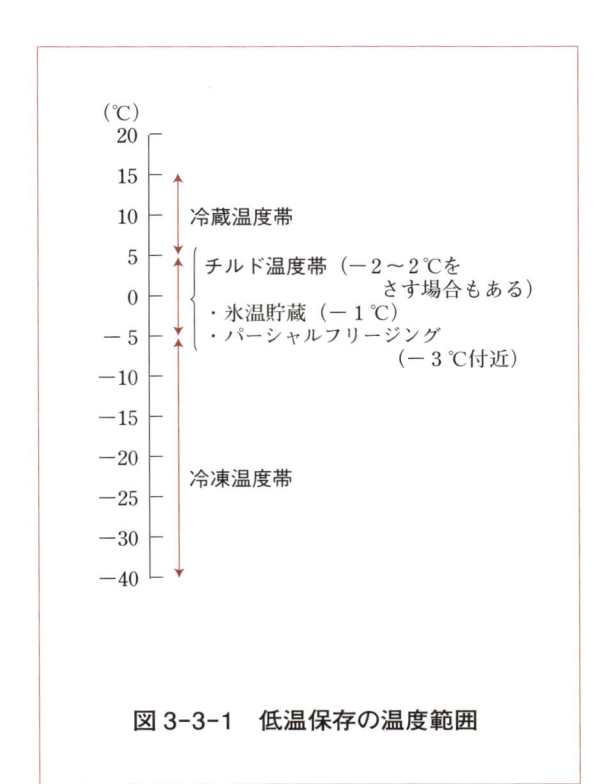

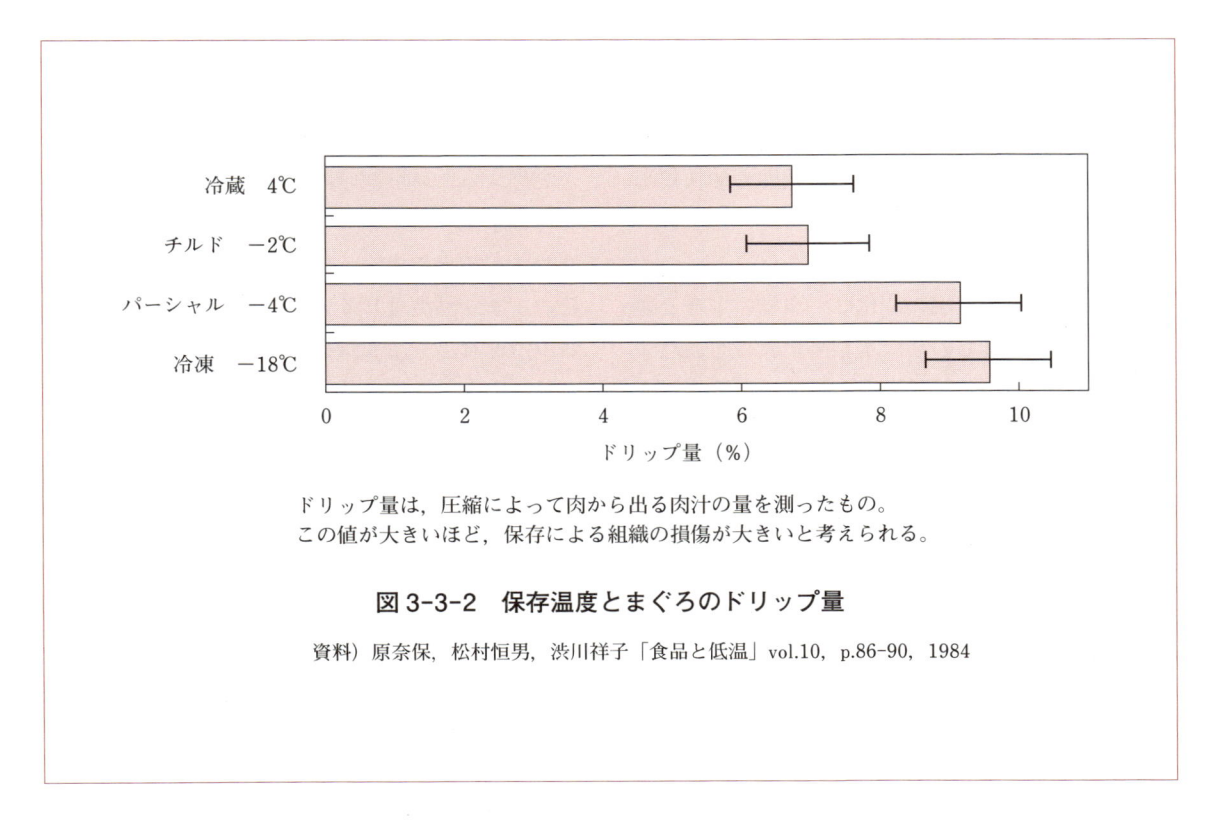

図 3-3-1　低温保存の温度範囲

ドリップ量は，圧縮によって肉から出る肉汁の量を測ったもの。
この値が大きいほど，保存による組織の損傷が大きいと考えられる。

図 3-3-2　保存温度とまぐろのドリップ量

資料）原奈保，松村恒男，渋川祥子「食品と低温」vol.10, p.86-90, 1984

図 3-3-3　凍結曲線

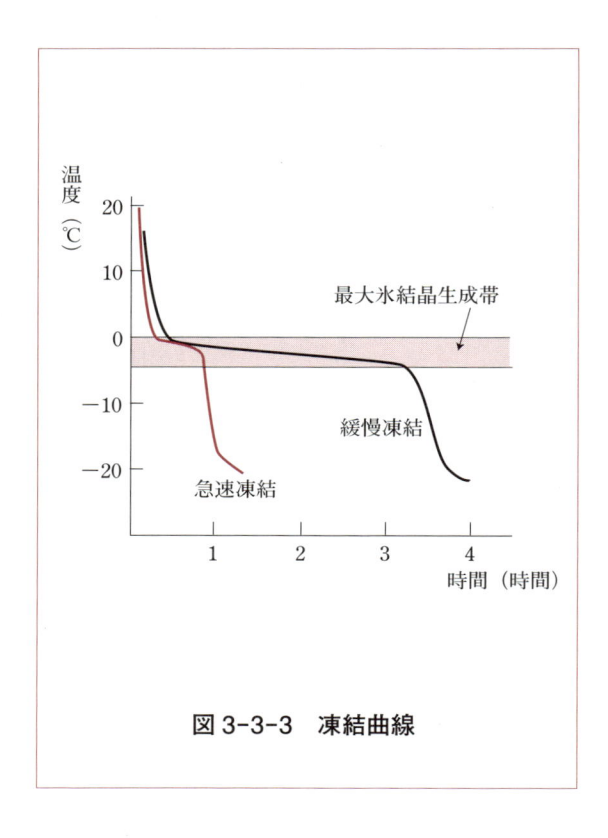

**表 3-3-1　一般的な解凍方法の分類**

| 解凍方法 | 具体的な方法 |
| --- | --- |
| 空気解凍　　静止空気解凍　　エアブラスト解凍 | 冷蔵庫内または室温放置　風をあてる |
| 水中解凍　　静止水中解凍　　流水解凍 | くみおきした水の中につける　流し水の中につける |
| 加熱解凍 | 煮る，ゆでる，蒸す，揚げる，焼くなど直接加熱する |
| 誘電加熱解凍 | 電子レンジでマイクロ波を照射する |

短時間で通過し（急速凍結），氷結晶は小さく細胞内に存在するため，解凍したときに凍結前に近い状態となる。家庭用冷凍庫で凍結する際には緩慢凍結になりやすいので，食品の状態や形状に工夫が必要である。

②**解凍方法**

解凍するときの品温の変化は，凍結の場合と逆となり，－5～0℃の最大氷結晶生成帯を通過するのに時間がかかる。この温度帯では，酵素反応やたんぱく質の変性が起こるため，短時間で通過する急速解凍がよいと考えられている。

解凍方法としては，表3-3-1に示すような方法がある。空気中での解凍は，空気の熱伝導が悪いために緩慢解凍となる。エアブラストにする（風をあてる）と強制対流になって熱の伝熱が速くなり，解凍時間が短縮される。さらに，水中解凍にすると水の熱伝導が空気よりもよいために解凍速度は速くなる。ただし，水中に浸すために，水溶性成分が流出する可能性があるため，包装したまま水に浸けたほうがよい。

誘電加熱解凍（電子レンジ解凍）は，食品自身が発熱するため解凍時間が短くなるが，食品中の水分は氷よりもマイクロ波の吸収がよいため，解凍むらができやすい。加熱解凍は，凍った食品をそのまま加熱調理して解凍する方法であり，調理済み冷凍食品や冷凍野菜類に適する。

魚や肉などを生の状態に解凍するときには，解凍後の品温を低く保ちながら，急速解凍する必要がある。このためには，水流や冷風を利用して伝熱速度を上げることが効果的である。また，誘電加熱解凍で半解凍（－2～3℃）の状態で照射をやめるという方法もよい。

## 4　調理機器

### 1）エネルギー源

調理用のエネルギー源は主にガスと電気であるが，特殊な用途として炭も使われている。

#### （1）ガス

現在，調理加熱用として使われているガスは，都市ガスとプロパンガス（液化石油ガス：LPG, Liquefied Petroleum Gas）の2種類である。都市ガスは，工場からガス導管を通して直接供給され，プロパンガスはボンベに充填して配送される。都市ガスは，液化天然ガス（LNG），液化石油ガス（LPG），国産天然ガス（NG）等を原料として，ガスの組成や熱量を調整して製造されるため，供給しているガス事業者によって種類が異なり，発熱量や燃焼性も異なる。都市ガスの多くは空気よりも比重が軽い。プロパンガスはプロパンやブタンを主成分とし，空気よりも比重が重く，都市ガ

MEMO

表3-4-1　都市ガスおよびプロパンガスの性質

| 種類・種別 | | | 発熱量 MJ/m³　（kcal/m³） | | 主原料・製造法など |
|---|---|---|---|---|---|
| 都市ガス | 高発熱量 | 12A | 38〜46 | （9,000〜11,000） | 液化天然ガス：LNG |
| | | 13A | 42〜63 | （10,000〜15,000） | 国産天然ガス：NG |
| | 低発熱量 | 6A | 24〜29 | （5,800〜7,000） | ブタンエアガス |
| | | 5C | 19〜21 | （4,500〜5,000） | 石炭ガス，LPG，NG，LNGなどを精製混合 |
| | | L1 | 19〜21 | （4,500〜5,000） | |
| | | L2 | 19〜21 | （4,500〜5,000） | |
| | | L3 | 15〜19 | （3,600〜4,500） | |
| プロパンガス：LPG | | | 100 | （24,000） | プロパン，ブタン |

発熱量とは，ガスが完全燃焼したときに発生する熱量のこと。
1MJ（メガジュール）＝$10^6$J

図 3-4-1　電磁波の波長と名称

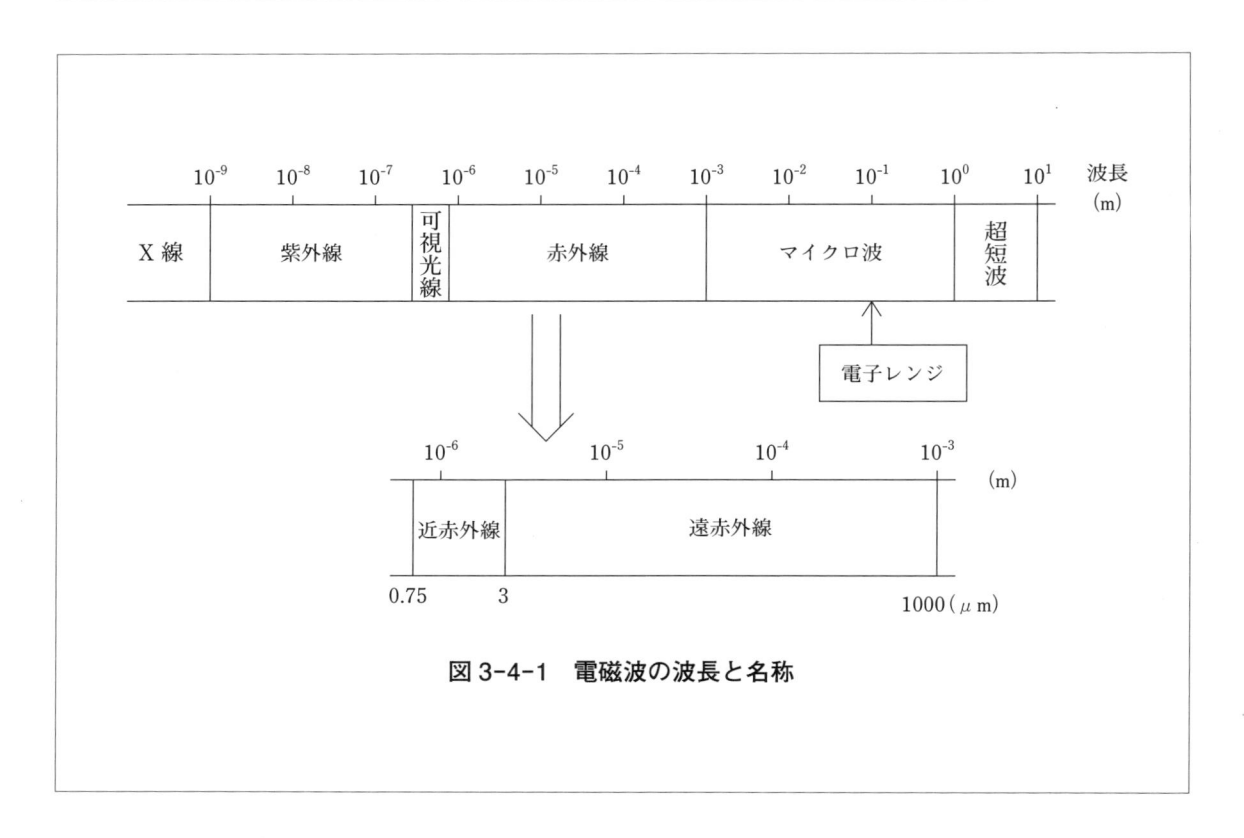

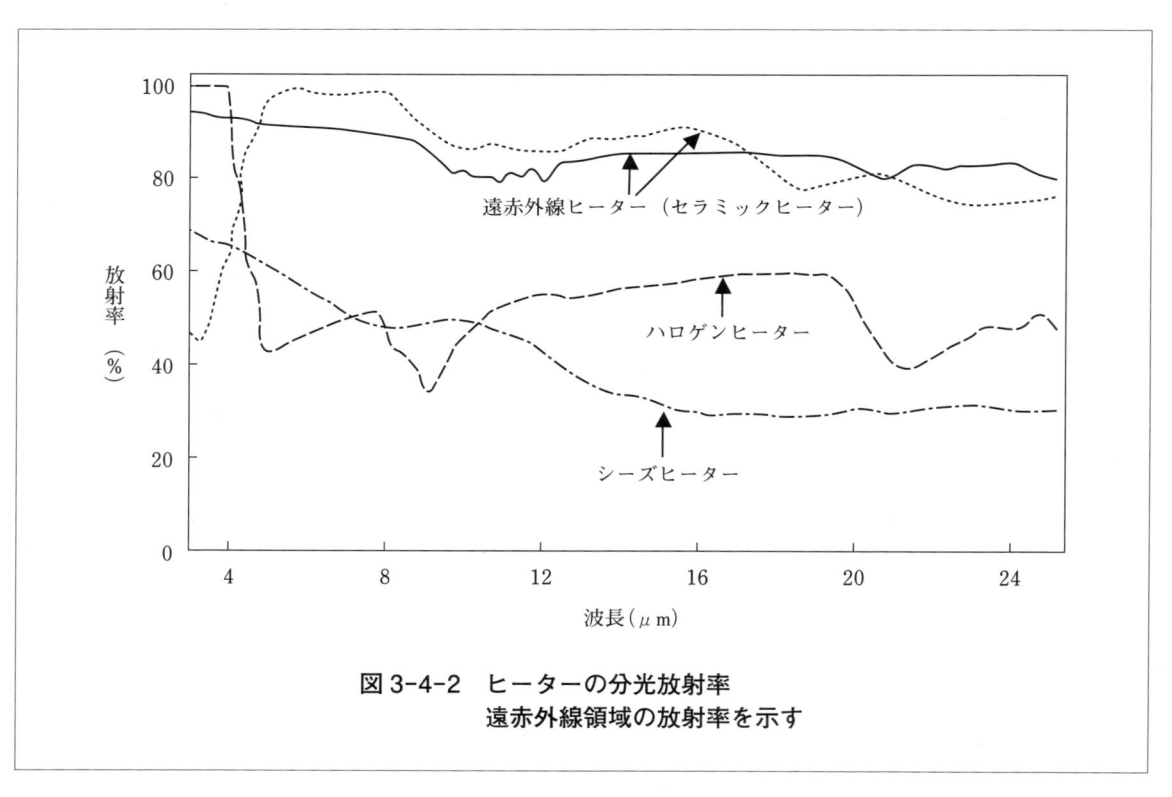

図 3-4-2　ヒーターの分光放射率
　　　　　遠赤外線領域の放射率を示す

スよりも発熱量が大きい。ボンベは高い耐震性を持ち，災害に強く，燃料の移動や貯蔵，供給に便利である。表3-4-1に都市ガスとプロパンガスの性質を示した。

### (2) 電気

電気は，原子力，水力，火力，風力などの発電により供給されている。従来100Vの電力供給が主流であったが，近年では200V用の家電製品も増加し，200Vの供給も増加している。

加熱源として電気が調理で使われる場合には，発熱の原理は主に次の3種がある。①電気抵抗による発熱（ヒーター），②誘電加熱（電子レンジ。p.43参照），③誘導加熱（Induction heating：IH，電磁調理器。p.56参照）。

電気ヒーターはニクロム線を耐熱鋼で被覆したシーズヒーターが一般的であり，放射伝熱が強くトースターやオーブンなどの熱源などに利用されている。その他，ニクロム線を覆う材質が異なるものとして石英管ヒーターやセラミックヒーター，タングステン線を石英管で覆いハロゲンガスを充填したハロゲンヒーターなどがあり，ヒーターから放射される赤外線波長の放射率が異なるため，食品の加熱特性が異なる。電磁波（赤外線）の波長と名称を図3-4-1に示す。セラミックヒーターの一部は遠赤外線領域の放射率が高いために遠赤外線ヒーターと呼ばれている。一方，ハロゲンヒーターは可視光線に近い近赤外線領域の放射率が高い。図3-4-2にヒーターの分光放射率の例を示す。波長の長い遠赤外線は近赤外線に比べ，食品表面で吸収されやすいため加熱速度が速い。

電気はガスに比べ点火および消火が簡単で，空気が汚れず，温度制御しやすいなどの利点があるが，加熱速度が遅いという欠点があった。しかし，現在では，200V対応のクッキングヒーターや電磁調理器などでは，ガスこんろと同程度の火力を得ることができる。

MEMO

図 3-4-3　炭火の表面温度

資料）辰口直子，阿部加奈子，杉山久仁子，渋川祥子「日本家政学会誌」vol.55, p.707-714, 2004

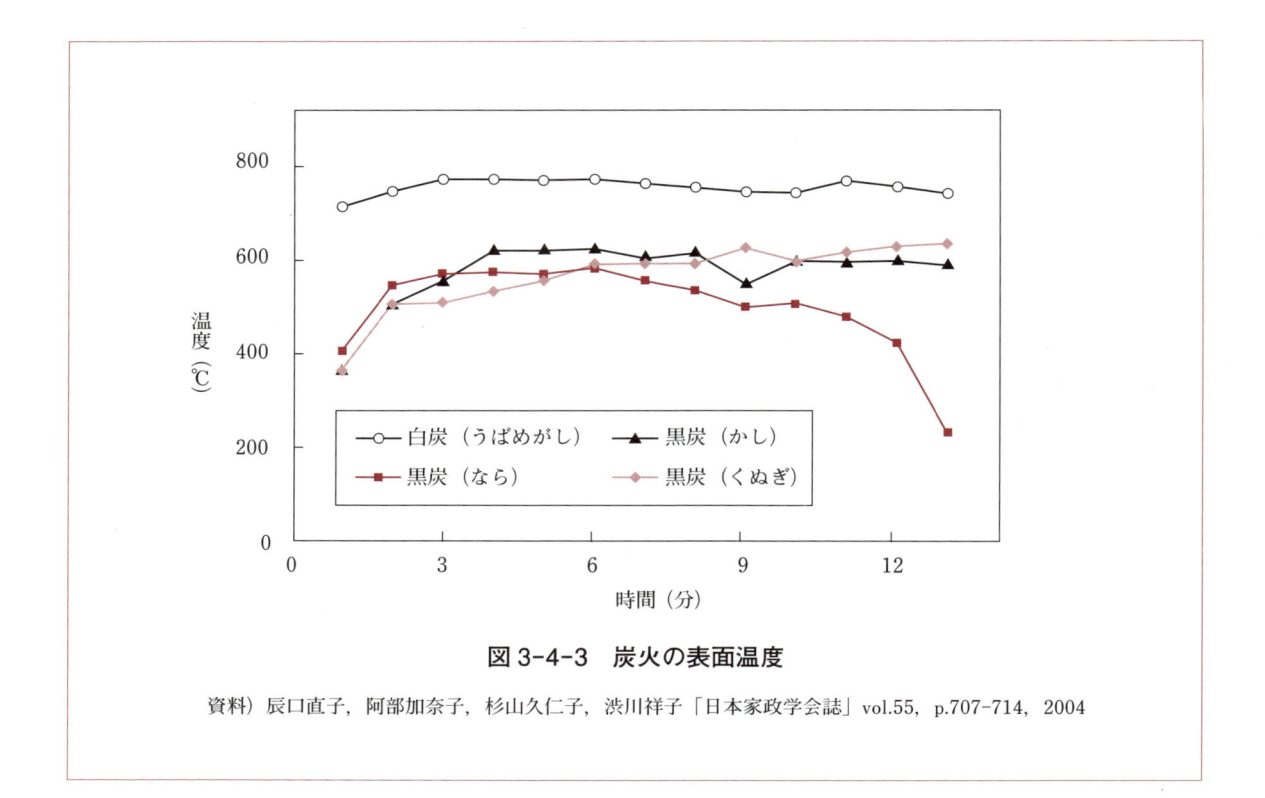

表 3-4-2　鍋材質の熱伝導率と比熱

| 物質名 | 熱伝導率 〔W／(m·K)〕 | 比熱 〔kJ／(kg·K)〕 |
|---|---|---|
| 銅 | 398.0 | 0.39 |
| アルミニウム | 237.0 | 0.91 |
| 鉄 | 80.3 | 0.44 |
| ステンレス | 27.0 | 0.46 |
| ホーロー | 78.7 | 0.44 |
| パイレックス | 1.1 | 0.73 |
| 陶器 | 1.0〜1.6 | 〜1.0 |

ホーロー以外は27℃の値

資料）日本機械学会編『伝熱工学資料改訂第4版』
　　　p.314-315, 丸善, 1986
資料）辰口直子，渋川祥子「日本調理科学会誌」
　　　vol.33, p.157-165, 2000

## （3）炭

　木材を高温で蒸し焼きにして作った燃料で，木材の種類や熱処理の条件で特性が異なり，白炭と黒炭に分けられる。白炭の方が黒炭よりも硬く，炭素の含有量が高い。白炭は黒炭よりも着火温度が高いが，燃焼は長時間持続する（図3-4-3）。

　炭火は炎が出ず，赤くなった炭の表面は500〜800℃に達する。炭は焼き物調理に適しているとされているが，それは，炭から放射される赤外線の放射率が高く，全伝熱量のうち放射伝熱の割合が高いためである。さらに，炭は他の熱源に比べて遠赤外線の放射率が高いために，食品の表面に焼き色が付きやすい。その他，炭の燃焼ガス中に還元力の強い一酸化炭素や水素が多く含まれていることから，燃焼ガスの違いが炭焼き特有の焙焼したときの香りを作る原因となっていると考えられている[1]。

## 2）加熱調理器具（鍋類）

　加熱調理では，用途に応じて材質や形状の異なる鍋を使用している。鍋に使われる材質には，耐熱性があること，熱の伝わりが速いこと，食品成分に対して安定であること，加工しやすいこと，一定の強度があり衝撃に強いことなどの性質が求められる。鍋に使用される材質の熱的な性質である熱伝導率と比熱を表3-4-2に示す。熱源から受けた熱を鍋内の熱媒体（水や油など）や食品に速く伝えるためには，熱伝導率の高い材質で薄手のものが適している。熱伝導率の低い材質の鍋は，鍋底の温度分布が不均一になりやすく焦げ付きやすいが，鍋底を厚くすることによって改善される。鍋の保温性は鍋の熱容量（比熱と質量の積）に関連しているため，比熱が大きく重い鍋の方が保温力がある。

　アルミニウムは，熱伝導率も比熱も高いため，目的に応じて厚さの異なる鍋が作られ，最も多く用いられている。しかし，食品に含まれる酸や塩分などで腐食しやすいため，表面を酸化被膜で加工したアルマイトの鍋などがある。銅や鉄なども熱伝導率は比較的高いがさびやすく，ステンレスはさびないが熱伝導率が低い。これらの短所を補うために，ステンレスで熱伝導率の高い金属を数種類はさんだ多層鍋（グラッド鍋）が使われている（図3-4-4）。

　金属の他には，鉄の鋼板にガラス質をコーティングしたホーローや，耐熱ガラス，セラミックスなどがあり，食品の成分に対して安定であるが，熱伝導率は低く，衝撃に弱い。

　圧力鍋は，鍋内の蒸気を閉じこめて鍋内の圧力を高め，水の沸点を上昇させることができる。50〜150kPa（キロパスカル）の加圧下で110〜127℃の高温加熱ができる。そのため，常圧で加熱したものに比べて，食品の品質が少し異なる。たとえば，米を炊飯すると粘りの強い飯になり，大豆を煮るとねっとりとした食感に仕上がる。

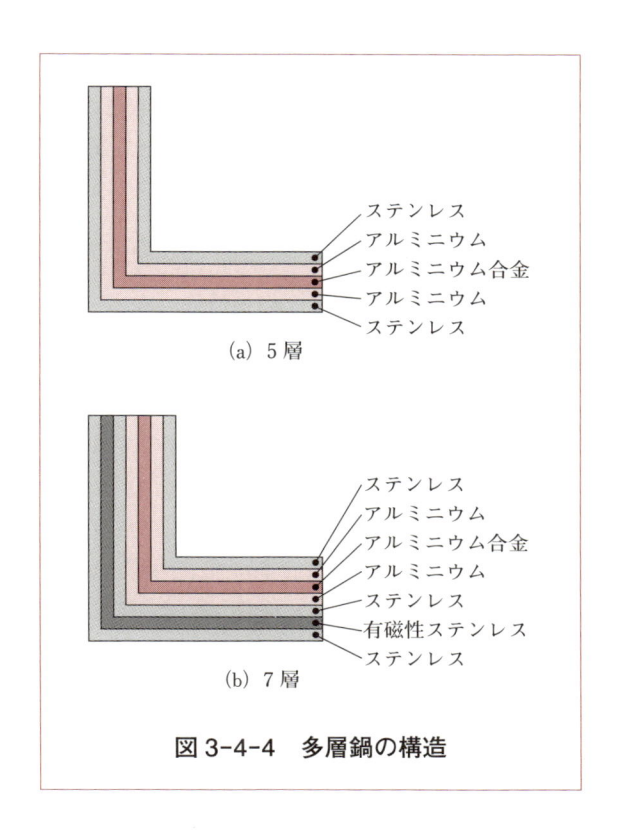

(a) 5層
- ステンレス
- アルミニウム
- アルミニウム合金
- アルミニウム
- ステンレス

(b) 7層
- ステンレス
- アルミニウム
- アルミニウム合金
- アルミニウム
- ステンレス
- 有磁性ステンレス
- ステンレス

図3-4-4　多層鍋の構造

MEMO

保温鍋は，短時間加熱した後，保温して調理するための鍋である。エネルギーの節約になること，放置できること，激しく沸騰しないので煮崩れしにくいことなどの特徴がある。

### 3）加熱調理機器
#### （1）ガスこんろ
家庭に供給される都市ガスやプロパンガスが空気中の酸素と反応して燃焼したときに発生する熱により，食品や鍋などを加熱する機器で，五徳とリング状のバーナーからなる。2008年10月以降，家庭用ガスこんろは，バーナーの中央に温度センサーの搭載が義務化され，調理油過熱防止装置，立ち消え安全装置，消し忘れ消火機能が標準装備されている。また，鍋底の温度を感知し，ガス量を調節して鍋底の温度を調整する機能や焦げ付き始めたら消火する機能をもつものもある。

ガスこんろは，直接火の大きさを確認しながら火力を調節できること，鍋や料理の種類を選ばないこと，換気が必要であるなどの特徴がある。

#### （2）電気こんろ
渦巻き状のシーズヒーターに鍋を直接のせて加熱するものである。鍋との接触がよくなるようにシーズヒーターは平らな形をしている。シーズヒーターは電気を入れてからの温度の立ち上がりが遅いが，余熱を利用することができる。最近では，ガラス板の内側にハロゲンヒーターを設置した電気こんろも使われており，伝導伝熱と放射伝熱によって熱が伝わり，温度の立ち上がりがはやい。

#### （3）電磁調理器
従来の電気こんろとは異なり，誘導加熱（induction heating：IH）により鍋などを加熱する器具である。IHクッキングヒーターともいう。電磁調理器の上面のプレート（トッププレート）の下に磁力発生コイルがあり，20～50kHzの高周波電流を流すと磁力線が発生する（図3-4-5）。

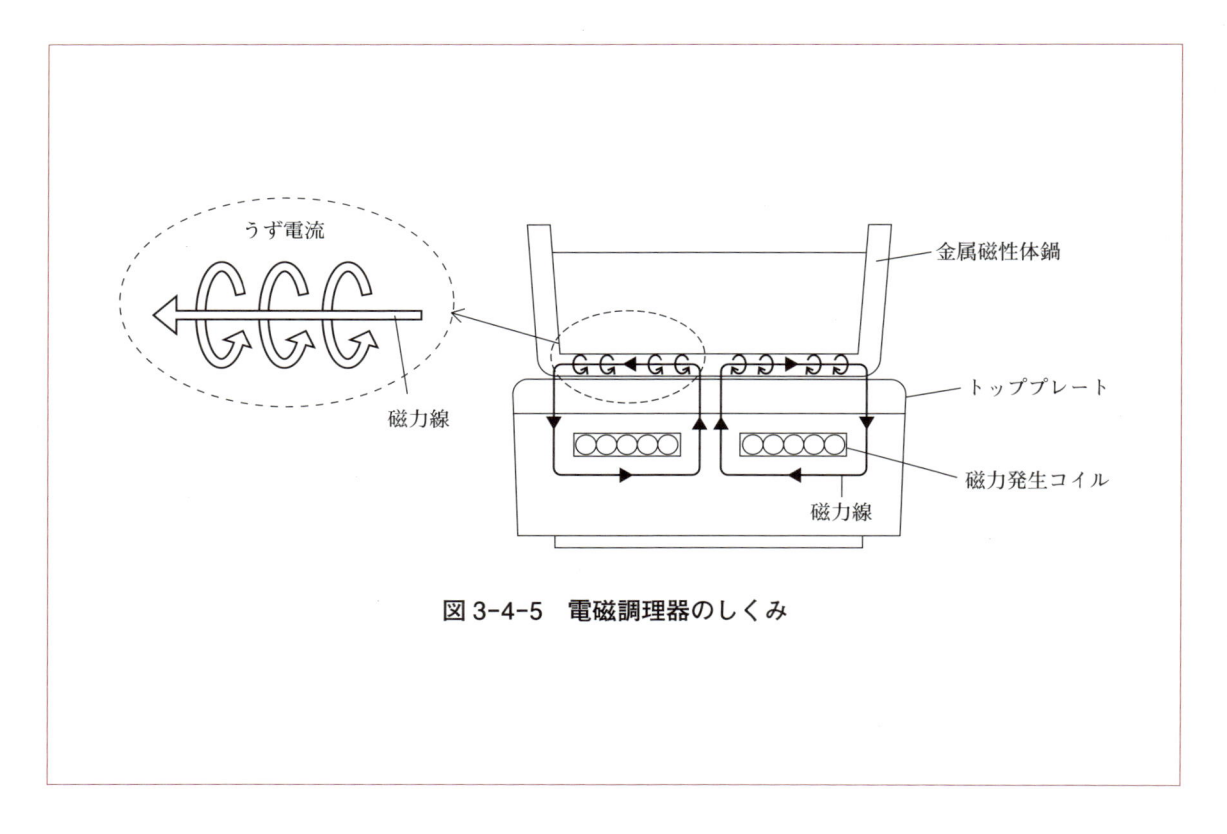

図3-4-5　電磁調理器のしくみ

この磁力線が鍋を通過するときに誘導電流（渦電流）が生じ，その電流と鍋の電気抵抗によって鍋自体が発熱する。調理における熱効率は，従来の電気こんろよりも高く，約90％である。200Vであればガスこんろと同等の火力が得られる。

使用できる鍋に制限があり，鍋底が平らで電気抵抗の大きい鉄を含む鍋（鉄鍋，ホーロー鍋，ステンレス鍋）は使用できるが，抵抗の小さいアルミニウム鍋や銅鍋，土鍋，ガラス鍋などは発熱が小さいため使用できない。最近では，コイルの改良や使用周波数の変更などによりすべての金属製の鍋が使える電磁調理器もある。

### (4) 炊飯器

米を水とともに加熱し，米飯にするための炊飯用具である。熱源が電気のものを電気炊飯器，ガスのものをガス炊飯器という。電気炊飯器は，従来は底部のヒーターを発熱させて加熱する方法で火力が弱く，ガス炊飯器の方がおいしく炊けると評価されていたが，最近では，電磁誘導加熱（IH）方式の炊飯器（図3-4-6）が開発され，火力が強くなり食味が改善されたことで，現在は広く利用されている。

大量調理では，大型の炊飯器具が用いられる。角形の炊飯鍋を縦に2～3段積み重ねて一体化させて炊飯する立体式炊飯器と，丸形または角形の炊飯鍋がベルトコンベア上を移動しながら炊飯を行う連続式炊飯器の2種類がある。熱源はガスが主流である。

### (5) 電子レンジ

2,450MHzのマイクロ波を食品に照射して加熱する調理機器である。日本では1961（昭和36）年に商品化され，普及率が急激に伸び，現在ではオーブンと合体した複合タイプ（オーブンレンジ）が主流である。マイクロ波はマグネトロンから発振される。マイクロ波を均一化させるためにターンテーブルが装備されていたが，最近は，マグネトロンを庫内下部に設置し，アンテナでマイクロ

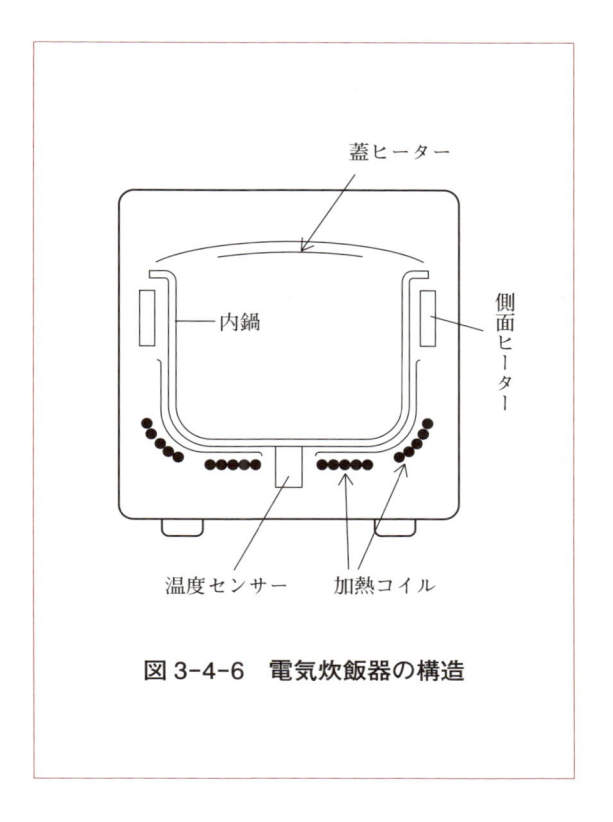

図3-4-6 電気炊飯器の構造

図 3-4-7　電子レンジのしくみ

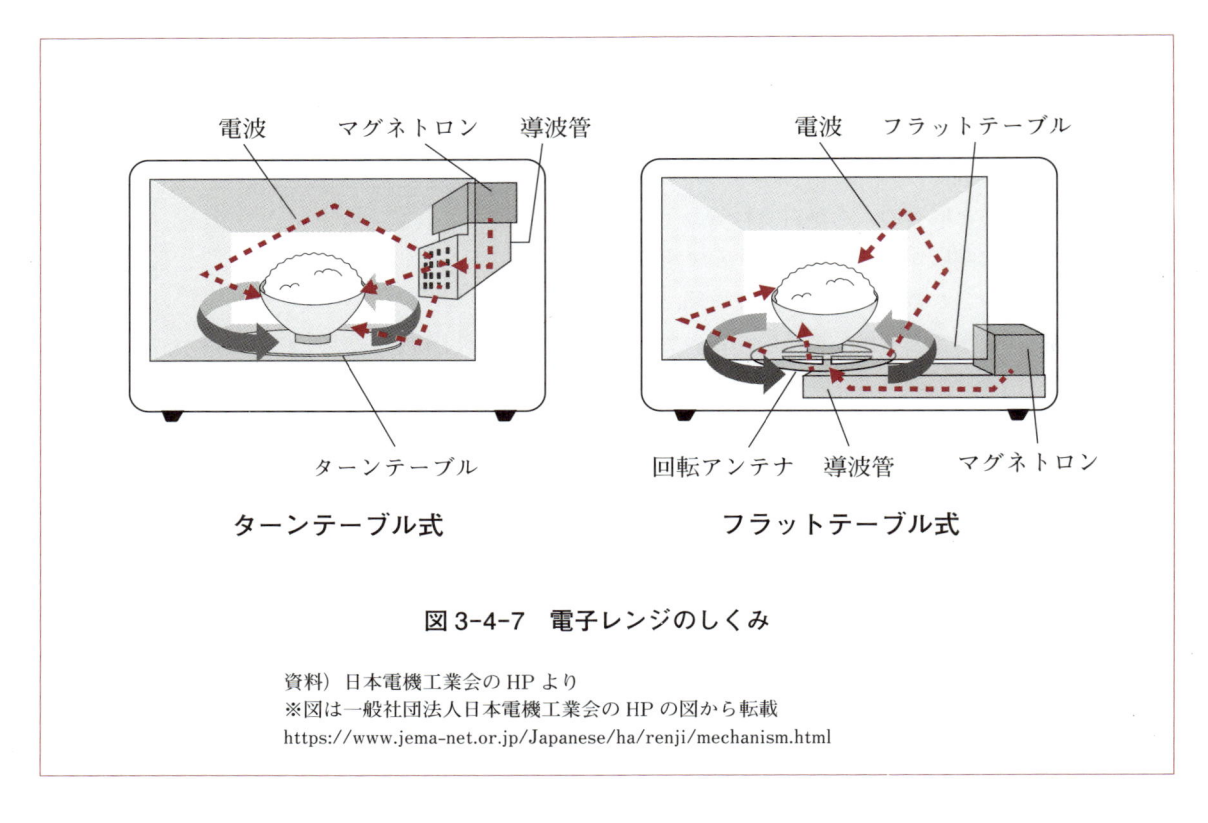

資料）日本電機工業会の HP より
※図は一般社団法人日本電機工業会の HP の図から転載
https://www.jema-net.or.jp/Japanese/ha/renji/mechanism.html

波を撹拌しながら下部から照射するフラットテーブル式のものもある（図3-4-7）。調理特性はp.43～44参照。

### (6) オーブン

密閉された庫内で高温の空気で食品全体を加熱する調理機器。p.42の「オーブン焼き」参照。

### (7) スチームコンベクションオーブン

強制対流式オーブンに蒸気発生装置を取付け、熱風加熱機能と蒸し加熱機能、さらには両者を併用した加熱機能の3つの機能を備えた加熱調理機器である。100℃以下の蒸し加熱である低温スチーミング、100℃以上に熱した蒸気で加熱する過熱水蒸気加熱も可能である。主に大量調理の厨房で導入されていたが、最近では家庭用のオーブンでも過熱水蒸気加熱ができるものがある。

## 4）非加熱調理器具

非加熱調理操作で使われる調理器具の分類を表3-4-3に示す。

### (1) 包丁

包丁とは、調理に使用する薄刃の刃物をいう。包丁は、料理用途別に和包丁、洋包丁、中国包丁に分けられる（図3-4-8）。その他、特殊な用途に使用する包丁として、パン切り包丁、冷凍用包丁、そば切り包丁などがある。包丁には、片刃と両刃があり、片刃はかつらむきや刺身に、両刃はまっすぐ切り込むと左右同じように切れる。素材は、炭素鋼（鋼、はがね）、ステンレスなどの金属が主であり、セラミックのものもある。鋼が一番切れ味はよいが、さびやすい。切れ味を保つためには砥石でとぐことが必要である。ステンレスはさびにくいので取扱いが容易である。セラミックは、摩耗しにくく最初の切れ味を長時間維持することができるが、衝撃に弱い。

表 3-4-3　非加熱調理操作の調理器具

| 調理操作 | 調理器具 |
|---|---|
| 計量 | 台はかり，計量カップ，計量スプーン，温度計，タイマー |
| 洗浄 | 洗い桶，ざる，水切りかご，スポンジ，たわし，ささら，びん洗い |
| 浸漬 | ボウル，バット |
| 切砕 | 包丁，まな板，野菜切り器，皮むき器，卵切り器，芯抜き，料理ばさみ，かつおぶし削り器 |
| 粉砕・磨砕 | すりばち，すりこぎ，おろし金，ごますり器，裏ごし器，ミキサー，ジューサー，フードプロセッサー，肉ひき器，マッシャー |
| 混合・撹拌 | しゃもじ，へら，しゃくし，菜箸，フライ返し，泡立て器，ハンドミキサー，ミキサー |
| 圧搾・ろ過 | のし棒（めん棒），のし板，押し枠，ライス型，絞り出し袋，巻きす，裏ごし器，粉ふるい，ざる，みそこし，シノワ，油こし，茶こし，こし袋 |
| 冷却・冷蔵・冷凍 | 冷凍冷蔵庫 |
| 解凍 | 冷凍冷蔵庫，電子レンジ |

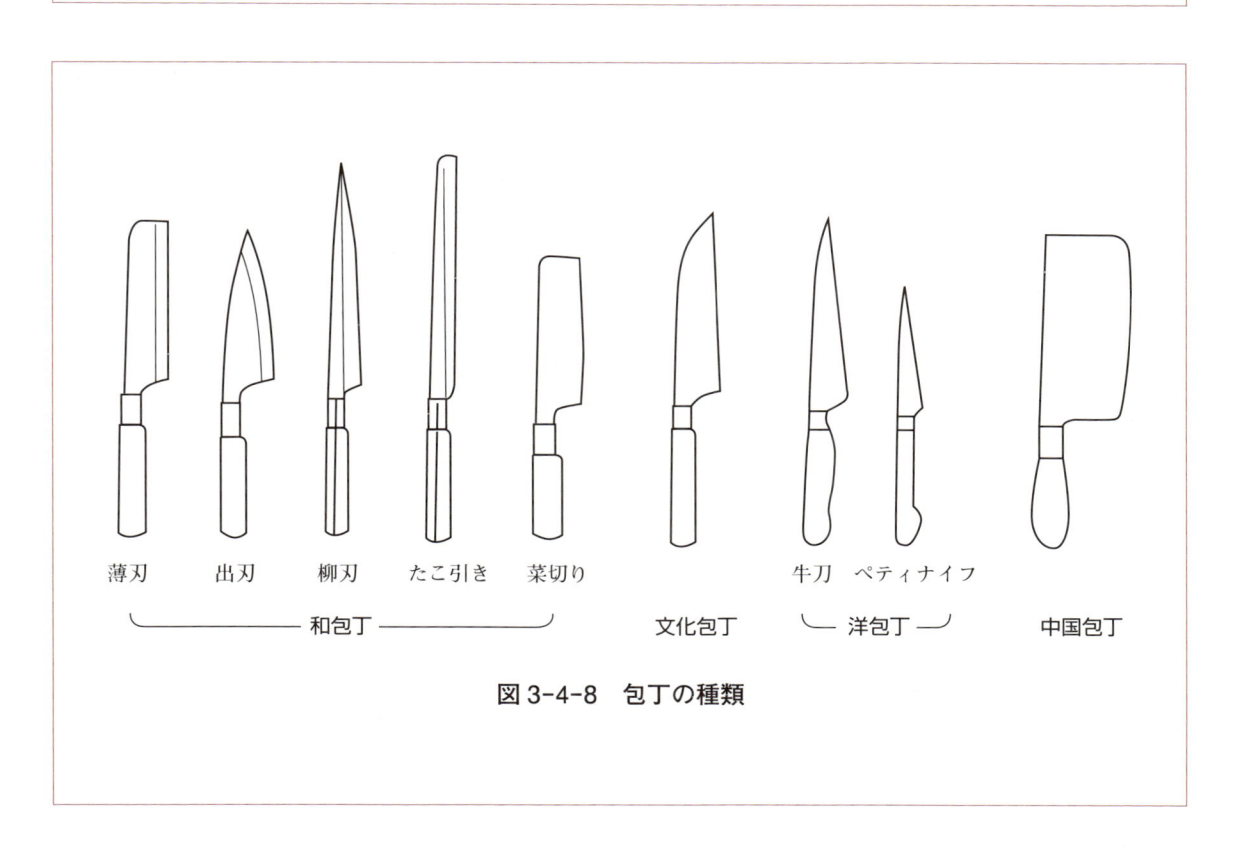

薄刃　出刃　柳刃　たこ引き　菜切り　　　　牛刀　ペティナイフ
└─────和包丁─────┘　文化包丁　└─洋包丁─┘　中国包丁

図 3-4-8　包丁の種類

## (2) 冷凍冷蔵庫

　冷凍冷蔵庫は，圧縮機で液化した冷媒（ノンフロン）が気化する際に，気化熱を吸収する（庫内の熱エネルギーを奪う）性質を利用して庫内を冷却する。冷蔵庫内は約1〜5℃，野菜室は6〜7℃，冷凍庫内は−18℃以下に保たれている。これ以外に，肉や魚，豆腐や練り製品などの保存期間延長を目的にした新温度帯として，チルド室，パーシャル室，氷温室，冷凍後の食品が包丁で切れる冷凍温度帯としてソフト冷凍室（−6〜−8℃）などがある。

　冷却方式は，自然対流式（直冷式）と強制対流式（ファン式）の2種類がある。現在普及している機種は，日本ではほとんどがファン式である（図3-4-9）。ファン式では，冷却で冷やされた冷気をファンで循環させるため，冷蔵庫内の温度むらは少ないが，食品は乾燥しやすい。

【参考文献】
1）石黒初紀，阿部加奈子，辰口直子，蒋麗華，久保田紀久枝，渋川祥子「日本家政学会誌」Vol.56, p.95-103, 2005

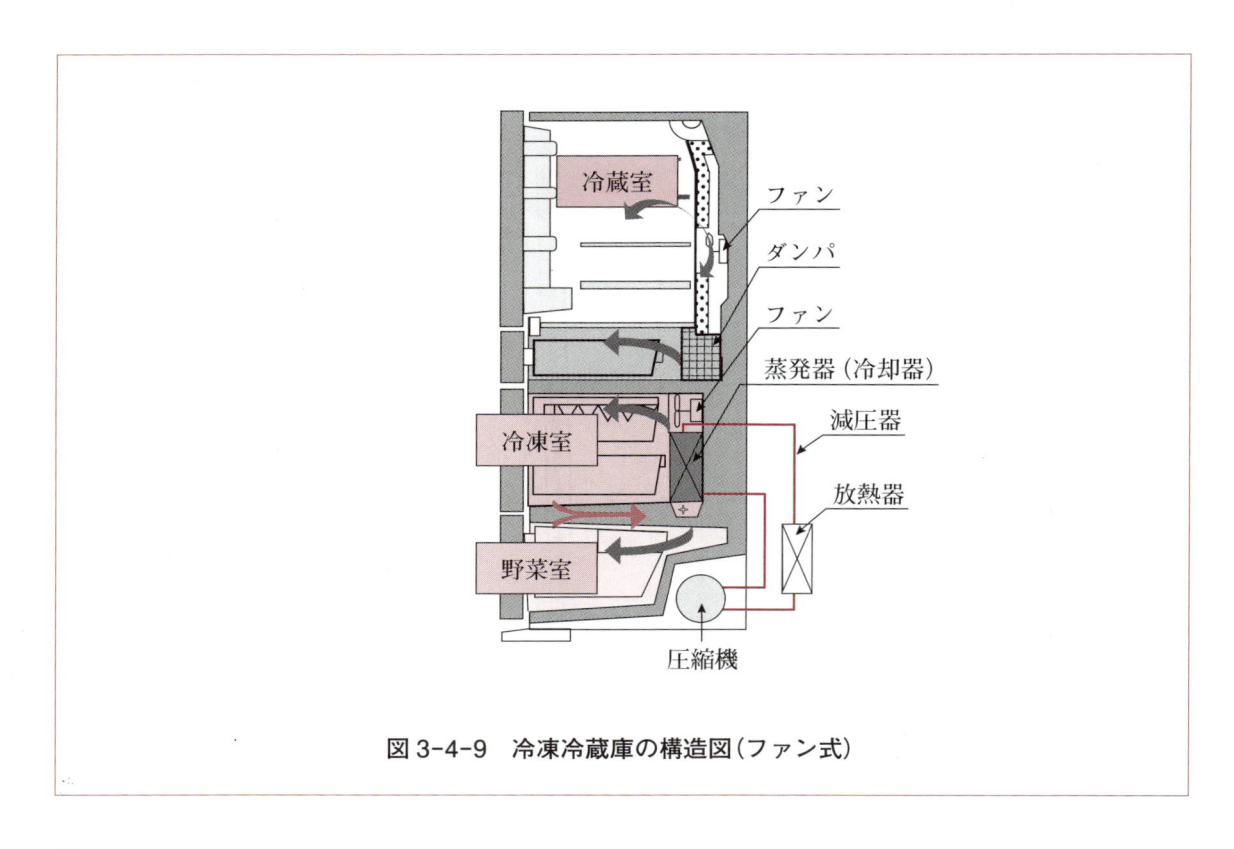

図3-4-9　冷凍冷蔵庫の構造図（ファン式）

## ◆演習問題

**問題1.** 調理における熱の伝わり方に関する記述である。**正しいものはどれか。1つ選べ。**
 a 炒め加熱における鍋から食材への伝熱は，対流伝熱である。
 b オーブン加熱における空気から食材への伝熱は，放射伝熱である。
 c 電子レンジ加熱では，マイクロ波から食材へ伝熱する。
 d 揚げ加熱における油から食材への伝熱は，伝導伝熱である。
 e ゆで加熱における食材表面から内部への伝熱は，伝導伝熱である。

**問題2.** 食品の冷凍と解凍に関する記述である。**正しいものはどれか。1つ選べ。**
 a 解凍後のドリップ量は，急速凍結により減少する。
 b 最大氷結晶生成帯は，－15℃～－10℃である。
 c 冷凍すると微生物の繁殖は起こらない。
 d 冷凍すると酵素の活性は，上昇する。
 e 冷凍すると油脂の酸化や乾燥などの物理的変化も抑制する。

○解答
問題1. e
問題2. a

# chapter 4 食品の成分と調理
## Ⅰ 植物性食品

〈学習のポイント〉
・穀類の成分と，調理による変化を理解し，それらの調理法を理解する。
・いも類の成分と調理上の性質を理解する。
・豆類の成分と調理上の性質を理解し，適切な調理法を知る。
・野菜類やきのこ類の種類と特徴ある成分を知り，調理上の性質を理解する。
・藻類の特徴と調理上の性質を理解する。

## 1　穀類の調理

### 1）澱粉の糊化と老化

　穀類には，米，麦，アワ，キビ，ヒエなどのイネ科の種子と，タデ科のソバが属し，世界の耕地面積の半分において栽培されている。食用とする胚乳部分は主として澱粉から成るため，穀類は人類の主要なエネルギー源となっている。

　澱粉はグルコース（ブドウ糖）が多数結合した多糖であり，アミロースとアミロペクチンの2成分から成る。アミロースはグルコースがα-1,4結合によって直鎖状に連なった構造をしてい

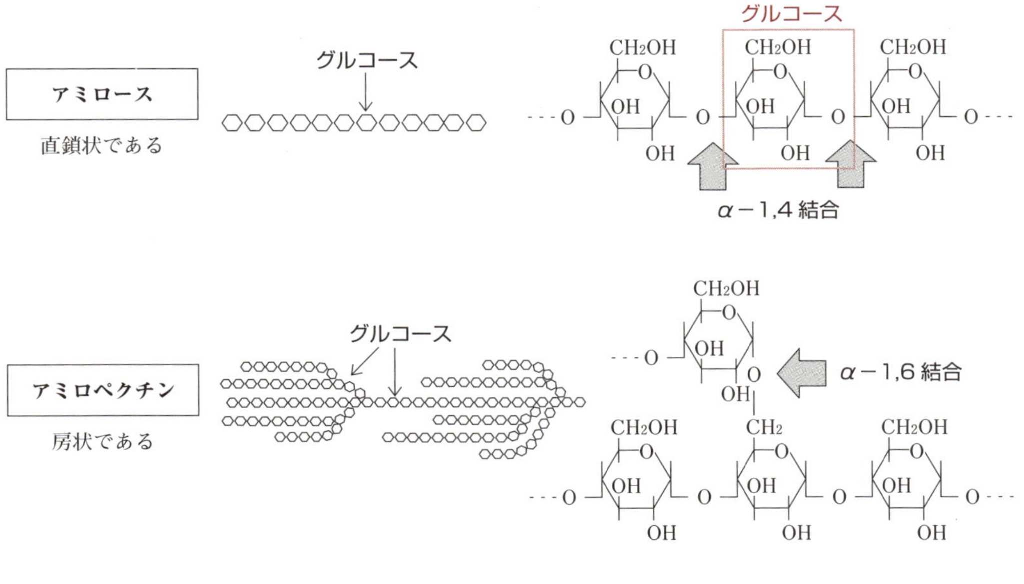

図4-1-1　アミロースおよびアミロペクチンの構造

る。

　一方、アミロペクチンは、α-1,4結合による直鎖部分の途中からα-1,6結合による分岐が生じて房状の構造を呈している（図4-1-1）。アミロースおよびアミロペクチンは水素結合で結ばれ、非常に密な結晶部分（ミセル）と粗い非結晶部分を作っており、全体としては緻密な構造になっている。多くの澱粉は約20〜30%のアミロースと約70〜80%のアミロペクチンから成る。

　澱粉を食するには加水し、加熱する必要がある。生の澱粉は水分が入ることもできない緻密な構造であるが、水を加えて加熱すると、グルコース鎖の規則正しい配列は崩れて、水の分子と水和し、粒子は大きく膨潤する。さらに加熱を続けると粒子は崩壊し、粘性の高い糊になる。これを澱粉の糊化といい、この状態の澱粉を糊化澱粉（α-澱粉）という。これに対し、生澱粉はβ-澱粉という。澱粉は60〜70℃で糊化を開始するものが多い[1]。糊化澱粉は粘りと透明感があり、一般には味がよくなる。また結晶構造の崩壊により、人間の消化酵素の作用を受けやすくなり、消化性が増す（図4-1-2）。

　糊化した澱粉を放置しておくと、澱粉の一部が再び結晶化し、β-澱粉に近い状態に戻る。この現象を老化という。老化した澱粉は硬く、透明感がなくなり、消化も悪い。米飯を冷蔵庫の中に入れておくとポロポロした硬い飯になるが、これは老化現象である。澱粉の老化は温度0℃付近、水分50〜60%、pH4〜5の時に起こりやすい[1]。そこで澱粉の老化を防ぐには表4-1-1に示すような方法と、それを応用した食品がある。

## 2）米の調理
### (1) 米の種類

　世界の米の品種は、生産量の80%以上をインディカ種、15%程をジャポニカ種が占める。イ

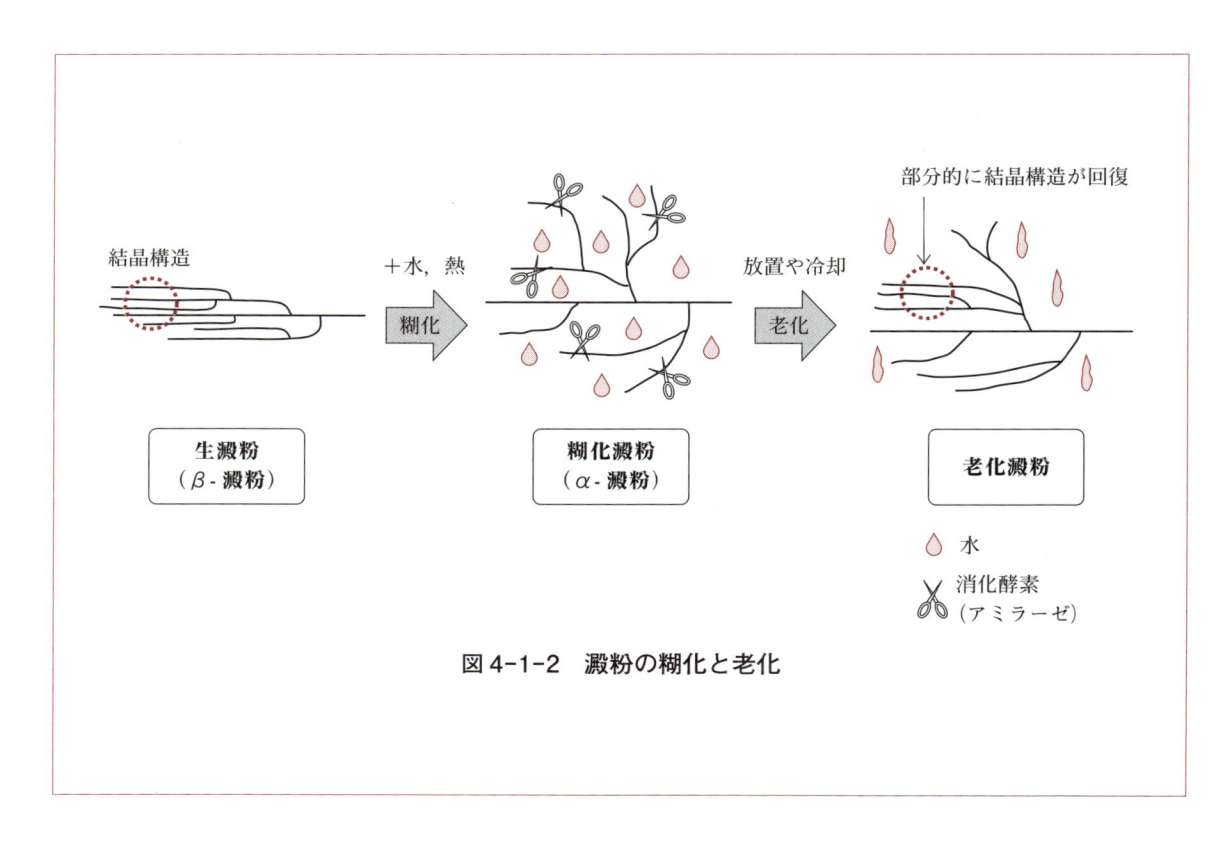

図4-1-2　澱粉の糊化と老化

ンディカ種は，インド，中国，インドネシア等で栽培される長粒種であり，砕けやすく，炊くと粘りが少なくパラッとしているため，煮て食べるのが一般的である。ジャポニカ種は，中国，韓国，アメリカ，日本等で栽培される短粒種であり，炊くと粘りがでる。この2品種以外にジャバニカ種や古代米もある。ジャバニカ種はジャワ島やインドネシア，イタリア等で栽培され，インディカ種とジャポニカ種の中間の形をしている。古代米は稲の原種である野生種の特徴を受け継いでいる米であり，玄米は赤や黒の有色米が多く，栄養価が高いことで最近注目されている。その他，栽培方法により水稲と陸稲（おかぼ）に分けられる。日本の米はほとんどが水稲であり，国内で最も作付比率が高い品種はコシヒカリである。

### （2）米の構造と成分

米粒はイネ科の果実で，籾殻（もみがら）に覆われている。籾殻を取り除いた米を玄米といい，玄米から果皮，種皮，糊粉層および胚芽を削り取ったものが精白米である。この削り取る操作を搗精（とうせい）といい，削り取られたものを米糠（こめぬか）という。精白米は歩留り90～92％であり，米の澱粉貯蔵細胞がぎっしりと並んだ胚乳部にあたる。精白米以外には，胚芽部を残した胚芽精米，玄米の胚芽を発芽させた発芽玄米*，洗米せずに炊飯できる無洗米**などがある。

精白米の主成分は澱粉であり，精白米重量の約75％を占める。米は澱粉の構成成分により，うるち米ともち米に分類される。通常の米飯に用いられるのはうるち米であり，アミロース約20％とアミロペクチン約80％から成る。もち米は98％以上がアミロペクチンから成り，粘りが強いため，餅やこわ飯に用いられる。その他，さまざまな形質を持つ「新形質米」もあり，その中の一種の低アミロース米は，粘りが強く，冷めても硬くならないという特徴がある。

米のたんぱく質は，精白米重量の7％弱を占めている。必須アミノ酸のリジンおよびスレオニン

**表4-1-1 澱粉の老化防止**

| 方　法 | 応用した食品例 |
|---|---|
| 糊化澱粉を60℃以上に保つ | 炊飯器で保温中の飯 |
| 糊化澱粉を高温で急速乾燥 | 即席ラーメン，α化米，せんべい，ビスケット |
| 糊化澱粉を急速冷凍 | 冷凍米飯，冷凍めん |
| 糊化澱粉に多量の砂糖を添加 | ぎゅうひ，ようかん，ういろう，大福もち |

**米の構造**

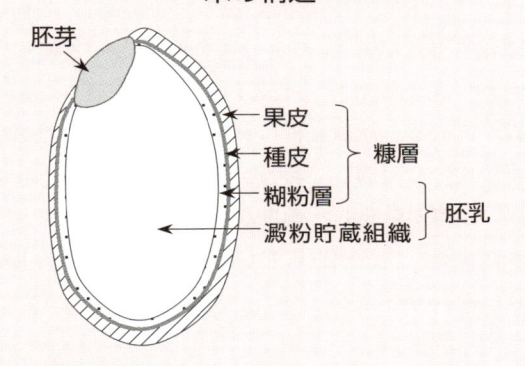

胚芽
果皮 ┐
種皮 ├ 糠層
糊粉層 ┘
澱粉貯蔵組織 ─ 胚乳

**＊発芽玄米**
玄米の胚芽から0.5mm程度発芽させた米。発芽にともない活性化する酵素のはたらきで，アミノ酸の一種であるギャバ（GABA，γ-アミノ酪酸）の含有量が増える。ギャバは，抑制系の神経伝達物質として機能し，血圧の上昇，不眠やイライラを抑えるなどの働きがあると報告されている。また玄米よりも組織が軟らかいため，白米と同じように炊飯できるのも特徴である。

わずかに発芽

**＊＊無洗米**
水洗いせずに炊飯できる米。洗米する必要がないという利便性以外に，環境汚染防止効果や水資源の節約効果の点でも注目されている。製法は大別すると4種類あり，精白米表面に付着している糠に，同じ糠を付着させて取るBG（Bran Grind）精米製法が主流となっている。

が不足しているが，アミノ酸スコア*は65で，植物性たんぱく質の中では，他の穀物に比較してアミノ酸組成が優れている。しかし，たんぱく質含有率が増えると米の食味が落ちることが知られている[2]。

無機質であるリン，マグネシウム，カリウムは糊粉層に，またビタミン$B_1$やビタミンEは胚芽やぬか層に集積しているため，玄米には含まれるが，精白米には微量しか存在しない。

## (3) うるち米の調理

### ①炊飯過程

米の水分は少なく約15%であり，この水分含有量では加熱しても澱粉は糊化できない。炊飯とは，この米に適当量の水を加えて加熱し，澱粉を糊化させ，約65%の水分を含む飯にする操作であり，洗米，加水，浸漬，加熱および蒸らしの工程から成る。炊飯過程において，米粒内の組織に水が均一に浸透し，澱粉が膨潤，糊化し，それに伴い組織が軟化し，適度な軟らかさと粘りをもつ飯になる。炊飯過程における各操作が飯の仕上がりに影響を与える。

#### i ) 洗米

精白米表層に付着している糠やゴミを取り除く目的で行う。糠が残留していると米飯の食味が損なわれるため，米に水を加えて洗う操作を2～3回行うのが好ましい。搗精技術が向上している現在，力を入れて研ぐ必要はない。過度に研ぐと精白米表層の細胞が破壊され，研ぎ汁に澱粉が流出し，米粒も砕けやすくなる[3]。

米は，水と接触するとただちに吸水を始め，洗米操作で米重量の約10%の水が付着する。したがって洗って換水する操作を素早く行い，米が糠水を吸水しないようにする。

#### ii ) 加水

炊き上がり時には加えた水が飯に吸水され，米粒中心部の澱粉まで完全に糊化し，飯粒の表層には遊離の水がない状態でなければならない。一般的には，米に対して重量比で1.5（容量比で1.2）の水を加えるのが適量とされている。この条件で炊飯すると，炊き上がりの飯重量が米の約2.3倍程度になっており，適度な粘りと軟らかさを有する好ましい飯となる。加熱中に蒸発する水の量は，加熱条件により異なるが，水重量の10～30%程度である。

#### iii ) 浸漬（吸水）

米粒に平均して吸水させ，澱粉を均一に充分に糊化させる目的で浸漬を行う。浸漬をしないと，米粒表層部の澱粉が先に糊化し，米粒中心部への水の浸透，熱の伝導が妨げられ，芯のある飯になりやすい。また浸漬が長すぎると米粒表層部の組織が崩れやすくなり，米飯の仕上がりが悪くなる。吸水の程度は米の種類，水温により異なり，水温が高いと吸水は速く，低いと吸水は緩慢になる（図4-1-3）。米重量の20～25%の吸水が飽和状態であり，1～2時間くらいの浸漬が適当である。

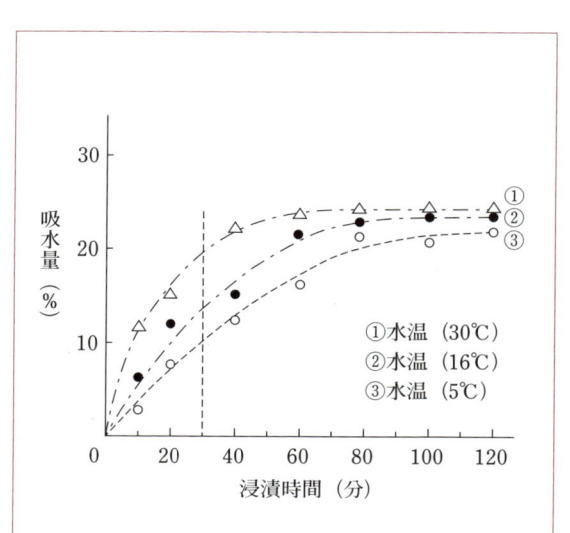

30粒の白米が入ったビーカーに，四季のおよその水温の水を約50ml入れ，時間ごとに取り出し，重量を測定して吸水率を算出した。

**図4-1-3　水温，浸漬時間と米の吸水量**[4]

しかし，図4-1-3にみられるように初めの吸水速度が速いため，30分間の浸漬でも有効である。

また浸漬中でも米の酵素はわずかに働き始め，米飯の味に関与する遊離アミノ酸や単糖などが増加しはじめる[5]。

最近の自動炊飯器は，浸漬をしなくてもおいしい飯が炊けるよう，工夫されている。炊飯のスイッチを入れたあと，60℃付近に到達したらそこで10～20分間維持させ，米の吸水を促している。

大量に米を炊く場合は浸漬の必要はない。沸騰までに時間がかかるため，この間に吸水されるからである。

iv）加熱

加熱は，浸漬により吸水した米澱粉が，膨潤し糊化する過程である。おいしい飯をつくるには98℃以上で20分間加熱する必要がある[6)7)]。操作は大きく4段階に分けることができる（図4-1-4）。

> **＊アミノ酸スコア（アミノ酸価）**
> 食品たんぱく質の栄養価を化学的に示す方法。その食品のたんぱく質に含まれる必須アミノ酸の中で，最も不足している必須アミノ酸を第一制限アミノ酸とし，この第一制限アミノ酸が人間の体の必要量に対して，どれくらいの割合となるかを計算して求めたもの。一般的に，魚や卵や乳製品のアミノ酸スコアは高く，100が多い。

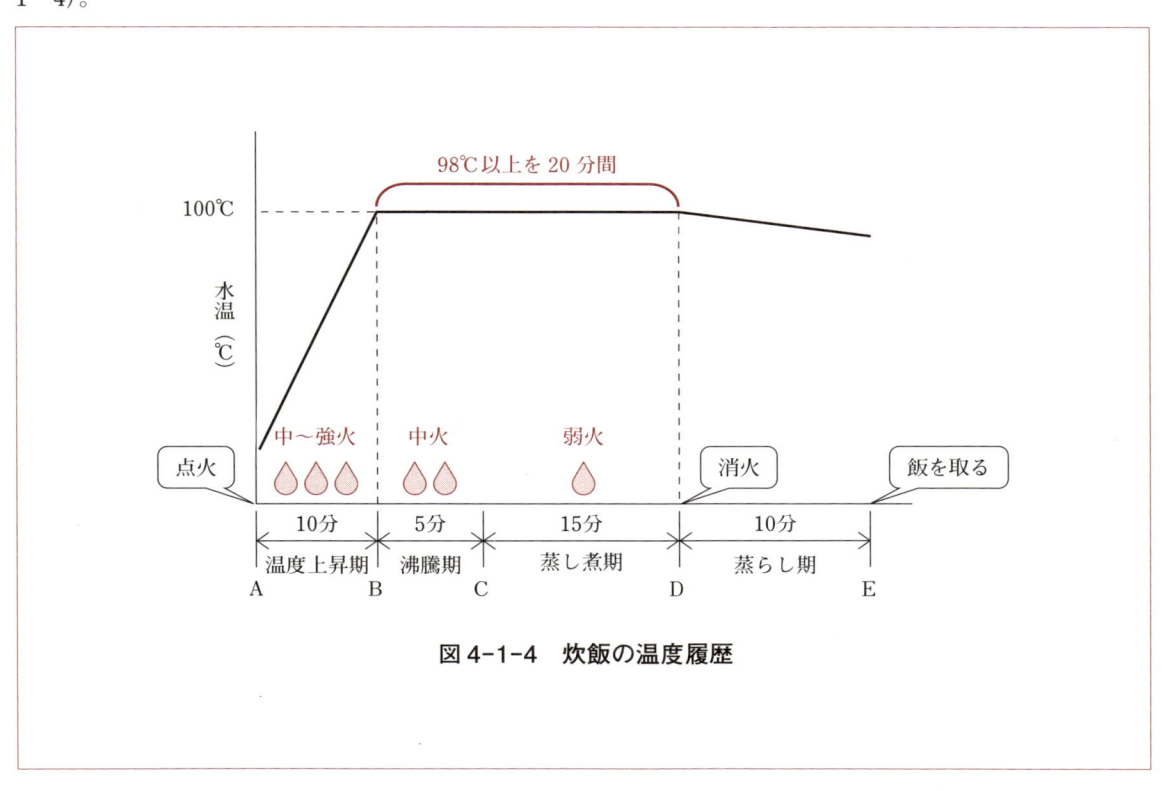

図4-1-4　炊飯の温度履歴

ア．温度上昇期（A‐B）

米および水の温度が98〜100℃に至るまでの時期である。米粒へ著しく吸水され，澱粉が膨潤し糊化する。火力が強くて加熱速度が速い場合は，米粒内へ水が十分浸入できないうちに米粒周辺の糊化が始まり，米粒中心部の澱粉の糊化が充分に行われず，芯のある飯となる。火力が弱く沸騰までの時間が長い場合は，米粒内への水の浸入や澱粉の糊化は充分であるが，米粒周辺部は長時間の加熱によって澱粉が流出し，表面のべたついた飯となる。経験的に，沸騰までの時間は10分間程度がよいとされる。大量炊飯の際は，水温を上昇させるのに時間がかかるので湯炊き法にする。

40℃〜60℃は米粒内の酵素の至適温度でもある。この温度帯において澱粉やたんぱく質が分解され，遊離糖や遊離アミノ酸が生成される[5]（図4-1-5）。これらの成分は，飯の甘味やうま味に関与すると考えられている[2]。

イ．沸騰継続期（B‐C）

米に吸水されていない水が沸騰する時期である。遊離の水分は沸騰しながら米粒間を上下する。澱粉の糊化がますます進み，粘着性が増してくる。この間，火加減をなるべく強くして米粒をよく浮動させると，食味の良い飯ができる[8]。

ウ．蒸し煮期（C‐D）

水がすべて米に吸水され，蒸し煮の状態にある時期である。水分が少なくなり，米を蒸気で蒸している状態になる。火加減は弱くし，焦がさないように注意する。加熱に伴い米から遊離した澱粉が米粒表層を覆っており，これらが飯の表層に粘りやつやを与えると考えられている[9) 10)]。

エ．蒸らし（D‐E）

火を消してから10分間ほど蓋をとらずにそのまま蒸らす。蒸らし中の温度が高いほど吸水が完全に行われ，中心部まで充分に膨潤したふっくらとした飯になる。飯粒内の水分の分布も均一化される。

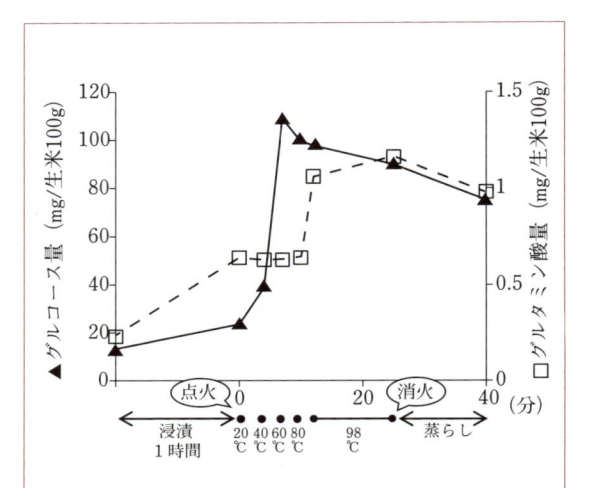

図4-1-5　炊飯過程におけるグルコース量，グルタミン酸量の変化　[5)]より作成

ⅴ）ほぐし

むらし後はそのまま放置すると，飯の重みで飯粒がつぶれたり，蒸気の結露した水滴が再び飯粒に付着し，べたついた飯になる。そこで木じゃくしで軽く起こし，余分な水分を蒸散させるのがよい。

②粥（かゆ）

ふつうの炊飯よりも水を多くして炊くため，軟らかく，消化がよい。最初に加える水の割合で全粥，七分粥，五分粥，三分粥とよばれる（表4-1-2）。洗米後，分量の水を加え，浸漬し，加熱する。沸騰したらふきこぼれない程度に火を弱め，約1時間，穏やかな沸騰状態を持続させる。基本的に蓋はしたまま加熱し，途中でかき混ぜることはしない。調味は出来上がり直前に行う。加える副材料により，アズキ粥や芋粥などがある。

### ③変わり飯

#### ⅰ）炊き込み飯

米に種々の具材を入れ，塩，酒，しょうゆなどで味付けをして炊いた飯のことをさす。具材によってまつたけごはん，くりごはん，各種の材料を加えて五目ごはんなどとよぶ。さくら飯，塩味飯は，それぞれ主としてしょうゆ，塩で味付けをしたものである。

調味料は，米粒の吸水を抑制するため，水で浸漬したのちに調味料を加え，加熱する。塩分濃度は炊きあがりの飯に対して0.6～0.7％程度がちょうどよいため，塩は米重量の1.5％，あるいは加水量の1.0％程度加える。酒は飯の風味を増すので，加水量の5.0％程度の添加が効果的である。加水は液体の調味料分の体積を差し引いて行う。またしょうゆや酒を加えると，澱粉の吸水膨潤が妨げられるので，沸騰継続時間を少し長くするとよい（図4-1-6）。しょうゆが加わると加熱中の泡立ちが少ないため[12]，沸騰を見逃しやすい。焦がさないよう，注意をする必要がある。

具材は米重量の30～50％程度がよい。葉菜類や貝類，きのこなどは，加熱中に具から水が出るので，炊き水を減らすか，あらかじめ加熱しておく。また，米よりも早く煮えたり，長く煮ると香りや色を損じるもの（グリンピースやみつば，まつたけなど）は，沸騰後や蒸らし中に入れる。

#### ⅱ）寿司飯

炊きあがった飯に合わせ酢を混ぜ合わせるので，炊飯時の加水量はやや減らして米重量の1.3倍程度にし，硬めに炊く。炊き上がったら素早く木製のおけ（飯台）に移し，飯が熱いうちに合わせ酢を散布して1分ほど蒸らす。その後，ぬらしたしゃもじで飯粒を潰さないようにして混ぜる。この際，うちわなどで扇ぎながら急冷させると，余分な水分が蒸散し，飯粒表層につやが出る。

#### ⅲ）ピラフ

米を油脂で炒めてから炊き上げるもので，イタ

---

● **炊き方のコツ**

「はじめチョロチョロ，中パッパッ。ブツブツいうころ火を引いて，一握りの藁燃やし，赤子泣くとも蓋とるな」は釜で飯を炊くときの方法を古人が七五調で見事にまとめている。

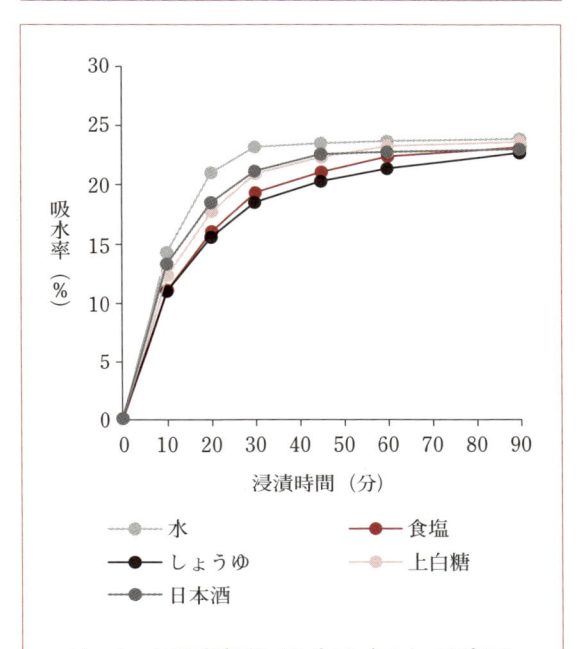

ビーカーに調味液150mlと米10gを入れて20℃で浸漬した。調味液は一般料理書で用いられている濃度を使用。

**図4-1-6 調味液による米の吸水率の違い**[11] より作成

**表4-1-2 粥調製時の加水比と炊き上がり重量倍率**

| 粥の種類 | 米：水<br>(容積比) | 炊き上がり<br>重量倍率 |
|---|---|---|
| 全粥 | 1：5 | 5倍 |
| 七分粥 | 1：7 | 7倍 |
| 五分粥 | 1：10 | 10倍 |
| 三分粥 | 1：20 | 20倍 |

リアのリゾット，スペインのパエリアなどがこれに近い。米重量の7〜10％の油脂で炒め，米重量の1.3倍程度（容積の1.0倍程度）の水またはスープストックを加えて炊く。米を炒めると米粒表面を油脂でコーティングすることになり，粘りが抑えられる。また，炒めることにより米表面の組織が損傷するため，炊飯時に吸水しやすく，炊き上がったときに鍋の上下で飯の硬さに差が生じやすい。一般に硬めが好まれるが，軟らかく仕上げたい場合は，温度上昇期や蒸し煮期を少し長めにするとよい。

　　iv）炒飯（チャーハン）

飯をラードまたは植物性油で炒める。硬めに炊いた飯を使う方が，粘りを出さないように仕上げることができる。

### (4) もち米の調理

もち米の澱粉はアミロペクチンのみから成るため，膨潤しやすく粘性が強い。また老化しにくいという特徴もある。

#### ①こわ飯

もち米の場合は，食味上，炊き上がりの飯重量がもとの米の1.6〜1.9倍が好まれる。この場合，炊飯時の加水量は蒸発分を加えても米の0.7〜1.0倍となり，通常の炊飯方法で炊くのは難しいため，一般には蒸し加熱を行う。もち米はうるち米よりも吸水量が多く，浸漬だけでも米重量の30〜40％を吸水する。澱粉は30％以上の水があれば加熱により糊化するため，こわ飯を作るときは，充分に浸漬させた後に蒸すことが多い。ただし，浸水時の吸水だけでは飯が硬すぎるので，蒸している途中で1〜2回振り水をし，不足の水分を補う。蒸し時間は30〜40分を要する。

炊きこわ飯とは，炊きやすくするためにうるち米を混ぜて，通常の白飯のような炊飯を行ったものである。もち米5に対してうるち米2の重量比で混ぜ，加水量もその分多くする*。湯炊きにすると炊きやすい。

#### ②もち

もち米を水に浸漬し，蒸し，糊化したものを搗いて形を整えた加工食品である。もちは，もち米から流出したペースト状の糊化澱粉，もち米粒の残存片，および調製時に混入する気泡から成っており，これらが適当な割合で生地中に混在し，なおかつ，あまり大きな気泡がない方が食味はよい。

### (5) 米粉の調理

うるち米の粉を上新粉，もち米の粉を白玉粉という。また，もち米を蒸したあとに乾燥させ，粗く砕いた粉を道明寺粉，細かく挽いた粉をみじん粉という。これらは主として餅菓子や団子類に用いられる。

米粉は粒度が細かいほど吸水率が高く，軟らかくなる。上新粉は粒度が粗く吸水が悪いので，一般に湯でこねてから加熱糊化させ，そのあとまたこねると軟らかく，歯切れのいい状態になる。白玉粉は吸水しやすいので水でこねて加熱するだけで弾力がでる。上新粉と白玉粉を併用すると，軟らかく，口当たりのいい団子をつくることができる。砂糖は，親水性が大きいので，加えると老化を遅らせることができる。

## 3）小麦粉の調理

### (1) 小麦の構造と種類

小麦はイネ科植物の種子であり，世界で最も多く栽培されている穀物である。外皮13％，胚芽2％，胚乳85％程度からなる。栽培時期，粒の色，胚乳の硬さなどにより，性質の異なる多くの品種が存在する（表4-1-3）。

### (2) 小麦粉の種類と性質

小麦の粒全体を粗引きして，外皮，胚芽と胚乳を分離し，得られた「胚乳の破片（セモリナ）」のみを粉砕すると小麦粉になる。取り除かれる外皮や胚芽はふすまと呼ばれる。全粒粉は外皮や胚芽を除去しないままか，あるいは一部残したもの

である。

　小麦粉は，小麦の種類の違い，また数種の小麦の配合の違いによりたんぱく質含量が異なり，薄力粉，中力粉，準強力粉，強力粉に分類される。小麦粉のたんぱく質は，水を加えて捏ねると粘弾性をもつ生地になる。たんぱく質含量の違いにより生地の特徴が異なるため，食品への用途も異なってくる（表4-1-4）。薄力粉は主として軟質小麦から，強力粉は主として硬質小麦から作られる。

　また，小麦粉の灰分含量に基づく分類もあり，家庭用の大半は1等粉である**。

　小麦粉は70～75％程度を炭水化物が占め，そのうちの約70％は澱粉である。たんぱく質は8～13％であり，そのうちの約85％を水不溶性のグリアジンとグルテニン***が占める。小麦粉に50～60％の水を加えてこねると，グリアジンとグルテニンが絡み合って，高分子の網目構造を形成する。これはグルテンと呼ばれ，粘弾性をもつのが特徴である（図4-1-7）。

＊こわ飯の水量の算出方法
加水量＝もち米の重量×1.0＋うるち米の重量×1.5

＊＊小麦粉の分類
小麦粉は，品質の高いものから特等粉，1等粉，2等粉，3等粉，末粉に分けられる。一般的には，灰分量が分類の目安として使われ，上位等級の粉は灰分が少なく，等級が下がるほど灰分が多くなり，色のくすみも増す。

＊＊＊グリアジンとグルテニン
グリアジンは比較的低分子の球状のたんぱく質である。グルテニンはポリペプチド鎖がジスルフィド結合によりつながり，ひも状の重合体を形成しているたんぱく質である。両者はほぼ同量含まれる。

表4-1-3　小麦の分類

| | 分類名 | 特　徴 |
|---|---|---|
| 栽培時期 | 冬（ウインター）小麦 | 秋に種子をまいて，翌年の夏頃収穫したもの。 |
| | 春（スプリング）小麦 | 春に種子をまいて，秋に収穫したもの。 |
| 外皮の色 | 赤（レッド）小麦 | 外皮の色合いによる分類。やや褐色がかったのを「赤（レッド）小麦」，やや黄色がかったのを「白（ホワイト）小麦」とよぶ。赤小麦の中で，特に濃い褐色のものを「ダーク」，白色系統だがこはく色にみえるものを「アンバー」とよぶこともある。 |
| | 白（ホワイト）小麦 | |
| 粒の硬さ | 硬質（ハード）小麦 | たんぱく質含有量が高いため，胚乳が硬い小麦を「硬質（ハード）小麦」といい，この反対の性状の小麦を「軟質（ソフト）小麦」という。硬質小麦は「硝子質小麦」，軟質小麦は「粉状質小麦」ともよばれる。硬質小麦に準じる程度の硬さのものを「準硬質（セミハード）小麦」，準硬質小麦と軟質小麦の間のものを「中間質小麦」とよぶこともある。 |
| | 軟質（ソフト）小麦 | |

表 4-1-4　小麦粉の分類と主な用途 [13)]より作成

| 種類 | 粒度 | グルテン 量 | グルテン 質 | たんぱく質含量（％） | 用途 |
|---|---|---|---|---|---|
| 薄力粉 | 細 | 少 | 粗弱 | 7.5〜8.5 | カステラ，ケーキ，クッキー，天ぷら，ビスケット，一般菓子 |
| 中力粉 | 中 | 中 | やや軟 | 9.0〜10.5 | 日本めん，即席めん，クラッカー，一般菓子 |
| 準強力粉 | 粗 | 多 | 強 | 10.5〜11.5 | 菓子パン，中華めん，中華皮類，パン粉 |
| 強力粉 | 粗 | 極多 | 強靭 | 12.0〜13.5 | 食パン，フランスパン，菓子パン，パン粉 |
| デュラム粉※ | 極粗 | 多 | 軟 | 11.5〜12.5 | マカロニ，スパゲティ |

※デュラム小麦（こはく色の硬質春小麦）から採り出したセモリナを「デュラム粉」とよぶ

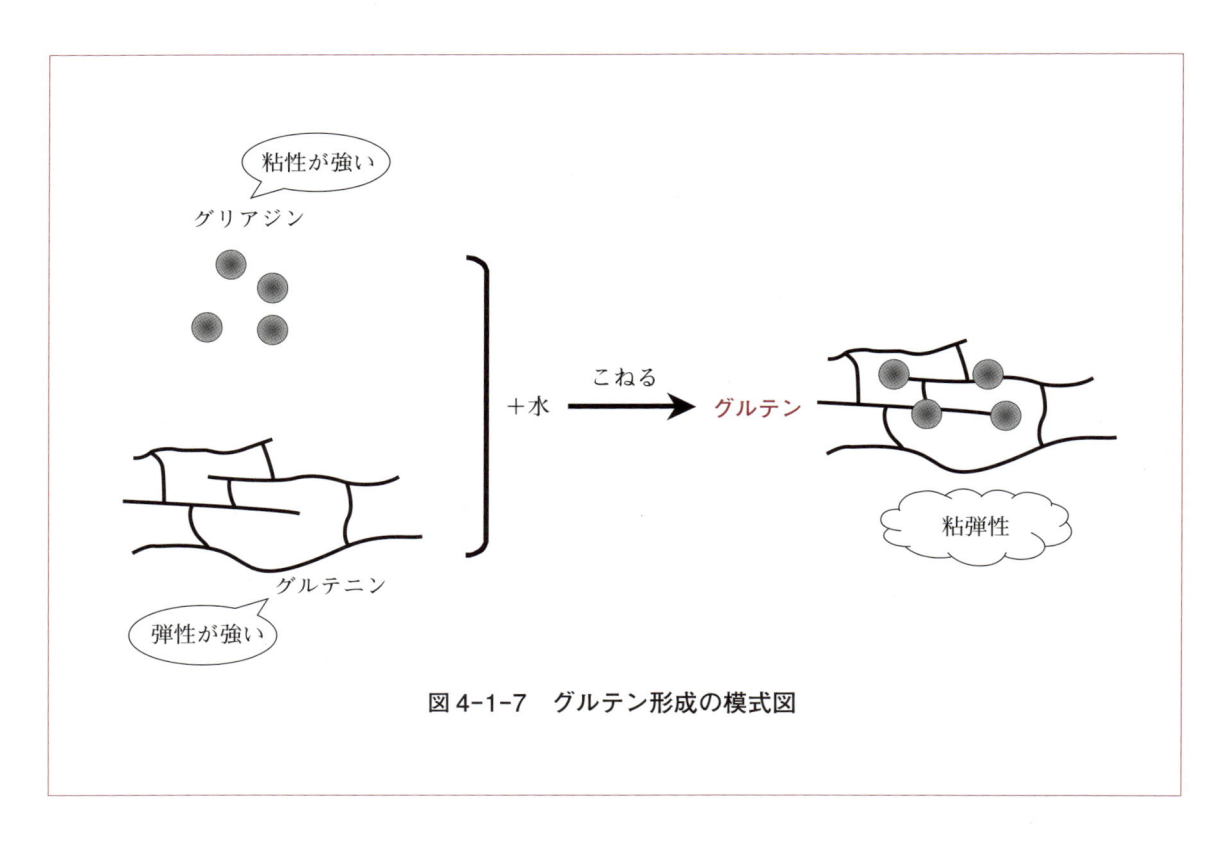

図 4-1-7　グルテン形成の模式図

（グリアジン：粘性が強い／グルテニン：弾性が強い／＋水→こねる→グルテン（粘弾性））

強力粉は，グルテンによる網目構造がしっかりと形成されるため，コシが強く，一方，薄力粉はグルテン量が少なくコシの弱い生地になる。

　小麦粉に水を加えて加熱すると，70～80℃でグルテンは熱変性して粘弾性を失い，代わって澱粉が糊化して粘りを与える（図4-1-8）。

　生地の状態は加える水の量により異なり，小麦粉重量の50～60％の水を加えて手でこねられるものを ドウ，100～300％の水を加えた流動性のある生地を バッター という。小麦粉調理にはグルテンの粘弾性を利用するものと，逆にグルテンを抑えて糊化澱粉の粘性を利用するものがある（表4-1-5）。パンやめん類はグルテン形成を利用した代表的な調理品であり，スポンジケーキや天ぷらの衣は，澱粉の性質を主として利用したものである。

### (3) 小麦粉生地の調製

　ドウおよびバッターの性質は，小麦粉の種類，

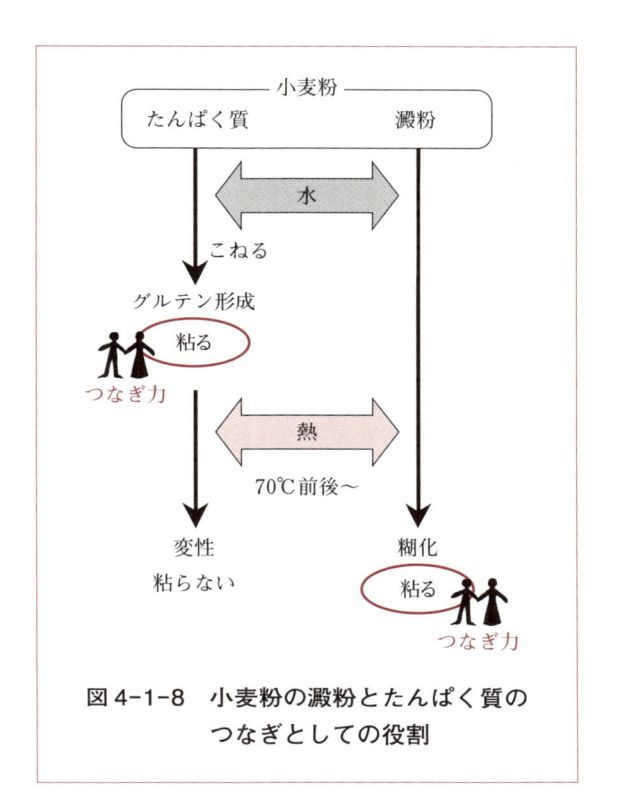

**図4-1-8　小麦粉の澱粉とたんぱく質のつなぎとしての役割**

表4-1-5　小麦粉を利用する主成分と調理例

| 利用する成分 | 調理形態 | 調理例 |
|---|---|---|
| グルテンを主<br>（ドウ形成） | 膨化（ぼうか） | 【スポンジ状】パン類，中華饅頭など |
| | 非膨化 | 【ひも状】めん類<br>【薄板状】餃子・しゅうまいの皮，春巻 |
| 澱粉を主，<br>グルテンを副 | 膨化 | 【スポンジ状】スポンジケーキ，マフィン，ドーナツ，バターケーキ<br>【空洞状】シュー皮<br>【層状】パイ |
| | 非膨化 | 【バッター】お好み焼き，クレープ，ワッフル<br>【ペースト状】クッキー，ビスケット<br>【ルウ状】ソース，スープ<br>【半膨化】天ぷら，フライ，から揚げなど |

加水量，混捏条件，ねかし，副材料などに影響される。

### ①小麦粉の種類

たんぱく質量が多い強力粉は，粘弾性が大きく，長時間混捏しても弱化しにくく，安定度が高い。強力粉のこのような特徴は，パンや手打ちうどん，餃子などの調理に好適である。一方で，薄力粉は混捏を続けると硬粘度が著しく低下し，生地の安定性が悪い。グルテンの粘弾性を低く抑えたいケーキ類や天ぷらの衣などに適する。小麦粉の種類による生地の物性の違いはファリノグラフによる測定で示すことができる。

### ②加水量，水温

加水量が粉の50～60％のドウは，こねる，伸ばす，型抜きするなどの操作ができる。一方で，バッターは加水量により生地の状態が異なり，ソフトドーナツやホットケーキを作る場合は型に入れないで加熱するが，ワッフルやスポンジケーキを作る場合は型に入れないと加熱できない（表4-1-6）。

水温は低温よりやや高い30℃前後の方が，小麦粉の吸水性が増してグルテンの形成がよい。70℃を超えると澱粉の糊化と共にグルテンが変性するため，ドウは硬くなる。グルテンの形成を抑えたい天ぷらの衣などを調製する場合は，水温15℃前後の冷水がよいとされている。

### ③混捏，ねかし

ドウに水を加えてこねると，はじめはぼそぼそして切れやすいが，こね続けると次第になめらかになり，伸びやすくなる。そしてある限度内までは，長くこねるほど，またこねる速度が速いほど，粘弾性と伸展性が増す（図4-1-9）。

また，パンやパイ，めんをつくるとき，ドウをある程度こねたら濡れ布巾で包み，「ねかす」（放置する）という操作をする。ねかすことによりグルテンの構造がややゆるみ，ドウは伸びやすくな

表4-1-6　ドウ・バッターの小麦粉と水の比率

| 小麦粉：水 | 生地の状態 | 調理例 |
|---|---|---|
| 100：50～60 | 手でまとめられる硬さ | パン，めん，餃子・しゅうまいの皮，まんじゅうの皮，ビスケット，ドーナツ |
| 100：65～100 | 手でまとめられないが，流れない硬さ | 蒸しパン，ソフトクッキー，ソフトドーナツ |
| 100：130～160 | ぽてぽてしているが流れる硬さ | ホットケーキ，パウンドケーキ，カップケーキ |
| 100：160～200 | つらなって流れる硬さ | 天ぷらの衣，さくらもちの皮，スポンジケーキ |
| 100：200～400 | さらさらと流れる硬さ | クレープ，お好み焼き |

る（図4-1-10）。

#### ④副材料

多くの小麦粉調理では，粉と水の他に食塩，砂糖，卵，油脂などの副材料を用いる。これらは生地の粘弾性に影響を及ぼす。

ⅰ）食塩

ドウの粘弾性，伸展性を高め，コシのある生地にする。麺類，餃子の皮，パン生地には，約1％前後の食塩を添加する。グルテンの形成を避けたいケーキ類には，無塩バターを使う。

ⅱ）砂糖

親水性が高いので，生地中の水を奪い，グルテン形成を阻害する。その結果，ドウの粘弾性は低下するが，伸展性，安定性は増加する。

ⅲ）油脂

小麦粉たんぱく質と水との水和を妨げるため，グルテン形成を阻害する。しかし，時間の経過とともにグルテンを形成し，ドウの伸展性や安定性

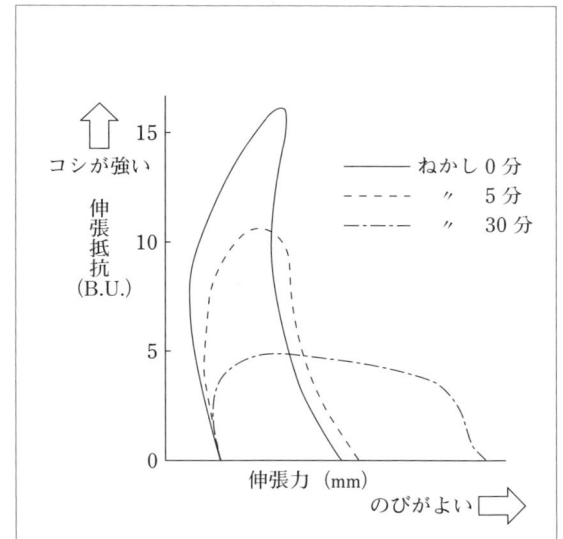

生地を一定時間ねかせたものについて，エキステンソグラフを用いて測定。

**図4-1-10　ドウの'ねかし'の効果**[14]

---

ドウをこねると，ポリペプチド鎖中のシステイン[※1]のSH基が空気中の酸素により酸化され，ポリペプチド鎖の分子間および分子内で架橋構造[※2]をつくる。このようなポリペプチド鎖の重合化により，生地に粘弾性が生じる。

※1　タンパク質を構成するアミノ酸の一種。
※2　ジスルフィド結合（SS結合）とよばれる。

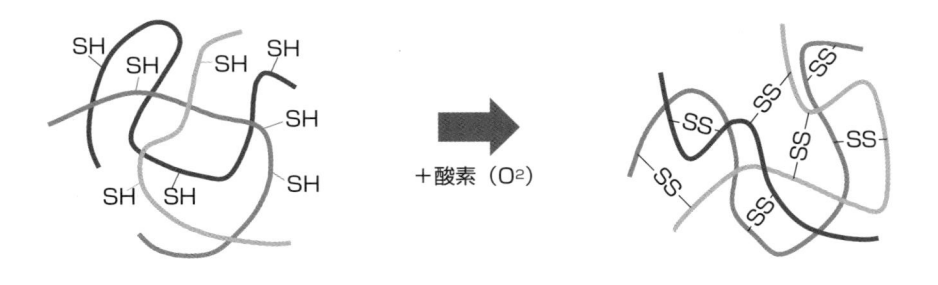

**図4-1-9　混捏によるタンパク質の変化**

表 4-1-7　副材料の換水値

| 材料名 | 材料の水分（％） | 換水値 |
|---|---|---|
| 水 | 100 | 100 |
| 上白糖 | 0.8 | 30〜60 |
| バター | 約16 | 70 |
| 鶏卵 | 約76 | 80 |
| 牛乳 | 約87 | 90 |

を増加させる。クッキーではショートネス（砕けやすさ，もろさ）を与える。

　iv）卵や牛乳

　多量の水分を含むため，グルテン形成には水と同様に作用すると考えてよいが，含有する脂肪分のため，同量の水を加えたときよりも粘度が高くなる。

　これらの副材料は，添加順序がグルテン形成に大きく影響する。砂糖や油脂を小麦粉と先に混合してから水を加えると，グルテン形成は妨げられるが，小麦粉に水を加えてドウを形成させたのちに砂糖や油脂を加えても，グルテン形成には大きな影響を与えない[15]。

　なお，これらの副材料はいずれもこね水として作用するため，どの程度生地を軟らかくするか知っておくと生地の硬さを調節しやすい。水に換算した場合の目安を示したのが"換水値"である（表4-1-7）。たとえば上白糖を100 g加えると，水を約30〜60 g加えた際の生地の硬さになる。

### （4）膨化調理

　小麦粉生地は，そのまま加熱すると密なかたまりになり食べにくい。そのため，薄く伸ばしたり，細くしたり，または膨らませてスポンジ状にして，口当たりを軟らかくする。

　小麦粉生地を加熱すると，生地内の気泡が成長して膨圧となり，生地がふくれる。生地温度が80℃になるまでの時間が長い方がよく膨化する*。

　膨化には，イーストやベーキングパウダーのような膨化剤や，小麦粉生地内の水分の蒸発や気泡が利用される（表4-1-8）。

### ①イースト（酵母）による膨化

　イースト**のアルコール発酵によって生じた二酸化炭素を利用し，ドウを膨化させる。膨化力が大きいため，ガスの包蔵性が高いグルテンが必要であり，強力粉が用いられる。

表 4-1-8　膨化調理の分類

| 分類 | | 調理例 |
|---|---|---|
| 膨化剤を利用 | 微生物（イースト） | パン類，中華饅頭，ピザ |
| | 化学膨化剤（重曹，ベーキングパウダー） | クッキー，ドーナツ，マフィン，ホットケーキ，ワッフル |
| 物理的変化による | 気泡の熱膨張 | スポンジケーキ |
| | 水蒸気圧 | シュー，パイ |

生地中のイーストは麦芽糖や加えられた砂糖（ショ糖）を分解してブドウ糖にし，ブドウ糖から二酸化炭素を生成し，この時の膨圧でドウが膨らむ。イーストは微生物であるため，発酵は微生物の増殖に適した条件で行う必要があり，至適温度は28～30℃，湿度75%，pH4.0～5.0程度が適当である。通常，小麦粉重量に対して生イーストなら約2％，ドライイーストなら約1％を使用する。発酵は加熱によりイーストが死滅するまで継続する。膨化しすぎると調理品の内部が粗いものになってしまうため，発酵を適切な時期に終わらせる必要がある。

パン

生地の調製，一次発酵，ガス抜き，成形，二次発酵，加熱の順で行う。生地の網目構造は，一次発酵で中に押し広げられる。ねかし後，こねてガス抜きをし，網目構造を均一にしたのち成形する。続けて二次発酵を行い，約1.5倍程度の大きさに膨張したら加熱する。

### ②化学膨化剤による膨化

重曹やベーキングパウダーを用い，発生する二酸化炭素を利用して膨化させる。次頁の図4-1-11に化学膨化剤による反応式を示す。

重曹（炭酸水素ナトリウム）は単独でも加熱によって二酸化炭素を発生するが，ガス発生効力が低く，二酸化炭素と共に生成するアルカリ性の炭酸ナトリウムにより小麦粉中のフラボン系色素が黄変化する。

ベーキングパウダー（B.P.）は重曹（ガス発生剤）に酸性剤（ガス発生促進剤）と緩和剤（主に澱粉）を加えたものであり，二酸化炭素の発生効力が高い。酸性剤にはガス発生に速効性のものと遅効性のものがあり，市販品はこれらを組み合わせて二酸化炭素が連続的に発生するようにしている（表4-1-9）。酸緩和剤は，ガス発生促進剤とガス発生剤が反応するのを防いでいる。小麦粉重量の3～4％のベーキングパウダーを使用する

＊小麦粉生地の膨化

グルテンが気泡の成長とともに押し広げられ，80℃付近になるとたんぱく質は熱変性し伸展性を失うが，続いておきる澱粉の糊化により粘性が生じ，内部の膨圧を受け止め膨張する。生地内が90℃付近になると膨化がほぼ終了し，乾燥固化して形ができあがる。

＊＊酵母，イースト菌，天然酵母

酵母は自然界に多く存在する微生物である。酵母の中からパンづくりに適した菌を純粋培養したものがイースト菌であり，「パン酵母」とも呼ばれる。
天然酵母は，野菜・果物や穀物などに付着する酵母を採取して培養したものであり，酵母以外に乳酸菌や酢酸菌なども含まれる。

## 重曹による膨化

$2NaHCO_3 \xrightarrow{水+加熱} Na_2CO_3 + H_2O + CO_2 \uparrow$

炭酸水素ナトリウム　　　　　　　　炭酸ナトリウム　　水　二酸化炭素

アルカリ性

小麦粉中のフラボノイド色素 → 黄色

## B.P.による膨化

$NaHCO_3 + HX \xrightarrow{水+加熱} NaX + H_2O + CO_2 \uparrow$

炭酸水素ナトリウム　酸性剤　　　　生成物　　　水　二酸化炭素

微酸性～アルカリ性

小麦粉中のフラボノイド色素 → 黄色／白色

目的とする調理品の特徴に合わせて酸性剤をえらぶ*

**図4-1-11　化学膨化剤による反応式とガス発生機構**

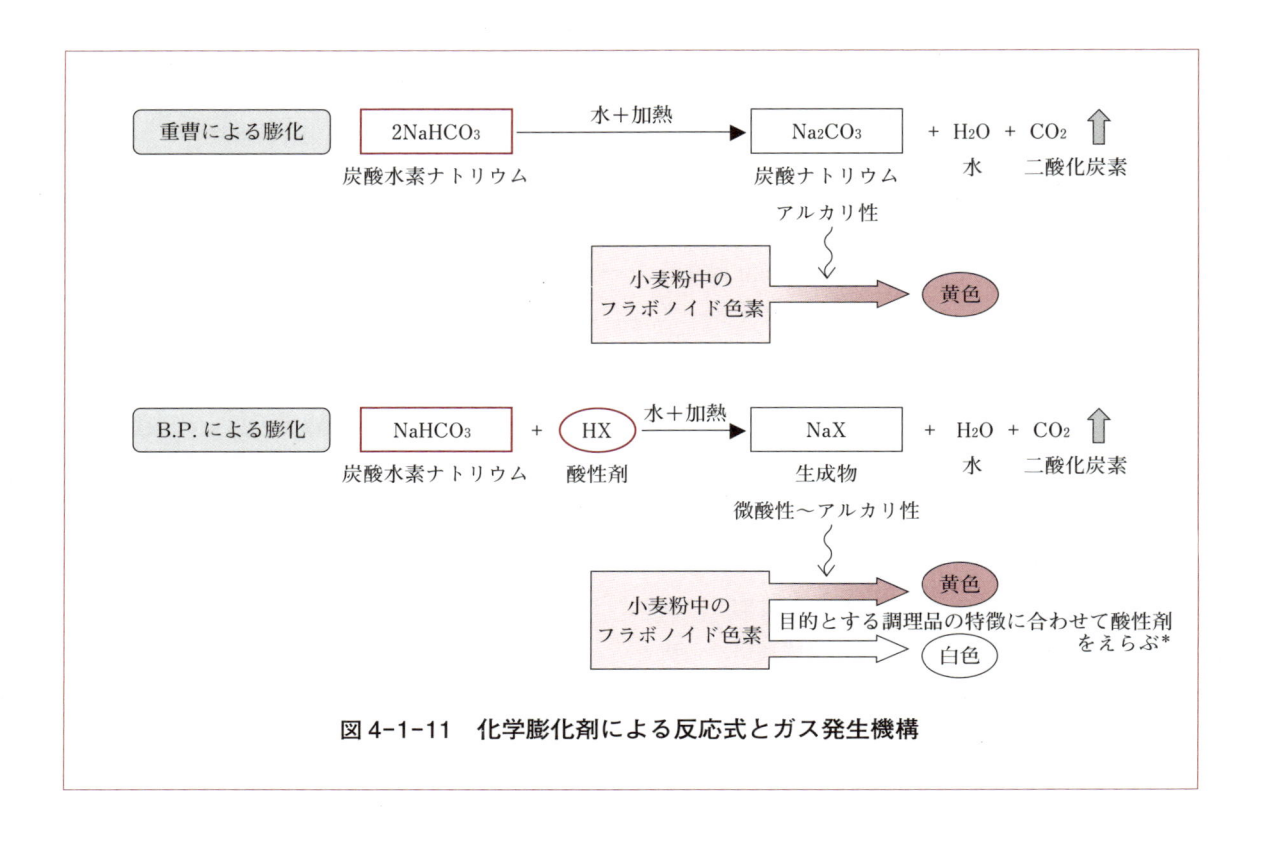

**表4-1-9　市販のベーキングパウダーの配合例（％）**

| 成分 | 市販A | 市販B | はたらき | |
|---|---|---|---|---|
| 炭酸水素ナトリウム | 25.0 | 25.0 | ガス発生剤 | |
| 硫酸アルミニウムカリウム（みょうばん） | 25.0 | 10.0 | 酸性剤 | 遅効性 |
| 第一リン酸カルシウム | 15.0 | 25.0 | | 速効性 |
| 酒石酸水素カリウム | 0.5 | 10.0 | | 速効性 |
| グリセリン脂肪酸エステル | 1.0 | 0.4 | 界面活性剤 | |
| コーンスターチ | 33.5 | 29.6 | 緩和剤 | |

のが一般的である\*。

### ③気泡による膨化

　バッター内に混入した気泡を熱膨張させて，スポンジ状に膨化させる。全卵や卵白の攪拌による気泡を利用したのがスポンジケーキであり，バターのクリーミング性による気泡ではパウンドケーキが，やまいもの粘性による気泡ではかるかんが調理例として挙げられる。膨化力は弱く，安定性も悪い。膨化の程度はバッター内の気泡量に依存するため，薄力粉を用いて攪拌はできるだけ抑え，砂糖などの副材料により気泡を安定させ，生地調製後はできるだけ早く焙焼する。

　　ⅰ）スポンジケーキ

　卵白と卵黄を別々に泡立ててから小麦粉と混ぜ合わせる"別立て法"と，全卵を泡立てたあとに小麦粉と混ぜる"共立て法"がある。別立て法は泡の安定性がよく，共立て法は軟らかくしっとりとしたケーキになる。

　　ⅱ）パウンドケーキ\*\*

　小麦粉，砂糖，卵，油脂の配合がおよそ同量のバターケーキである。油脂を充分に攪拌させた中に他の材料を加え，気泡を含む安定したバターにし，熱膨張により膨化させてスポンジ状にする。膨化力は弱いためベーキングパウダーを粉の1〜2％添加することが多い。

### ④水蒸気圧による膨化

　水は蒸気になると体積が約1,700倍になる。したがって生地内の水分が加熱に伴い気化する際，非常に大きな蒸気圧で生地を膨化させる。これを利用した調理例にパイやシュー皮がある。パイは層状に膨化し，シュー皮は空洞状に膨化する。

　　ⅰ）パイ

　パイは小麦粉と固形油脂を何回も圧延し折りたたむことで，固形油脂を積層させ，加熱する際にできた薄層の空隙の蒸気の圧力により生地が層状に浮き上がる。したがって焙焼は210〜220℃の高温で行い，急速に膨化させる。生地は融けた油

---

\* pHの調整
酸性剤の種類や比率により生地のpHの調整をすることができ，一般に白く仕上げたい生地では最終的なpHが「弱酸性」に，色を鮮やかに仕上げたい生地では「アルカリ性」になるような酸性剤を使うとよい。

\*\*パウンドケーキ
名称はその昔，各材料を1ポンドずつ配合したことに由来するが，現在は食感が重くなることから，バターを粉の半分から同量にすることが多い。

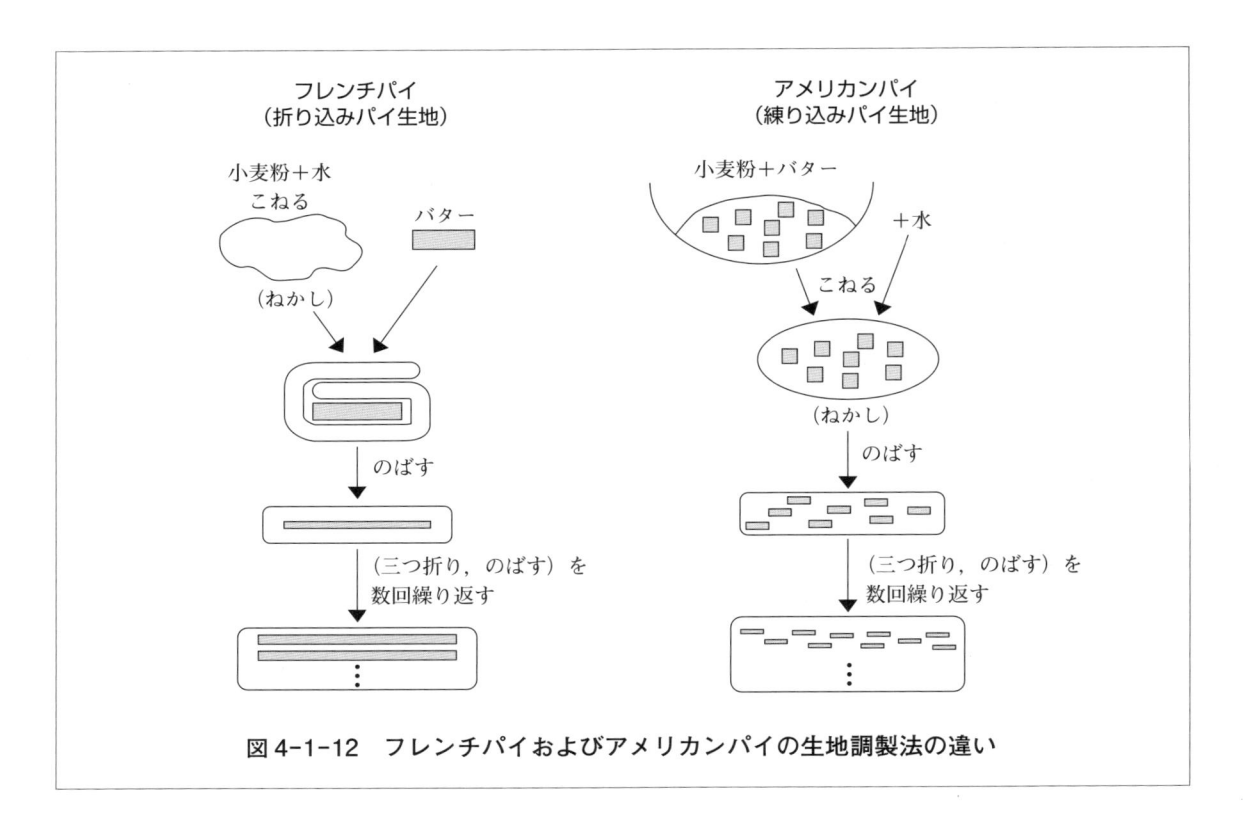

図4-1-12　フレンチパイおよびアメリカンパイの生地調製法の違い

脂の中で揚げた状態になり，サクサクとした歯もろいテクスチャーを与える。

パイは製法から2種類に分類される。はじめにバターの塊をドウで包んで生地を調製するものをフレンチパイ，小麦粉にバターを分散させて水を加え，生地を調製するものをアメリカンパイという（図4-1-12）。固形油脂が連続して存在するフレンチパイの方が，膨化および層状構造が良好で，テクスチャーのよい製品となる。

ⅱ）シュー

シュー生地の調製は，まず水とバターを沸騰させ，そこに小麦粉を一度に入れて1分ほど撹拌し火からおろす。この時，澱粉が糊化して粘性をもち，グルテンは高温の加熱により網状の構造に崩壊している。生地が65℃程度になったら卵を加えて手早く撹拌し，バターの油脂を分散させ，撹拌により気泡を取り込む。その後シュー生地を天板に絞り出す。オーブンでの加熱条件は200℃で15分間，続けて180℃で8分間くらいが適当である。加熱中，生地中の気泡が膨張し，生地内の水分が蒸気となり生地表面を蒸気圧によって押し上げる。生地は伸展しつつ膨加し，固化することにより，シュー特有のキャベツ型になる。

**（5）非膨化調理**

ドウを薄く圧延して整形してつくる餃子やしゅうまいなどの皮，ひも状にするめん類，また押し出し成形するマカロニなどがある。いずれも弾力，腰の強さを賞味する調理であるため，基本的にはグルテンの形成能が高い方がよい。

うどん，そうめんの製造には中力粉が，中華めんには準強力粉が，マカロニやスパゲティなどのパスタにはデュラム粉が使われることが多い。食塩の添加は，めん生地の粘弾性や硬さを増すため，生地の硬さの調節に用いられる。また中華めんは，こね水にかん水（炭酸カリウムと炭酸ナトリウムの複合水溶液）を用いる。かん水はアルカリ性で

あるため，小麦粉中のフラボン系色素が黄色化し，中華めん特有の風味を帯びる。

茹でるときは，大量の湯を沸騰させた中にめんを投入し所定の時間加熱する。パスタ類は製造時に食塩を添加していないため，茹で水の1％程度の塩を加えて茹でる。中華めん，そうめんなどは茹でてから冷水で水洗いし，表面の澱粉を除いて互いに付着するのを防ぐとともに，滑らかな食感にする。

### (6) その他の小麦粉調理
#### ①ルウ

ルウは小麦粉を油脂（主としてバター）で炒めたもので，最終温度による着色の程度により，白色ルー（ホワイトルウ：120～130℃），淡黄色ルウ（140～150℃），褐色ルウ（ブラウンルウ：180～190℃）に分類される。炒めたルウは牛乳やブイヨンでのばして加熱し，スープやソースにする。ルウにより液体にとろみがつき，また，炒めた小麦粉の風味も加わる。

加熱によりグルテンは変性しているため，主として澱粉の糊化による粘性を利用する。ブラウンルウになると炒める温度が高いため，澱粉粒が崩壊し一部デキストリン化し，粘性が低くなる。

ホワイトソースを調製する時，"ダマ"を作らず滑らかに仕上げることが重要である。ホワイトルウを作る際の炒め操作では，加熱温度が120℃程度であり，水分が少ないので澱粉は糊化しない。牛乳と共に加熱されてから糊化するが，澱粉が牛乳によく分散してから糊化しないとダマになる。これを防ぐためには，ルウに牛乳を加えた際の混合物の温度が，澱粉の糊化温度以下であることが重要であり，ルウの温度をやや下げ，60℃程度に温めた牛乳を加えるのがよい（図4-1-13）。

炒めることをせずに小麦粉と油脂を練り合わせたものをブールマニエといい，ソースに分散させて加熱する。炒めたルウとは口触りが異なるが，簡便的に用いられる。

**表4-1-10　スープ，ソース類の小麦粉の濃度**[16]

| 種類 | スープ | ソース | あえるとき | クリーム | コロッケ |
|---|---|---|---|---|---|
| 小麦粉の濃度(％) | 2〜5 | 3〜6 | 8〜9 | 8〜10 | 12〜15 |

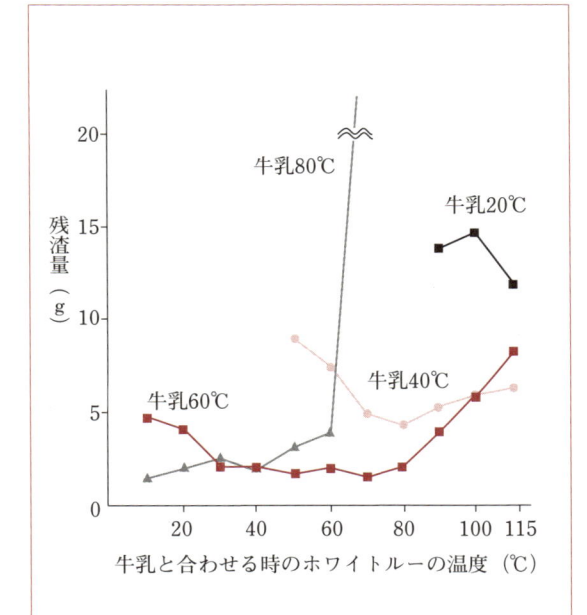

バター22g，薄力粉22gを120℃まで撹拌しながら加熱し，ホワイトルーを調製した。ルーを各温度まで冷まし，400gの各温度の牛乳（20℃，40℃，60℃，80℃）と合わせ，30秒間撹拌したのちに，ふるいに通した。ふるいに残った固形物の重量を残渣量とし，2.5g以下であれば分散性がよいことを示す。

**図4-1-13　ホワイトルーと牛乳の合わせ温度と分散性**[17]より作成

### ②天ぷらの衣

　小麦粉に160～200%の卵水（卵：水＝1：2～3）を加えて作る。衣の水分は，澱粉の糊化に使われ，衣を固める役割をはたすとともに，急速に蒸発。代わりに油脂が衣に吸着され，軽くカラリとしたテクスチャーに仕上げる。グルテンの形成を極力抑えるために，たんぱく質含量の少ない薄力粉を用い，冷水（15℃）で手早く混ぜ，すぐに揚げる。

【参考文献】

1) 不破英次・小巻利章・檜作進・貝沼圭二編『澱粉科学の事典』p.195～199，朝倉書店，2003
2) 竹生新治郎，渡辺正浩，杉本貞三，真部尚武，酒井藤敏，谷口嘉廣「多重回帰分析による米の食味の判定式の設定」澱粉科学，vol.32（1），p.51-60，1985
3) 貝沼やす子，長尾慶子，畑江敬子，島田淳子「洗米方法が米の食味に与える影響，調理科学」vol.23（4），p.419-423，1990
4) 松元文子，吉松藤子『三訂　調理実験』p.11，柴田書店，1975
5) 香西みどり，石黒恭子，京田比奈子，浜蘭貴子，畑江敬子，島田淳子「米の炊飯過程における還元糖および遊離アミノ酸量の変化」日本家政学会誌，vol.51（7），p.579-585，2000
6) 関千恵子，貝沼やす子「米の調理に関する研究（第4報）炊飯条件としての沸騰継続時間，家政学雑誌」vol.37（2），p.93-99，1986
7) 貝沼やす子，関千恵子「米の調理に関する研究（第5報）炊飯条件としての沸騰継続時間（その2）」家政学雑誌，vol.37（12），p.1039-1047，1986
8) 貝沼やす子「沸騰継続中の火力の強弱が炊飯に及ぼす影響について」家政学雑誌，vol.28（3），p.194-201，1977
9) 池田ひろ「炊飯過程中に溶出する糖成分の動向と米飯の食味について」日本家政学会誌，vol.52（5），p.401-409，2001
10) Arai, E., Aoyama, K., Watanabe, M.:Enzymatic Improvement of the Cooking Quality of Aged Rice, Biosci. Biotech. Biochem., vol.57 (6), p.911-914, 1993
11) 伊藤純子，香西みどり，貝沼やす子，畑江敬子「米飯の炊飯特性に及ぼす各種調味料の影響（第1報）」日本食品科学工学会誌，vol.51（10），p.531-538，2004
12) 松元文子，関千恵子，津田真由美「米の調理に関する研究（第1報）味付け飯について」家政学雑誌，vol.18（3），p.158-162，1967
13) 早川幸男『洋菓子製造の基礎と実際』p.165，菓子総合技術センター編，光琳，1991
14) 松元文子，松本エミ子，高野敬子「小麦粉調理に関する研究（第2報）手動操作によるドウのファリノグラム及びエキソテンソグラム」家政学雑誌，vol.11（5），p.349-357，1960
15) 松元文子，比留間トシ「小麦粉調理に関する研究（第5報）グルテンについて（1）」家政学雑誌，vol.12（6），p.455-458，1961
16) 山崎清子，島田キミエ，渋川祥子，下村道子『新版　調理と理論』p.139，同文書院，2003
17) 赤羽ひろ，大澤はま子，中浜信子，白ソースの分散性と流動特性について，家政学雑誌，vol.28（4），p.299-305，1977

## 2　いもの調理

### 1) いもの種類と成分

　いもの主成分は穀類と同様，澱粉であり，約15～30%を占める。水分を66～84%含むため，貯蔵性は劣るが，含まれる水で澱粉が糊化することができる。じゃがいもやさつまいもにはビタミンCが多く含まれ，加熱しても残存率が高い。他に食物繊維やカリウムを多く含む。

日本で栽培利用されている主ないもは，じゃがいも，さといも，さつまいも，やまのいもの4種類である。じゃがいもは地下茎（塊茎）を，さつまいもとやまのいもは根（塊根）を食用としたものである（図4-2-1）。

### 2）いもの調理

　いもを加熱すると，澱粉粒が膨潤して糊化し，また細胞壁のペクチン質（p.98～100参照）が可溶化するため，軟らかくなると同時に，細胞同士が離れやすくなる。粉ふきいもは，じゃがいも表層の細胞がばらばらに離れて，いものまわりに付着したものであり，マッシュポテトは，じゃがいも全体の細胞が分離したものである。細胞そのものは壊されずに形を保っている方が，粘りが出ず，じゃがいものホクホク感が残っておいしい。マッシュポテトのようにつぶすときは，いもが熱いうちにすることが要点である。熱いうちは可溶

MEMO

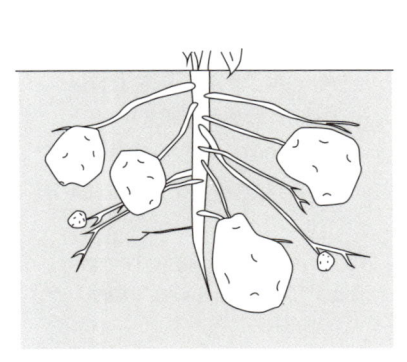

地下茎を食用
（じゃがいも）

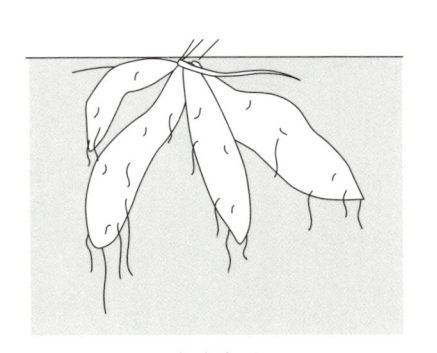

根を食用
（さつまいも，やまのいもなど）

図4-2-1　食用部

化したペクチンに流動性があるため，細胞同士が離れやすい。しかし，冷えると流動性が失われるために無理な力がかかり，その結果，細胞膜が破れて澱粉が外に流出し，粘りがでてしまう。さつまいもの場合は細胞壁が脆弱なため，熱いうちに裏ごししても澱粉粒が一部流出し，ある程度粘る。きんとんはさつまいものこの性質を利用したものである。

いも類は切り口が空気に触れると褐変する。これはチロシンやポリフェノール類（基質）が，酸化酵素と酸素の働きにより，褐色物質（メラニン）に変わったためである。この反応に関わる酵素や基質は水溶性であるため，切り口を水にさらすと褐変を防ぐことができる（p.97 参照）。

じゃがいもやさつまいもはビタミンCの含有量が高く，また熱に比較的強いため，調理後も残存している（図4-2-2）。

## （1）じゃがいも

じゃがいもは粉質タイプと粘質タイプに分類され，粉質タイプ（男爵やキタアカリ）の方が澱粉を多く含み比重が重く，粉ふきいもやマッシュポテト，コロッケなどに適する。一方，カレーやシチューなどの煮物に適するのは粘質タイプ（メークイン，紅丸）であり，煮崩れしにくい[*]。

じゃがいもの外皮の緑変部分や芽には有毒なソラニンが含まれているため，緑変部の皮は厚くむき，芽はとり除いた方がよい。

## （2）さつまいも

さつまいもには可溶性の糖が2〜6%含まれ甘味が強いので，菓子類に多く利用される。貯蔵中や加熱中に$\beta$-アミラーゼが作用し，マルトースなどの糖が生成して甘味が増す。$\beta$-アミラーゼの至適温度は50〜55℃であり，70℃くらいまで作用する。したがって，この間を緩慢に通る加熱法が甘味を引き出すのに有効であり，電子レンジ

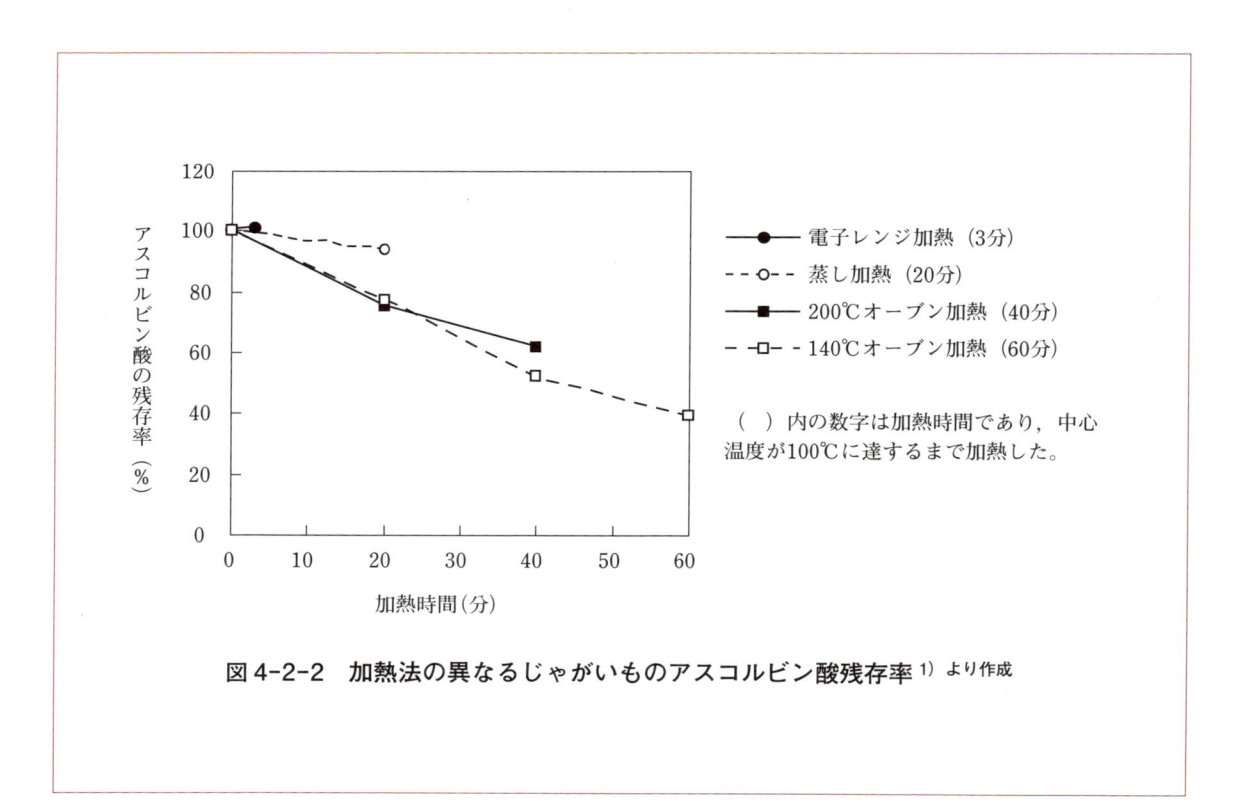

（　）内の数字は加熱時間であり，中心温度が100℃に達するまで加熱した。

図4-2-2　加熱法の異なるじゃがいものアスコルビン酸残存率[1]より作成

表4-2-1　電子レンジと蒸し加熱による
　　　　 さつまいもの麦芽糖量[2]より作成

|  | 電子レンジ加熱 | 蒸し加熱 |
|---|---|---|
| 加熱時間（分） | 3.0 | 38.5 |
| 糖量（％） | 9.4 | 14.7 |

皮付きのいも（100g）の内部温度が99℃に達するまで加熱した際の生成麦芽糖量（％）。

*じゃがいものタイプ

同じ品種内でも澱粉含量に差があり，一概には粉質タイプ，粘質タイプに分類できない。米国オレゴン州農業試験場では，水と食塩の体積比が11：1の水溶液にいもを入れ，沈んだいも（およそ比重が1.064）を粉質としている。

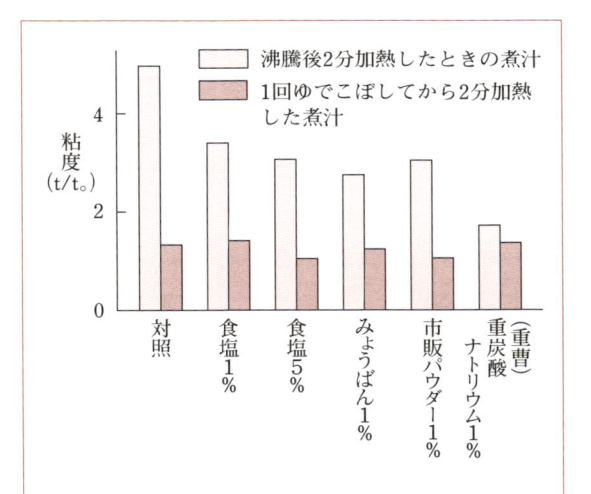

を用いた急速加熱では甘味が劣る（表4-2-1）。

さつまいもの内皮部分から出る白色乳状の粘液は，ヤラピンという樹脂配糖体であり，水に不溶で空気に触れると黒変する。きんとんなど色よく仕上げる際には，内皮まで厚く剥きとってこの部分を除去する。

さつまいもを茹でる際に，0.5％くらいのミョウバン（AlK(SO$_4$)$_2$・12H$_2$O）を加えると，さつまいものフラボン色素と反応し，色を黄色く仕上げ，また煮崩れを防ぐことができる。

きれいな黄色のきんとんを作るときには，茹で水にくちなしの実を入れる。くちなしにはカロテノイド色素のクロシンが含まれ，これによりいもが橙黄色（とうこうしょく）に着色される。

### （3）さといも

さといもに特有のぬめりは，ガラクトースなどの糖がたんぱく質と結合した糖たんぱく質によるものである。この粘質物により，加熱中の煮汁は濁り，また煮汁の粘度を上げるためふきこぼれの原因となったり，調味料の浸透を妨げたりする。

食塩（1％）や食酢（5％），みょうばん（0.5％）などを加えて煮ると，煮汁への粘質物の溶出を防ぐことができる。もっとも効果的なのは茹でこぼしであり，水にいもを入れて加熱し，沸騰後2分

さといも15gに各種溶液50mlを加えて加熱し，沸騰後2分間加熱してからさといもをとりだし，煮汁の粘度を測定した。次に，このさといもに新たに50mlの蒸留水を加えて，さらに2分加熱して，煮汁の粘度を測定した。市販パウダーは青果業者が漂白のために使用しているものであり，成分は無水亜硫酸ソーダ7％，焼みょうばん72％，タルク20％。

図4-2-3　さといもを茹でこぼした場合の
　　　　 煮汁の粘度[3]

加熱したら茹で汁を捨て，新しい水で煮始める。茹でこぼしたあとの煮汁は著しく粘度が下がり，添加物を加えなくても効果がある（図4-2-3）。

さといもを扱うと手にかゆみを感じることがある。これはさといもに含まれているシュウ酸カルシウムが針状結晶の構造をしており，皮膚に刺さるためである。加熱したり，酢を用いたりすると，結晶が溶けるためかゆみがなくなる。

### (4) やまのいも

やまのいもには，山に自生している自然薯，栽培種の大和いも（つくねいも），長いも，いちょういもなどがある。

やまのいもの粘質物はマンナンにたんぱく質やフィチン酸が結合した糖たんぱく質であり，生ですりおろすと粘性，弾性，曳糸性をもつ。これを利用した調理例が「とろろ」である。80℃付近になると粘性を失うため，とろろ汁に加えるだしは冷ましたものを使う。

またこの粘質物には気泡性があるため，じょうよまんじゅうの皮やかるかん蒸しなど，和菓子の膨化に利用される。

やまのいもは，いも類の中で唯一，生食できる食材である。この理由としてアミラーゼが多いことが挙げられてきたが，近年，その説について否定的な見方が強い[4]。

【参考文献】
1) 桐渕壽子，川嶋かほる「調理時におけるアスコルビン酸の変化」日本家政学会誌, vol.38 (10), p.877-887, 1987
2) 平山静子，松元文子「電子レンジによる加熱について」調理科学, vol.6 (1), p.20-26, 1973
3) 河村フジ子，海老塚あつ，寺崎淑子，松元文子「里芋の調理に関する研究（第1報）粘りと固さに及ぼす各種添加物の影響」家政学雑誌, vol.18 (3), p.147-151, 1967
4) 王紅献，大野信子，福田晴美，三浪博行，篠山浩文，藤井貴明「凍結乾燥ヤマノイモ類粉末への水と加水分解酵素の作用」千葉大園学報, vol.54, p.19-24, 2000

## 3　豆の調理

### 1) 豆の種類と成分

豆類は完熟乾燥豆と未熟新鮮豆に分けられる。完熟乾燥豆はさらに，たんぱく質と脂質を主成分とするグループと，炭水化物とたんぱく質を主成分（炭水化物55～60%，たんぱく質20～25%）とするグループに分けられ，前者の代表にダイズ，後者の代表にアズキやインゲンマメが挙げられる。未熟新鮮豆にはグリンピースやエダマメなどがあり，水分を多く含み，野菜の性質に近い。

豆は種皮，子葉，胚芽から構成され，可食部は子葉である。豆類の炭水化物は，主として澱粉からなるが，ダイズは単糖類や少糖類，食物繊維からなり，澱粉を含んでいないのが特徴である。

ダイズはたんぱく質を多く含み，大半がグロブリンの一種であるグリシニンである。アミノ酸組成は一般の植物たんぱく質に比べて優れており，アミノ酸スコア（p.67参照）は86であることから「畑の肉」と呼ばれる。必須アミノ酸のうち，メチオニン，シスチンが少なく，穀類に不足するリジンを比較的多く含むので，米と一緒に豆類を摂取することは栄養上好ましい。

ダイズは組織が他の豆に比べて硬いため，煮る，炒めるなどの加熱では消化が低いが，加工品にすることにより消化が高まる。加工品は図4-3-1に示すように多種多様で，日本人の食生活に馴染みが深い。

## 2）豆の調理
### （1）豆の吸水・軟化

乾燥豆は水分が12〜16%程度なので，水に浸漬して吸水させてから加熱する。吸水させておくと，子葉の組織が膨潤するため，加熱による軟化が速くなり，また均一に煮える。図4-3-2に種々の豆の吸水曲線を示す。豆の種類や新古により吸水速度が異なるが，アズキ以外は，浸漬初期の吸水速度が早く，7時間程度で元の豆重量の70%以上を吸水しており，100%程度吸水した時点でほぼ飽和状態となる。

アズキの場合は他の豆に比べて吸水速度が極めて緩慢である。これは豆の吸水の仕組みが他の豆と異なるためで，他の豆は種皮全体から吸水するが，アズキは種皮がかたく，種皮に存在する小さな穴から吸水が始まる。家庭ではアズキを水浸漬せずに，直接加熱を始めることが多い。

豆全般的に，水温が高いほど，豆が新しいほど

MEMO

表4-3-1　豆類の成分組成と分類[1]より作成　　（可食部100g中）

| | 名称 | 栄養成分の特徴 | 水分(g) | たんぱく質(g) | 脂質(g) | 炭水化物(g) | 食物繊維(g) |
|---|---|---|---|---|---|---|---|
| 完熟乾燥豆 | ダイズ（国産） | たんぱく質と脂質が主 | 12.4 | 33.8 | 19.7 | 29.5 | 21.5 |
| | ラッカセイ[※1] | | 6.0 | 25.4 | 47.5 | 18.8 | 7.4 |
| | アズキ | 炭水化物とたんぱく質が主 | 14.2 | 20.8 | 2.0 | 59.6 | 24.8 |
| | ササゲ | | 15.5 | 23.9 | 2.0 | 55.0 | 18.4 |
| | インゲンマメ | | 15.3 | 22.1 | 2.5 | 56.4 | 19.6 |
| | エンドウ | | 13.4 | 21.7 | 2.3 | 60.4 | 17.4 |
| | ソラマメ | | 13.3 | 26.0 | 2.0 | 55.9 | 9.3 |
| | リョクトウ | | 10.8 | 25.1 | 1.5 | 59.1 | 14.6 |
| 未熟新鮮豆[※2] | エダマメ（ダイズの未熟種子） | 野菜としての性質をもち，水分が多い。無機質，ビタミン $B_1$，$B_2$，Cに富む。 | 71.7 | 11.7 | 6.2 | 8.8 | 5.0 |
| | ソラマメ（ソラマメの未熟種子） | | 72.3 | 10.9 | 0.2 | 15.5 | 2.6 |
| | サヤインゲン（インゲンマメの若いさや） | | 92.2 | 1.8 | 0.1 | 5.1 | 2.4 |
| | サヤエンドウ（エンドウの若いさや） | | 88.6 | 3.1 | 0.2 | 7.5 | 3.0 |
| | グリンピース（エンドウの未熟豆） | | 76.5 | 6.9 | 0.4 | 15.3 | 7.7 |

※1　ラッカセイは食品成分表では'種実類'に分類される。小粒種の値を表示。
※2　未熟新鮮豆は食品成分表では'野菜類'に分類される。

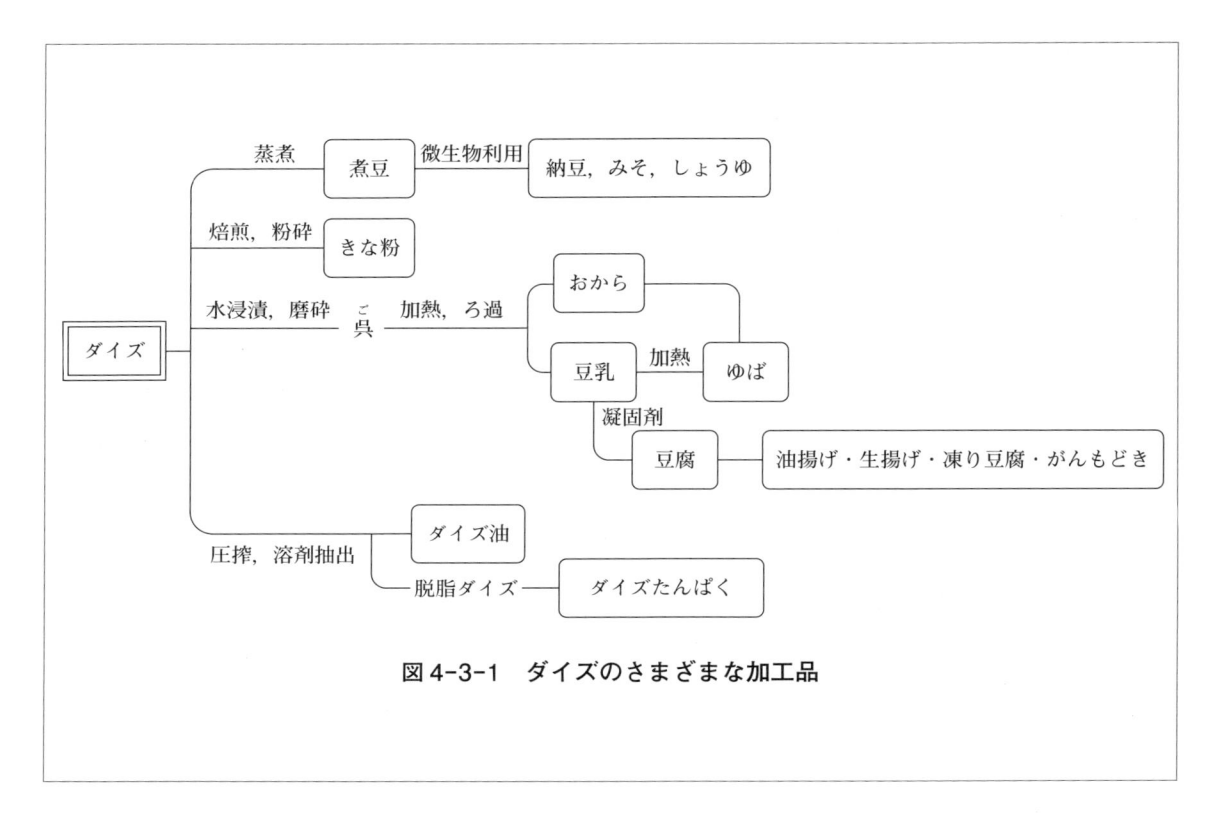

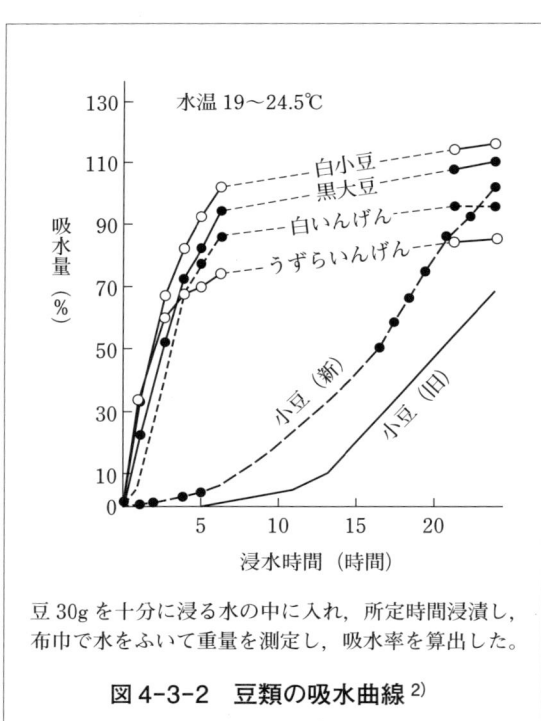

```
                    ┌─ 蒸煮 ──┬─ 煮豆 ─── 微生物利用 ── 納豆, みそ, しょうゆ
                    │         │
                    ├─ 焙煎, 粉砕 ── きな粉
                    │                            ┌── おから
                    │                ご          │
                    ├─ 水浸漬, 磨砕 ─ 呉 ─ 加熱, ろ過 ┤         加熱
  ┌─────┐          │                            │── 豆乳 ─────── ゆば
  │ダイズ │────────┤                                   │
  └─────┘          │                                 凝固剤
                    │                                   │
                    │                                 豆腐 ── 油揚げ・生揚げ・凍り豆腐・がんもどき
                    │
                    │              ┌── ダイズ油
                    └─ 圧搾, 溶剤抽出 ┤
                                  └── 脱脂ダイズ ── ダイズたんぱく
```

図 4-3-1　ダイズのさまざまな加工品

図 4-3-2　豆類の吸水曲線[2]

豆 30g を十分に浸る水の中に入れ，所定時間浸漬し，布巾で水をふいて重量を測定し，吸水率を算出した。

吸水は速い。

　水に食塩（1％）や重曹（炭酸水素ナトリウム）（0.2～0.3％）を添加すると吸水速度が速まり，その後の加熱による軟化も早まる。食塩を添加すると，ダイズの塩溶性たんぱく質であるグリシニンが可溶化し，子葉が膨潤しやすくなり，軟化がすすむ。また微アルカリの重曹溶液に豆を浸漬すると，細胞壁ペクチンの $\beta$-脱離により吸水が促され，軟化する（p.100 参照）。

### (2) 煮豆

　煮豆は皮むけや胴割れがなく，ふっくらと軟らかいものが良好である。一般的には水に浸漬して吸水させた後，軟らかくなるまで煮て，その後に調味料を加えて煮含めることが多い。煮汁が少なくなったら差し水をするが，液の温度差により生じる皮むけや胴割れを防ぐため，熱湯を使う。

　加熱初期には，気泡性のあるサポニンが溶出する。これはふきこぼれの原因になるため，丁寧に

取り除く。また，アズキやインゲンマメを煮る際は，色を損なうサポニンやタンニン系物質を除去するため，沸騰したら茹で水を一度取り替える。これを"渋きり"という。

短時間で軟らかく煮るため，煮汁をアルカリ性にしたり，圧力鍋を用いたりする方法がある。アルカリによる軟化効果は前項で述べた理由と同じであるが，多量に使用すると味が悪くなりビタミン$B_1$が損失するため，茹で汁の0.2〜0.3％程度がよい。圧力鍋で加熱すると加熱時間がかなり短縮される（図4-3-3）。また，茹で汁に溶出せず豆の方に残る糖やペクチンが多いため（図4-3-4，図4-3-5），甘味が強く，ねっとりとした食感の豆になる。調味をすると，圧力鍋を用いた煮豆は普通鍋の煮豆に比べて，甘味の強さは同程度になるが，軟らかく，粘りは強い。

また均一に軟化させる手法として，"びっくり水"と称する冷水を沸騰後に途中で加えることがある。これにより豆の外側と内側の温度差が少なくなり，豆の中が均一に煮える。しかし胴割れや皮むけの原因になるため，粒の形を気にしなくてよいあん調製時などに行う。

豆が十分軟らかくなったら，砂糖などの調味料を加えて煮る。一度に大量の調味料を加えると，煮汁の浸透圧が高まり，豆から水分が奪われることにより収縮してしわができ，豆も硬くなる。したがって2〜3回に分けて調味料を加えるとよい。茹でた豆を調味液に浸漬して味を含ませる方法もあり，この方法だと豆は硬くならないが，仕上がりまでに時間を要する。

黒豆を煮る際は，鉄鍋を使ったり古釘を入れたりする。これは種皮のアントシアニン系の色素が鉄イオンと錯塩を形成し，色が安定するからである。

### (3) あん

アズキ，インゲンマメなどの澱粉含有量が多い豆からあんをつくることができる。図4-3-6

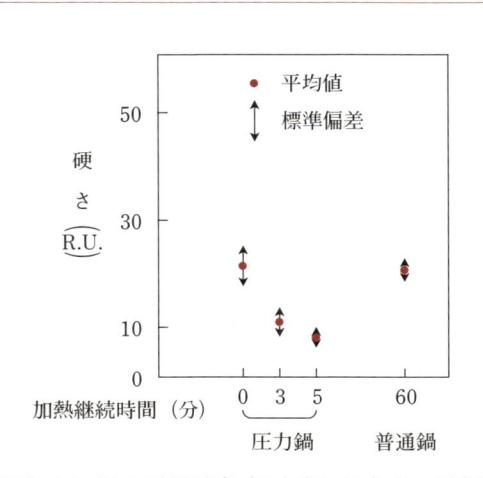

MEMO

目白ダイズを24時間浸漬（吸水率110％）後，圧力鍋および普通鍋で茹でて，豆の硬さを測定した。圧力鍋は内部温度が120℃に達し，蒸気を噴出し始めてからの時間を加熱継続時間とし，火を止めた後は5分間むらしを行った。

**図4-3-3　圧力鍋を用いた場合の茹で豆の硬さ**[3]

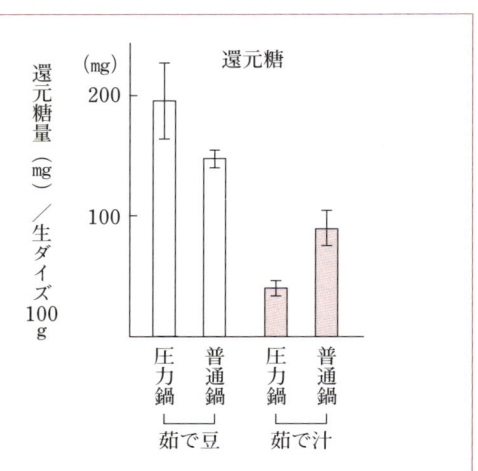

**図4-3-4 茹で豆および茹で汁の糖量**[4]

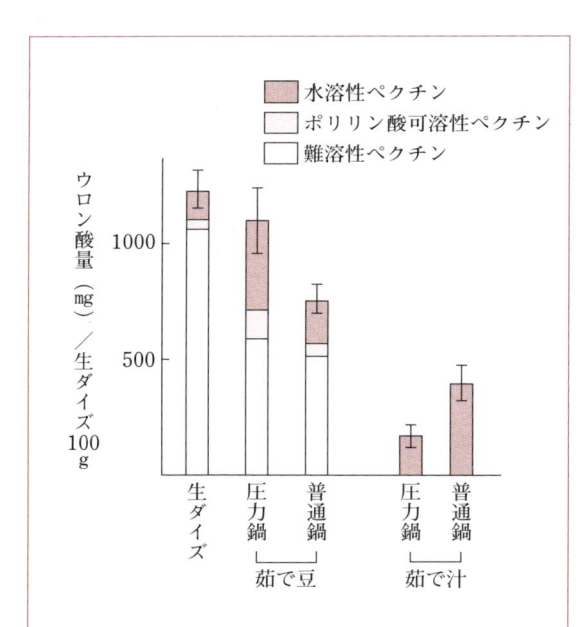

金鶴ダイズを24時間浸漬（吸水率110％）後、圧力鍋の場合は加熱継続時間が1分間、普通鍋の場合は100分間加熱した豆を茹で汁と茹で豆に分け、それぞれ還元糖量を測定した。（加熱条件については図4-3-3の説明を参照。）
圧力鍋の場合は、茹で汁に溶出せずに豆に残存している還元糖が多い。

**図4-3-5 茹で豆および茹で汁のペクチン量**[4]

豆および加熱条件は図4-3-4と同じである。

にあんの種類と製造工程を示す。軟らかく茹でた豆が粒あんになり、粒あんをつぶしたものがつぶしあんである。豆をつぶした後、裏ごしして種皮を取り除き、布袋で水気を切ると"生あん（こしあん）"ができる。これは煮熟により細胞壁中のペクチンが可溶化して細胞単位で分離したものであり、これを生あん粒子という。生あん粒子は細胞膜に覆われ、中に糊化した澱粉が充満している。たんぱく質は澱粉を取り囲んだ状態で熱凝固しているため、澱粉は閉じ込められた状態にあり、細胞膜の外に流出しない。このためあんは粘りがなく、適度にざらついた口触りをもち、成形しやすい。

生あんに砂糖（生あんの40〜60％）と水（生あんの25〜50％）を加えて練ったものが"練りあん"である。また"さらしあん"は生あんを乾燥させたものである。

白あんはシロインゲンマメ、シロアズキなどを原料にして作られる。

### (4) 豆の加工食品

ダイズをすり潰し、加熱ろ過して得られたろ液が豆乳であり、これに凝固剤を加えてたんぱく質を固めたものが豆腐である（p.88図4-3-1）。凝固剤には塩化マグネシウム（にがり）や硫酸カルシウムが使われる。木綿豆腐は低濃度の豆乳を凝固させてから余分な水分を除いたものであり、絹ごし豆腐は高濃度の豆乳全体を凝固させたものである。

豆腐は高温で長時間茹でると、"すだち現象"が生じる。これは過度の加熱によりダイズたんぱく質が再会合し、その結果ゲル内の水が押し出されて空洞ができたものであり、口当たりが悪くなる。0.5〜1％の食塩、1％の澱粉を茹で水に加えるとこれを防ぐことができる。食塩中のナトリウムイオンは、たんぱく質の再会合を阻害する。

豆腐を加工したものに焼き豆腐、油揚げ、厚揚げ、がんもどき、凍り豆腐などがある。油で揚げ

たものは，熱湯をかけたり熱湯に通したりして，油の匂いや味を除く。凍り豆腐は，豆腐を急速凍結して乾燥させたものである。たんぱく質は凍結により変性し，強固なスポンジ状構造を形成しているため，煮汁を含みやすい。

　ダイズを原料とした発酵食品に，納豆，しょうゆ，みそなどが挙げられる。納豆は主として納豆菌を，しょうゆは麹菌，酵母，細菌を，みそは麹菌を利用してダイズの成分を分解させたものであり，消化性が高い。

**【参考文献】**

1）「日本食品標準成分表（八訂）増補2023年」文部科学省，2023
2）松元文子，吉松藤子『三訂　調理実験』p.134，柴田書店，1975
3）渋川祥子「圧力鍋による煮豆の特性について」家政学雑誌，vol.30（7），p.591 - 595，1979

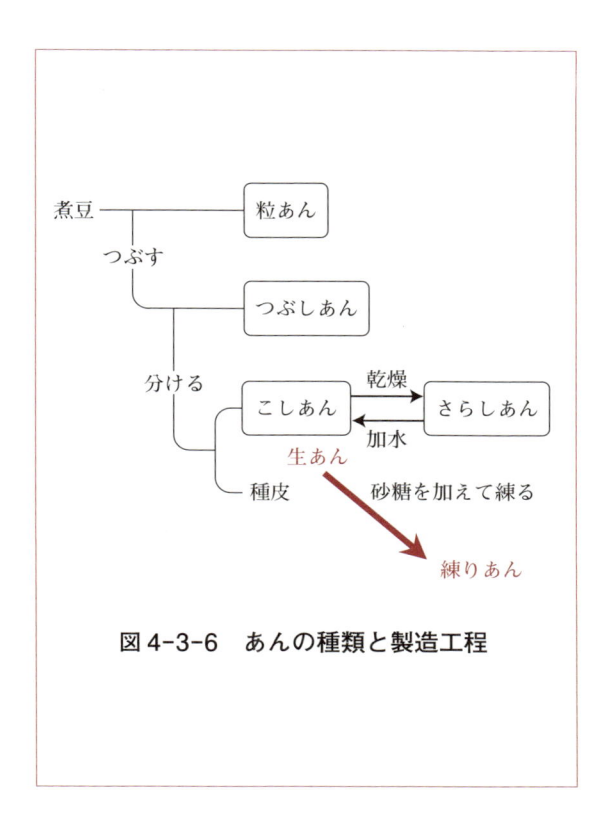

**図4-3-6　あんの種類と製造工程**

## 4　野菜の調理

　野菜類は種類，品種に富み，分類法もさまざまであるが，食用とする部位により分類すると，葉菜類，茎菜類，根菜類，果菜類，花菜類に分けられる（図4-4-1）。従来の露地栽培から施設栽培に移行し，旬の時期（表4-4-1）のみならず，一年中市場に出回るようになった。料理法も生食，茹で物，和え物，煮物，炒め物，揚げ物，蒸し物と非常に幅広い。野菜料理は，味はもちろんのこと，色，テクスチャーを賞味するものが多く，そのためには野菜の特性を生かした調理が必要となる。またビタミン，無機質，食物繊維の供給源としても重要で，これらを損失しないように留意しなくてはいけない。

### 1）野菜の特性
#### （1）色素

　緑色野菜はクロロフィル，黄色～赤色の野菜はカロテノイド，淡色野菜はフラボノイド，紫色の野菜はアントシアニンの色素を含む（表4-4-2）。"緑黄色野菜"は，基本的には，カロテノイド系色素の$\beta$-カロテンが可食部100gあたり600$\mu$g以上含まれている野菜である。

#### ①クロロフィル

　緑色野菜の葉緑体に存在し，生の組織中ではたんぱく質と結合している。クロロフィルはマグネシウムイオンを含み，かつ長い側鎖（フィトール）をもつ。このフィトールのため水に溶解せず，脂溶性の物質となる。クロロフィルaとbが主として存在し，高等植物にはaの方が多い。

　クロロフィルは酸性，またはアルカリ性条件におかれると，その構造の一部が分解し，色が変化する（表4-4-2）。

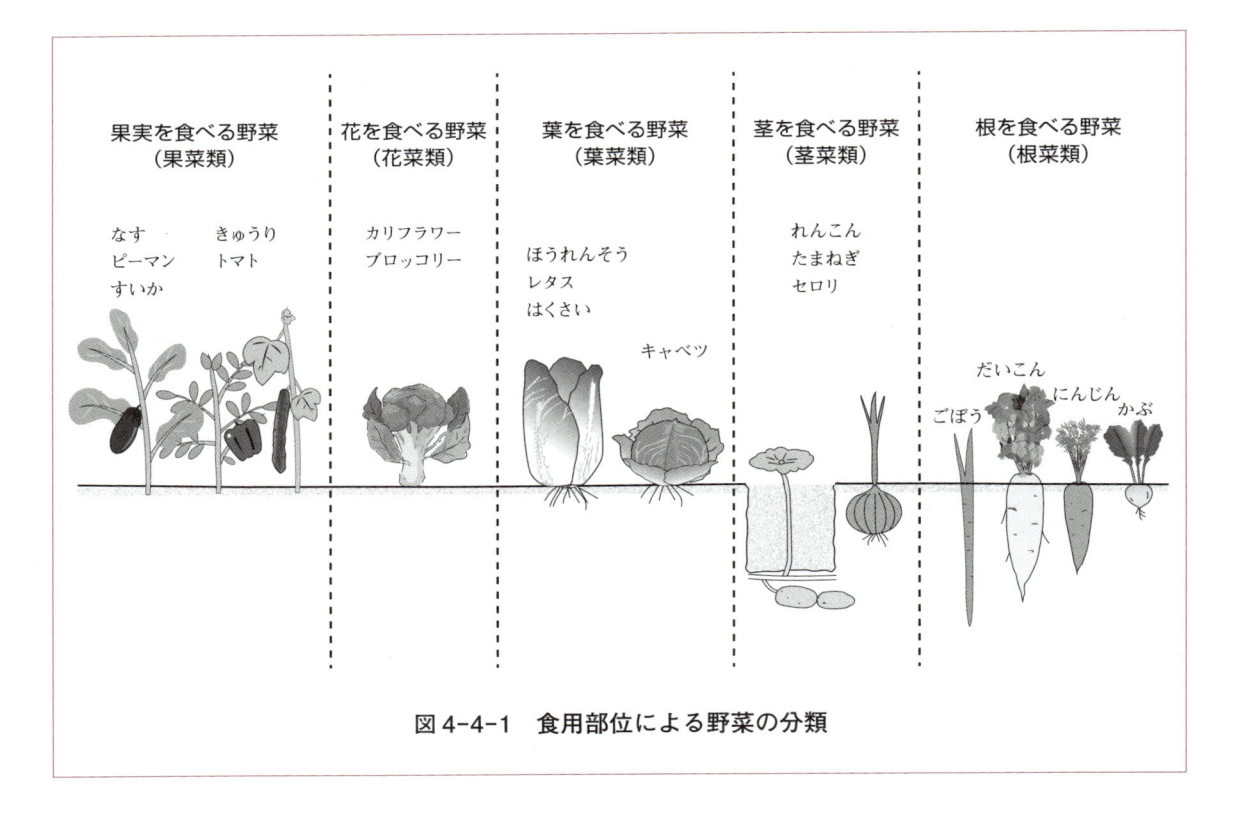

図4-4-1　食用部位による野菜の分類

クロロフィルは酸性条件では，クロロフィル内のマグネシウムが水素に置換され，黄褐色のフェオフィチンとなる。きゅうりを酢漬けしたピクルスが黄褐色なのは，この変化による。茹で野菜の色が退色するのも，この変化による。野菜には有機酸が含まれ，生のときにはクロロフィルと接触しないが，加熱すると組織が壊れ有機酸が遊離し，クロロフィルと接触する。緑黄色野菜をたっぷりの熱湯(材料重量の5倍～10倍程)で茹でるのは，材料投入による温度の低下を防ぎ短時間で茹で上げる目的と，溶出した野菜の有機酸により茹で汁のpHが低下するのを防ぐ目的がある。また茹でる際には蓋をしない，茹で上がったら冷水で急冷する，などの操作も同様の目的で行う。みそ，しょうゆ，食酢などの調味料も酸性であるため，色の変化を防ぐには調味を食べる直前に行うか，加熱した野菜をある程度冷ましてから調味料で和えるとよい。

表 4-4-1　代表的な季節の野菜

| 季節 | 代表的な旬の野菜 |
|---|---|
| 春 | レタス，アスパラガス，キャベツ，山菜，筍，菜の花，タマネギ，にら，ラディッシュ |
| 夏 | とうもろこし，エダマメ，サヤインゲン，冬瓜，ししとう，みょうが，トマト，きゅうり，オクラ，ナス |
| 秋 | ナス，キャベツ，ダイコン，にんじん，白菜，チンゲン菜，セロリ |
| 冬 | 小松菜，白菜，ブロッコリー，カリフラワー，春菊，ねぎ，ほうれん草，ダイコン，れんこん，ごぼう，サラダ菜 |

表 4-4-2　野菜類に含まれる色素とpHによる色の変化

| | 色素名 | 色 | 代表的な野菜 | pHの変化による呈色 | |
|---|---|---|---|---|---|
| | | | | 酸性 | アルカリ性 |
| 脂溶性 | クロロフィル（a, b） | 緑色 | ほうれん草，春菊，ブロッコリー，にら，小松菜 | 黄褐色 | 鮮やかな緑色 |
| | カロテノイド | 黄色，橙色 | にんじん，かぼちゃ，とうもろこし，トマト，オレンジ | 変化なし | |
| 水溶性 | フラボノイド | 無色，白色，淡黄色 | ごぼう，れんこん，カリフラワー，タマネギ | 白色 | 黄・褐色 |
| | アントシアニン | 赤色，青色，紫色 | ナスの皮，赤じそ，ぶどう，いちご，ラディッシュ | 鮮やかな赤紫色 | 青色 |

クロロフィルはアルカリ溶液で加熱すると，側鎖のフィトールが切れ，水溶性で鮮やかな緑色を呈する。山菜を茹でる際，あく抜きのために重曹を用いて茹でると緑色が鮮やかになるのはこのためである。

茹でる際に食塩を添加（茹で水の1～2％程）すると変色をやや抑えることができる。食塩の存在で，クロロフィルと結合しているたんぱく質が変性し，クロロフィルが保護されるためではないかと考えられる[1]。

ほうれん草などの緑黄色野菜を茹でると鮮やかな緑色になるのは，酵素であるクロロフィラーゼが77℃付近で最も活発に働き，クロロフィリドになるためである（図4-4-2）。また，野菜組織中の空気が追い出されることも透明感が増す理由のひとつである。

### ②カロテノイド

赤色や黄色を呈する色素であり，緑黄色野菜の葉緑体にクロロフィルと共に存在する。加熱やpHの変化に比較的強いので，通常の調理においては色の変化はあまりない。表4-4-3に代表的な色素と食品を挙げる。

カロテノイド系色素のカロテンやクリプトキサンチンは，体内でビタミンAに変わるためプロビタミンAとよばれ，栄養成分として重要である。色素は脂溶性のため，炒めものや揚げ物にすると体内への吸収がよい。

### ③フラボノイド（狭義）*

無色～淡黄色の水溶性色素であり，タマネギやかんきつ類などに含まれる。酸性では白，アルカリ性では淡黄緑色に変化する。カリフラワーを白く茹で上げるために茹で水に酢やレモン汁を加えるのは，この性質を利用したものである。また，鉄やアルミニウムと錯体をつくると黄色や青褐色を呈する。タマネギを鉄の包丁で切って放置すると褐変するのはこのためである。

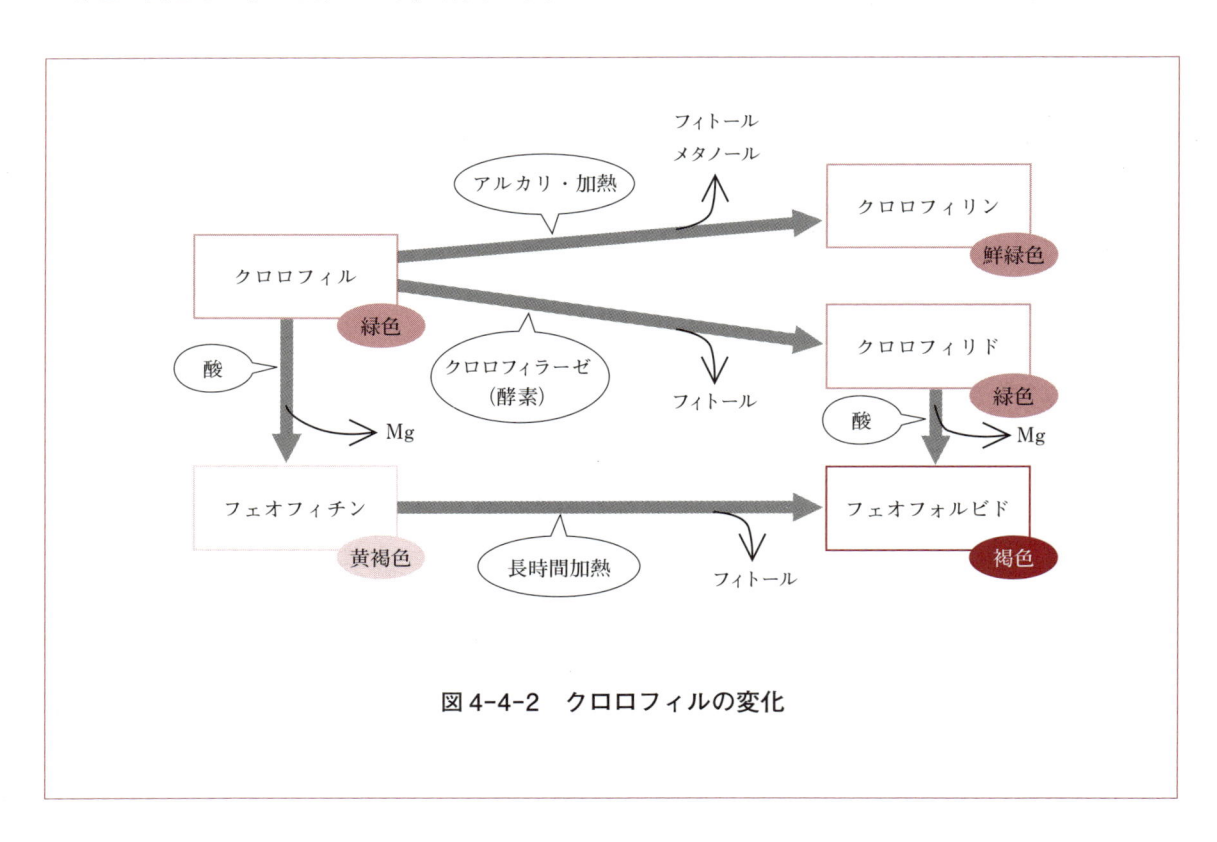

図4-4-2　クロロフィルの変化

### 表4-4-3 主なカロテノイド色素と含有食品例

| カロテノイド色素 | 含有食品例 |
| --- | --- |
| カロテン（α，β，γ） | かぼちゃ，にんじん，小松菜，ほうれん草などの緑黄色野菜 |
| リコピン | トマト，かき，スイカ |
| ルテイン | かぼちゃ，とうもろこし，緑黄色野菜，卵黄 |
| クリプトキサンチン | とうもろこし，ウンシュウミカン，卵黄 |
| カプサンチン | トウガラシ，パプリカ |
| クロセチン | くちなし，サフラン |

\*フラボノイド（狭義）
広義ではアントシアニンもフラボノイドに含まれる。

\*\*ポリフェノール
ポリフェノールとはポリ（たくさんの）フェノールという意味で，分子内にフェノール性ヒドロキシ基を数個以上もつ有機化合物の総称である。ほとんどの植物に含有され，その種類は5000以上におよぶ。前述のフラボノイドやアントシアニンもポリフェノールの一種である。

#### ④アントシアニン

赤や紫色を呈する水溶性の色素であり，ナスの皮やいちご，ぶどうなどに含まれる。酸性で鮮やかな赤色，アルカリ性で青色を呈する。またアルミニウムや鉄はアントシアニンと錯体をつくり，色を安定化させる。ナスの漬物をつくる際はきれいな紫色に仕上げるため，ミョウバン（硫酸カリウムアルミニウム）や鉄釘を用いる。また梅干が赤い色をしているのは，赤ジソの葉に含まれるアントシアニン系色素のシソニンが，梅の酸によって赤くなるためである。しょうがやみょうがを茹でたり熱湯を通したあとに，甘酢につけると赤く発色するが，これも同じ理由である。ナスのナスニンは，100℃以下では退色するが，油で揚げる，炒めるなど高温で加熱すると色が保たれる。

### （2）酵素による褐変

植物性食品には，多種類のポリフェノール\*\*が含まれる。ごぼうやれんこんを切って放置する

ごぼうやれんこんに含まれるクロロゲン酸

**図4-4-3　ポリフェノールの褐変の機構**

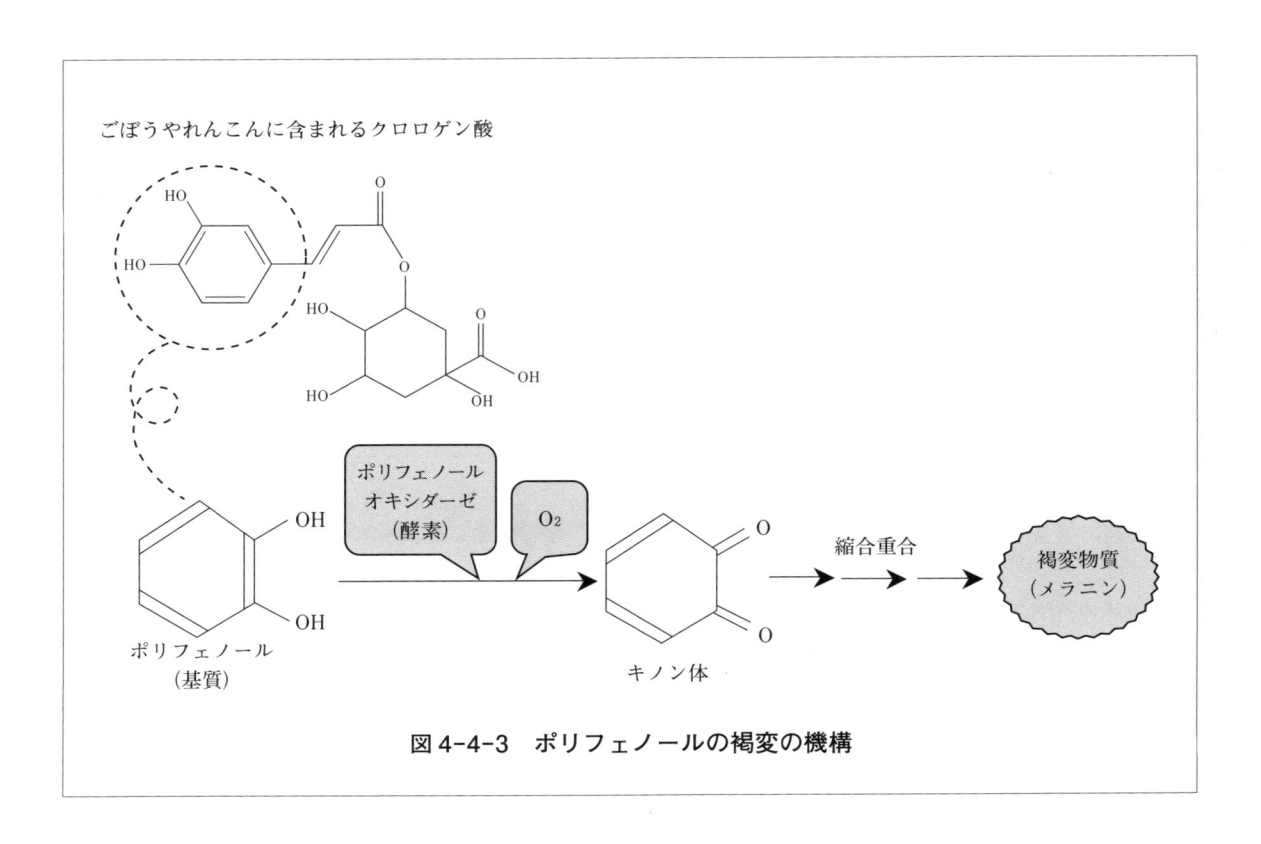

**表4-4-4　あくの種類と成分[2]**

|  | あく成分 | 主な食品 |
|---|---|---|
| えぐ味 | ホモゲンチジン酸, 配糖体, シュウ酸, シュウ酸塩類, 無機塩類 | たけのこ, わらび, ぜんまい, ふき, さといも, こんにゃくいも, やつがしら, ずいき, アスパラガス, ほうれん草, 春菊, よもぎ, メロン |
| 苦味 | アルカロイド, 配糖体, タンニン, サポニン, 無機および有機塩類, 糖やペプチドの誘導体, テルペン, アミノ酸 | ふきのとう, くわい, きゅうり, 冷蔵にんじん, 夏みかん, ビール, コーヒー, ココア, 八丁みそ |
| 渋味 | タンニン類, アルデヒド, 金属類 | かき, くり, 茶, ぶどう類, 未熟な果実や種子 |
| その他の褐変現象 | ポリフェノール類 | うど, ごぼう, れんこん, ナス, やまいも |

と切断面が褐変化する現象がみられるが、これは野菜の細胞内に含まれるポリフェノール、ポリフェノールオキシダーゼ、および酸素の存在によりおきる。ポリフェノール（基質）が切断等により表出し、酸素に触れると酸化酵素であるポリフェノールオキシダーゼが作用し、キノン体を経てメラニン系の褐色物質となる（図4-4-3）。褐変防止には基質、酵素、酸素のうちいずれかを除けばよく、その方法を下記に示す。

① **切り口を水に漬ける**
〔酸素を遮断・基質および酵素を水に溶かす〕

② **酢水（10%程）に漬ける**
〔pHを下げることにより酵素の働きを抑制する〕

③ **食塩水（1%程）に漬ける**
〔酵素の働きを阻害する〕

④ **加熱する**
〔酵素を失活させる〕

⑤ **レモン汁をかける**
〔還元剤添加により酸化を防ぐ・②と同じ目的〕

## （3）あく

野菜は"あく"と呼ばれるえぐ味、渋味、苦味などの不味成分をもつ。これらは少量ならば食品の風味として賞味できるが、多量になると不快感を与えるので、除去する必要がある。あくの成分は、アルカロイド、ポリフェノール（タンニン）、有機酸、無機塩類などであり（表4-4-4）、多くは水溶性のため、茹でることにより除去できる。あくの抜き方には以下のような方法がある。

① **水、食塩水（1%）、酢水（5〜10%）に浸漬する**

ナス、ごぼう、れんこんなどを切って生じる褐変物質を除去する（前項参照）。

② **熱湯で茹でる**

ほうれん草、春菊などのあく成分であるシュウ酸化合物を除去する。

③ **小麦粉や糠を入れて茹でる（茹で水の10%）**

たけのこ、カリフラワーなどを茹でる際には、

MEMO

小麦粉や糠などの澱粉質のものを入れ，澱粉コロイドの吸着作用によりあく成分を除去する。たけのこのえぐ味はホモゲンチジン酸による。

#### ④木灰（茹で水の5％）や重曹（0.3％）を加えて茹でる

あくや重曹のアルカリ作用により，野菜の組織は軟化し，山菜類のあく成分が茹で汁に流出する。

#### ⑤卵白（茹で水の1％）を用いる

卵白が熱により凝固する際，スープのあく成分である浮遊物を吸着する。

### (4) 香り

野菜には爽快感を与えたり，刺激性のある芳香をもつものがあり，香気成分はアルコール類，エステル類，含硫化合物などである。細胞が破壊されると揮発するため，より強い匂いを調理に利用したい場合は，たたき潰したり卸したりする。またわさびのように，酵素の作用により生成する芳香成分もある。

自身のもつ芳香を楽しむ野菜に，みつば，せり，セロリ，パセリ，ゆず，木の芽，香菜などがあり，西洋料理や中華料理では香味野菜として，日本料理では薬味や清汁の吸口などとして利用される。

しょうが，ねぎ，にんにく，山椒，シソなどは，強い刺激臭をもつため，魚や肉の臭み消しや香り付けに利用される。

## 2）野菜の調理
### (1) 生食調理

生の野菜の細胞膜は半透性であり，水は通すが食塩や砂糖などの溶質は通しにくい。野菜の細胞内液の浸透圧は，0.85％食塩水，10％砂糖溶液，あるいは0.2％酢酸溶液と等しい。したがってこれらよりも浸透圧の低い溶液中では，細胞が水を吸い，逆に高い浸透圧の溶液中では細胞内から水が奪われて縮む（図4-4-4）。レタスや白髪ねぎを切ったのちに冷水に浸すとぱりっとするのは，細胞内に水が入り，細胞膜が張ったためである。野菜を調味料で和えるときには，あらかじめ1％程度のふり塩をすると，細胞内の水を適度に追い出し，味のぼけを防ぐとともに調味料の浸透を助ける。

### (2) 加熱調理
#### ①加熱による軟化
ⅰ）pHの影響

野菜の細胞壁間や細胞壁内にはペクチンが存在し，細胞同士をくっつける役割を果たしている。ペクチンはガラクツロン酸がグリコシド結合により直鎖状につながった多糖であり，ガラクツロン酸のカルボキシ基がある程度メチルエステル化された構造をもつ（図4-4-5）。メチルエステル

---

●タマネギを刻むと涙が出るのは？
炒めると甘くなるのは？

タマネギの辛味，刺激臭，催涙性は，プロパンチアールS-オキシドという硫黄を含む成分が直接の原因といわれている。この成分は，細胞の切断や磨砕により，細胞内に存在している酵素と接触すると生成され，揮発性であるため目の粘膜を刺激して涙が出る。

これを防ぐには，①細胞をできる限りつぶさないよう，切れ味のよい包丁で素早く切る。②この刺激物質は水に溶けやすいので，水にぬれた状態で素早く切る。目も水で洗えばなおる。③揮発した成分をなるべく早く発散させるよう，風通しのよいところで切る。④たまねぎ，包丁を冷たくしてから切り，揮発をなるべく抑える，などの方法が効果的である。

また，タマネギをよく炒めると甘味を感じるが，これは加熱によって水分が蒸発し，もともとたまねぎに含まれていた甘味成分のショ糖，ブドウ糖，果糖などが濃縮されると同時に，加熱に伴う組織の軟化や破壊によって，これらの糖が溶出するためと考えられている。また，甘いフレーバーは，加熱により刺激臭成分が分解し，糖の加熱分解により甘い香気成分が生成することが一因と考えられている[3]。

図 4-4-4　植物細胞の吸水と脱水

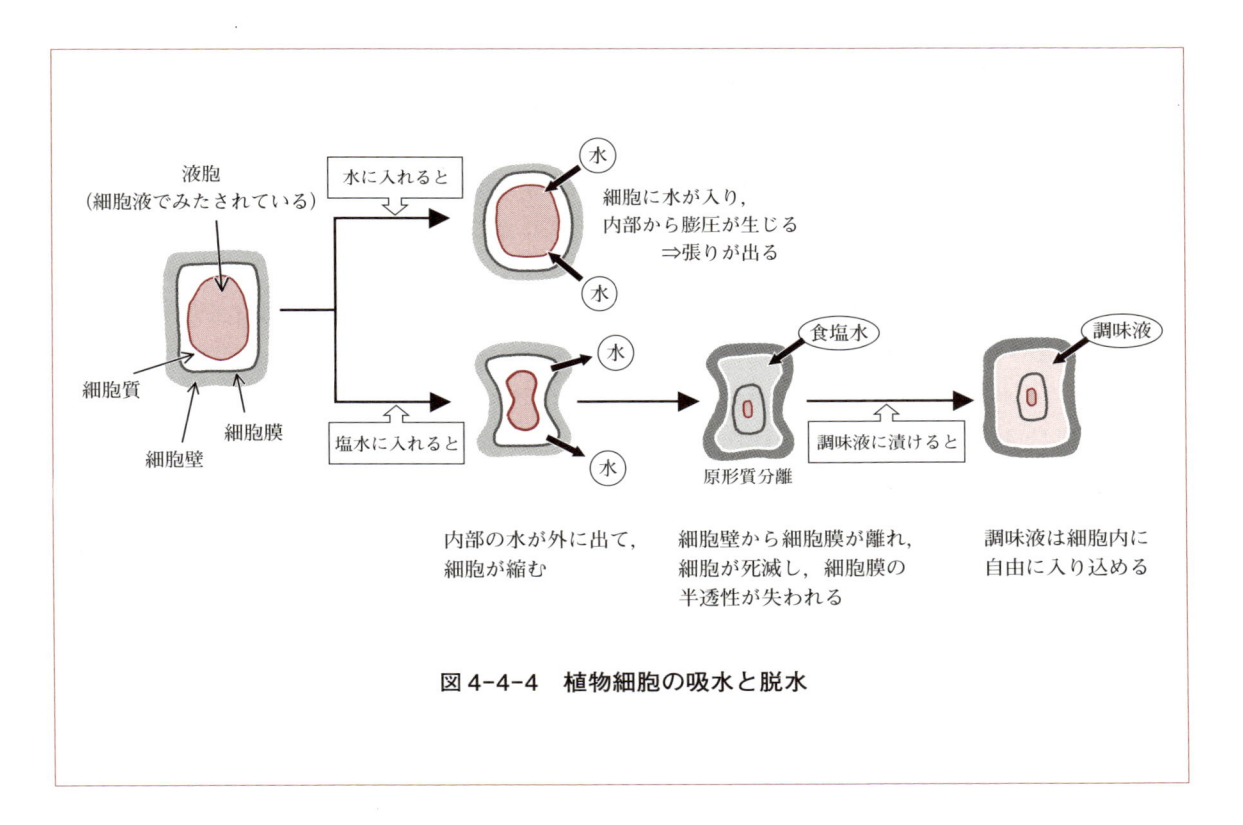

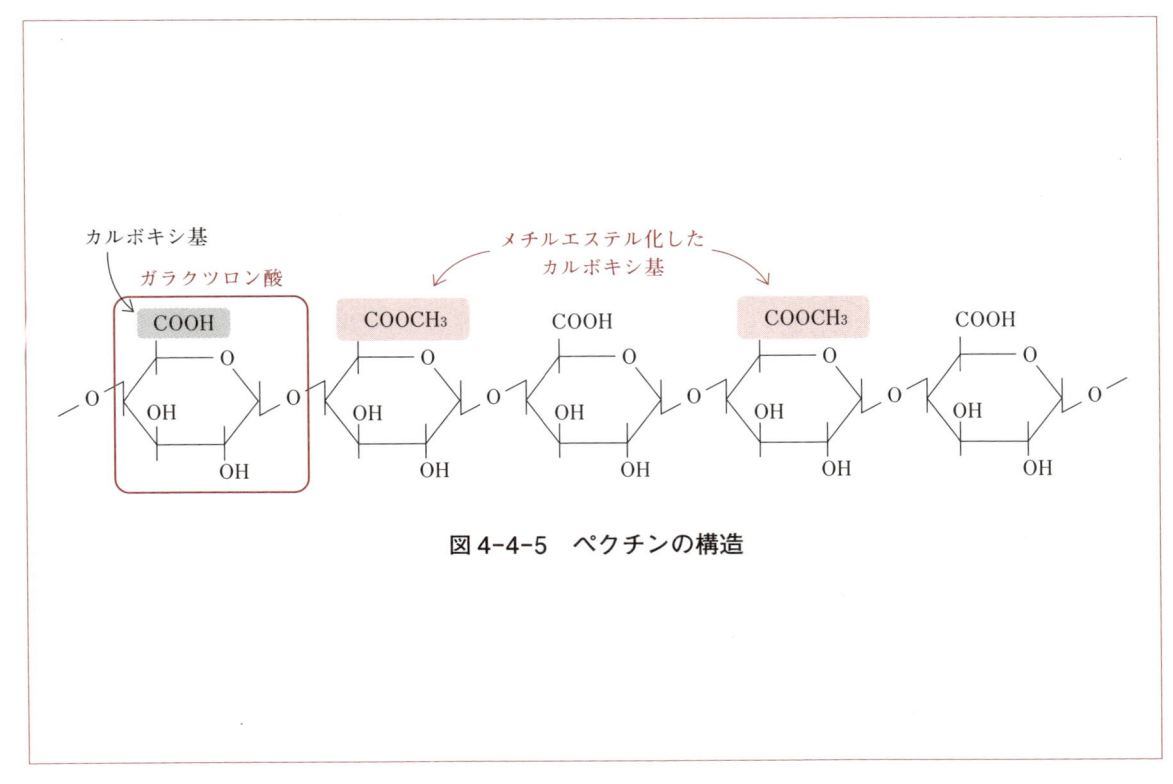

図 4-4-5　ペクチンの構造

化している割合により，高メトキシペクチン，低メトキシペクチンに分類される。

野菜は加熱することにより，軟らかく食べやすくなる。これはペクチンが分解して溶出し，細胞同士の接着性がなくなるからである。野菜を中性またはアルカリ性の条件（pH 5 以上）で加熱すると，ペクチンが $\beta$-脱離（トランスエリミネーション）により分解され，また，酸性条件（pH 3 以下）では加水分解が促され，その結果軟らかくなる（図 4-4-6）。れんこんやごぼうなどを茹でる際に食酢を加えると，シャリシャリしたテクスチャーになる。これは pH 4 程度の弱酸性下で茹でることにより，いずれの分解もおきにくくしている。

### ii）温度の影響

野菜のほとんどは，沸騰水中で加熱すると，速やかに軟化する。しかし，80〜90℃で加熱すると，一度硬くなってから軟化する野菜がある。また，60〜70℃で一度加熱すると，その後 100℃まで水温を上げても，軟化しにくい野菜もある（図 4-4-7）。野菜を加熱すると，軟化と硬化という，相反する現象が同時におきるが，加熱温度により優勢になる方が異なり，両者の兼ね合いで硬さが決まることが知られている。硬化現象は，特に 60℃付近で見られる。この温度帯だと，細胞膜の機能低下によりカリウムイオンなどが膜の外に出て，それにより細胞壁のペクチンメチルエステラーゼが活性化する。この酵素によりメチルエステル化したカルボキシ基は脱エステル化し，細胞内の $Ca^{2+}$ のような 2 価の金属イオンがカルボキシ基に結合して，ペクチン鎖間に新たな架橋構造をつくることが硬化現象の一因としてあげられる（図 4-4-8）。

### iii）無機質の影響

野菜を加熱する際，無機質が存在すると，ペクチンの分解に影響を与える。先に述べたように，

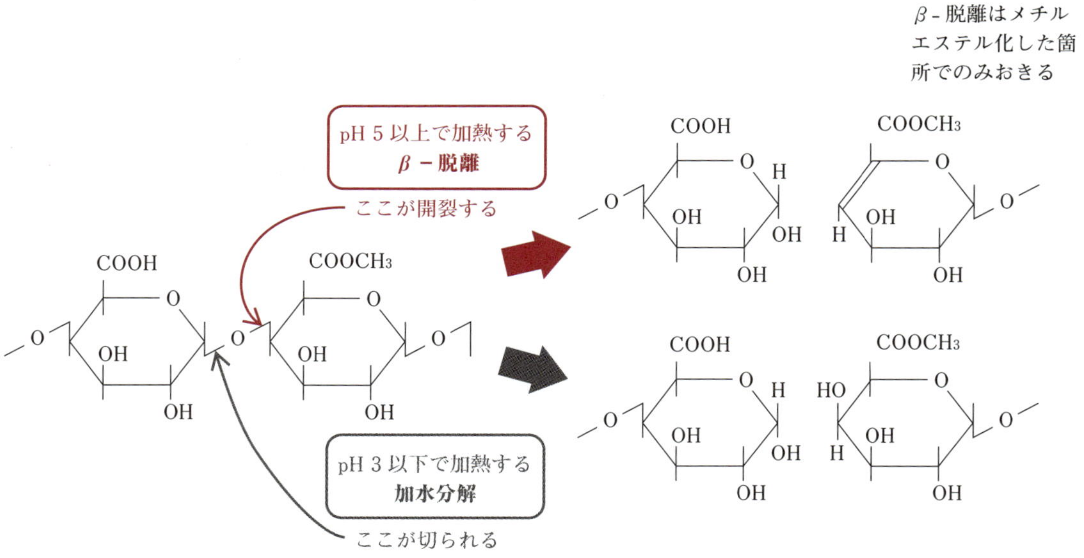

**図 4-4-6　ペクチンの分解**

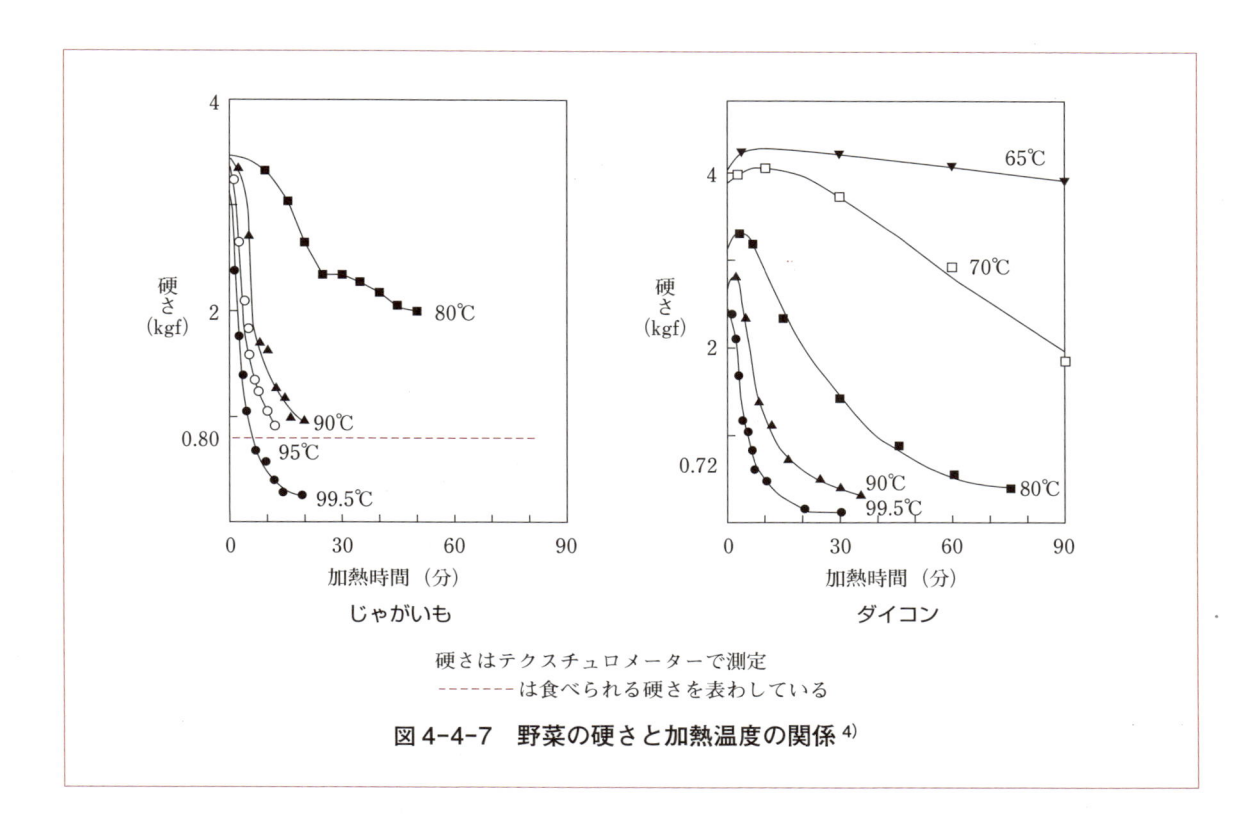

硬さはテクスチュロメーターで測定
------は食べられる硬さを表わしている

**図 4-4-7　野菜の硬さと加熱温度の関係** [4)]

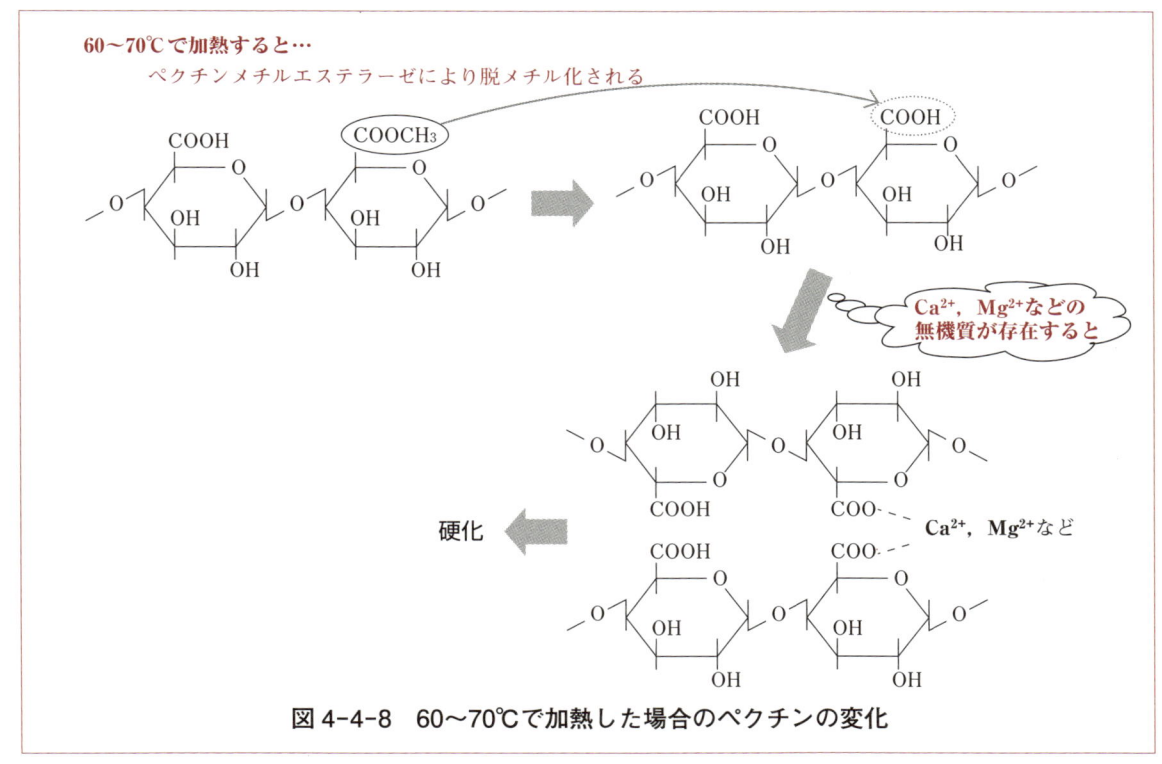

60〜70℃で加熱すると…
ペクチンメチルエステラーゼにより脱メチル化される

Ca$^{2+}$, Mg$^{2+}$などの無機質が存在すると

Ca$^{2+}$, Mg$^{2+}$など

硬化

**図 4-4-8　60〜70℃で加熱した場合のペクチンの変化**

野菜の硬化には$Ca^{2+}$のような2価の金属イオンが作用するが，その他$Mg^{2+}$，$Al^{3+}$なども同様の効果がある。したがって牛乳を入れたりミョウバンを加えたりすると，野菜は硬くなり，煮崩れを防ぐことができる。一方，$Na^+$，$K^+$などの1価の陽イオンは，軟化に効果的である。これはイオンがペクチンのβ-脱離を促すためと考えられている[5]。ダイコンを2％の食塩水で茹でると軟らかくなる。軟化しにくい70℃においてもその影響が顕著に認められる（図4-4-9）。

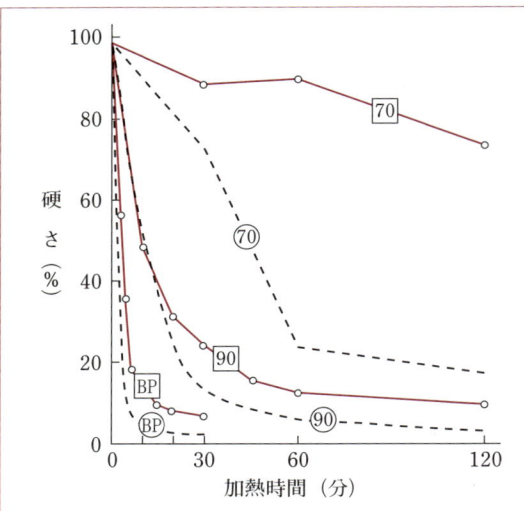

## ②栄養成分の変化

野菜はビタミンや無機質の供給源として重要である。しかし，水溶性ビタミンや無機質は，茹で汁や煮汁に溶出する。茹で加熱の場合は，茹で汁を利用しないので，その損失は大きい。一般に，茹でる，煮るよりも炒める，揚げるなどの調理時間が短い操作の方が損失は少ない。茹でた場合と炒めた場合のビタミンCの残存率の違いを図4-

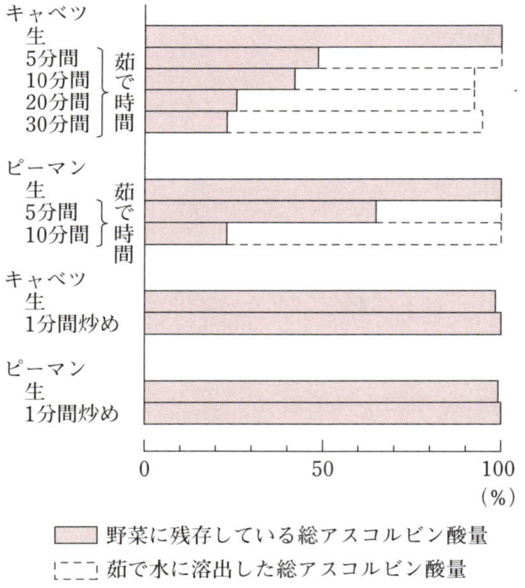

ダイコンを1cm厚さのいちょう切りにし，その中の10片を1Lの水（──○──）または2％食塩水（--○--）に入れ，各温度で0〜120分間加熱した。○および□中の数字は，水溶液の温度，B.P.は沸騰水。硬さは生の試料の硬さ（100）に対する割合で示す。

**図4-4-9　水および2％食塩水で茹でたダイコンの硬さ**[6] より作成

**図4-4-10　調理法の違いによるキャベツとピーマンの総アスコルビン酸残存量の変化**[7] より作成

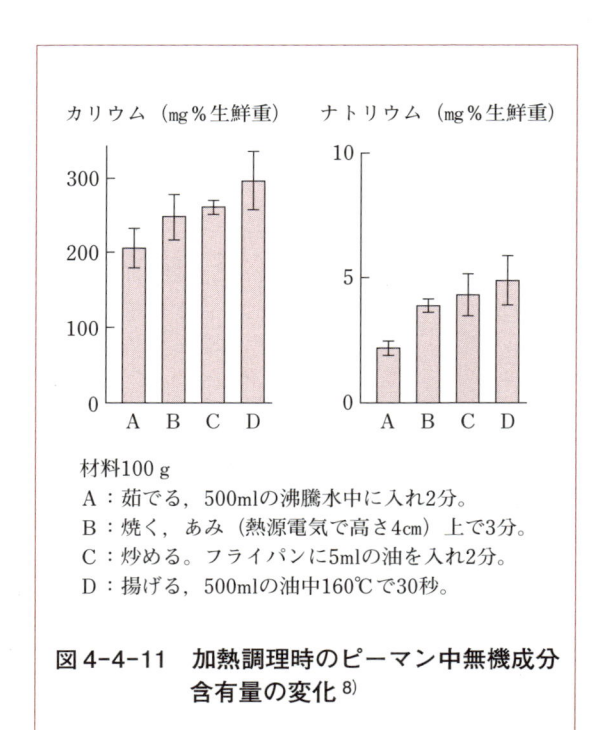

材料100g
A：茹でる，500mlの沸騰水中に入れ2分。
B：焼く，あみ（熱源電気で高さ4cm）上で3分。
C：炒める，フライパンに5mlの油を入れ2分。
D：揚げる，500mlの油中160℃で30秒。

**図4-4-11　加熱調理時のピーマン中無機成分含有量の変化**[8]

4-10に示す。また，ピーマンを異なる調理法で加熱した際の，無機成分含有量を図4-4-11に示す。

　生食できるものでも，細かく切る，卸し金で卸す，水に浸すなどの調理操作によって，水溶性成分を損失する。

　キャベツは刻んでから水洗いをしたり，水に浸漬したりしてパリッとさせることが多い。表4-4-5に示すように，このような操作によりキャベツの総ビタミンC量は減少する。また，細かく切るとその減少率は増加する。また，図4-4-12に示すように，切断後に長時間外気にさらされている市販のカット野菜も，酸化分解によりビタミンC量が減少しやすい。

　ダイコンやごぼうは前処理として，食塩水や酢水に浸漬することが多い。図4-4-13は浸漬水への無機成分の溶出量を示す。浸漬により，カルシウムやマグネシウム，カリウムなどは損失する

MEMO

### 表4-4-5　キャベツの切り方，または水浸漬による総ビタミンC量の変化[9]より作成

|  | 総ビタミンC量<br>（未処理を100とする） |
|---|---|
| 未処理 | 100 |
| 2mm幅に千切り後，水洗い | 87 |
| 1mm幅に千切り後，水洗い | 76 |
| 2mm幅に千切り後，30分間水浸漬（25℃） | 77 |

キャベツの葉20gを試料とし，各処理後，残存している総ビタミンC量を定量し，未処理に対する割合で示した。

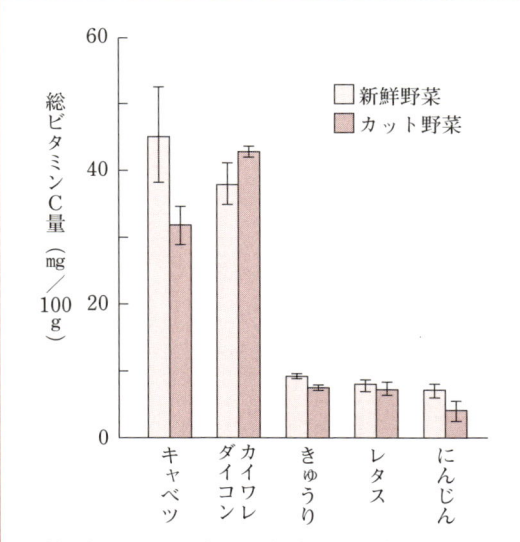

製品管理の行き届いた2店舗を選び，同じ店で新鮮野菜およびサラダ用切断野菜を購入し，総ビタミンC量を測定した。

**図4-4-12　新鮮野菜と市販のサラダ用切断野菜の総ビタミンC量の比較**[10]より作成

A. ダイコン　　　　　　　　　　　　B. ごぼう

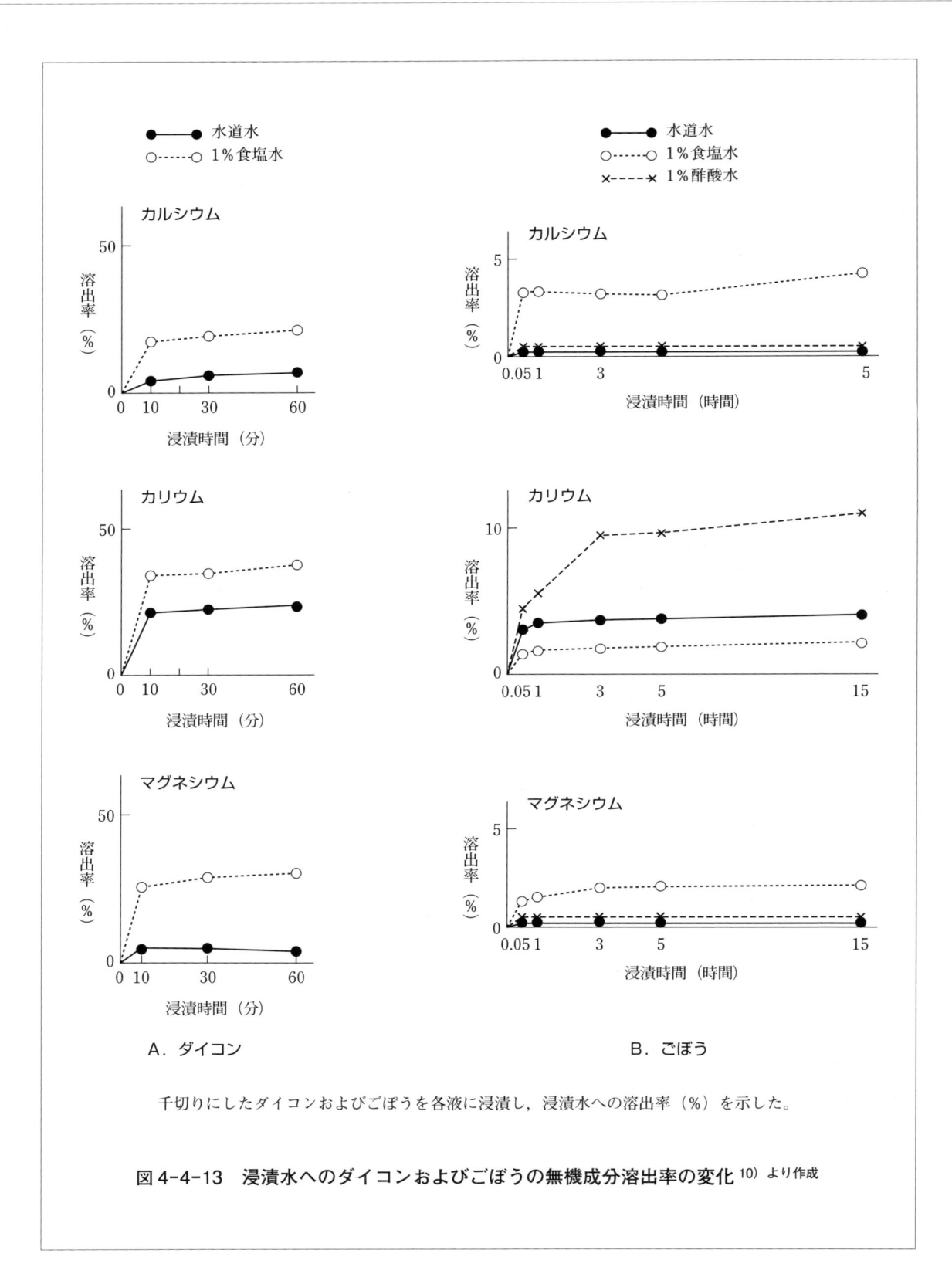

千切りにしたダイコンおよびごぼうを各液に浸漬し，浸漬水への溶出率（％）を示した。

**図 4-4-13　浸漬水へのダイコンおよびごぼうの無機成分溶出率の変化** [10] より作成

ため，長時間の浸漬は避けた方がよい。

にんじん，きゅうり，パセリ，ピーマンなどは，ビタミンCを分解するアスコルビン酸オキシダーゼを多く含む。鍋物料理で使う紅葉おろしは，おろしダイコンにおろしにんじんを4：1程度の割合で混ぜ合わせて作る。両者を混ぜ合わせてから長時間おくと，にんじんに含まれる酵素によりダイコンのビタミンCが壊されるため，食べる直前に合わせるか，食酢かレモン汁を加えて酸性にし，酵素が働きにくいpHにするとよい。にんじんの代わりにトウガラシを用いたトウガラシ紅葉おろしは，赤みと同時に適度な辛味を加え，またダイコンのビタミンCを残すこともできる（図4-4-14）。

【参考文献】
1) 高橋里香，中西洋子，丸山悦子，梶田武俊「緑色野菜の加熱による退色の防止に関する研究：第1

MEMO

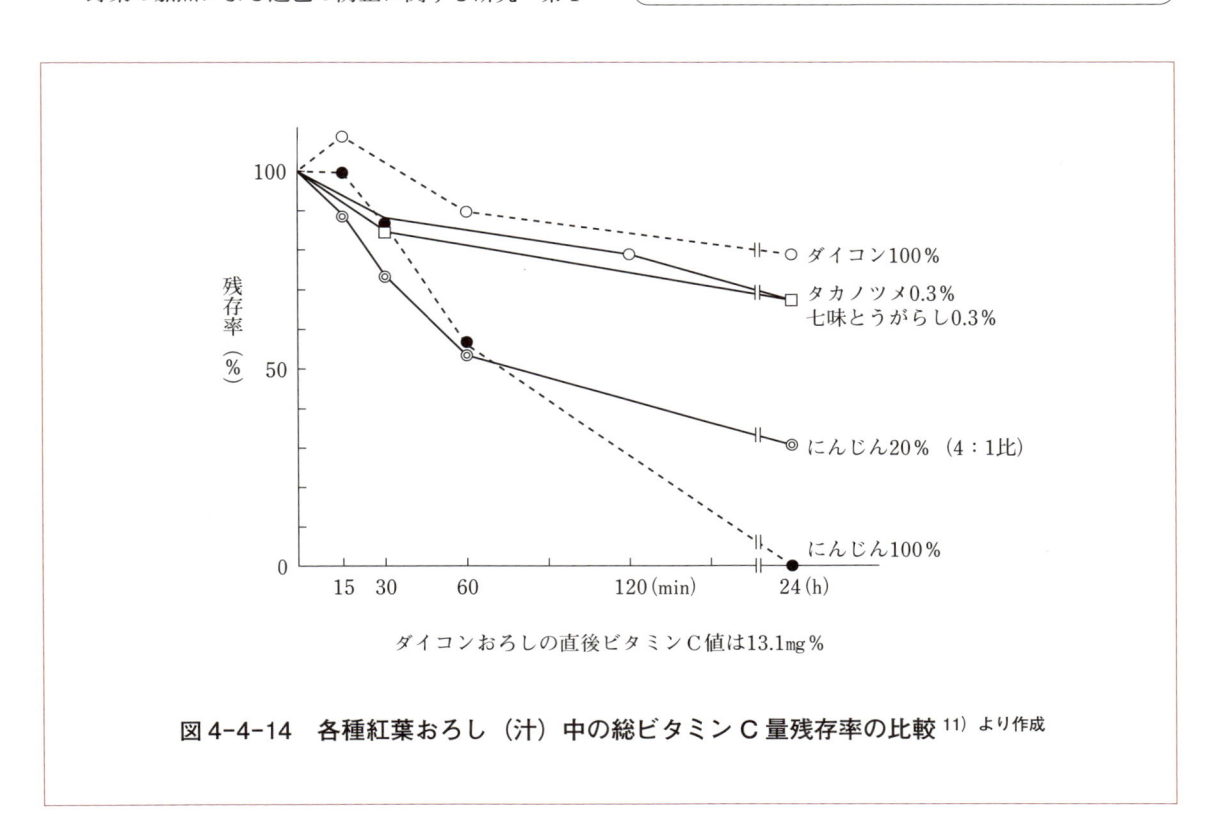

図4-4-14 各種紅葉おろし（汁）中の総ビタミンC量残存率の比較[11]より作成

ダイコンおろしの直後ビタミンC値は13.1mg%

・ダイコン100%
・タカノツメ0.3%
・七味とうがらし0.3%
・にんじん20%（4：1比）
・にんじん100%

報：各種食塩の影響」近畿支部第 11 回研究発表会講演要旨，vol.18（3），p.63 - 64，1985
2）調理科学研究会編，長谷川千鶴，丸山悦子『調理科学』p.91，光生館，1984
3）時友裕紀子，山西貞「加熱タマネギの甘いフレーバーについて」日本家政学会誌，vol.44（5），p.347 - 353，1993
4）松裏容子，香西みどり，畑江敬子，島田淳子「野菜の最適加熱時間の予測」日食工誌，vol.36，p.97 - 102，1989
5）M. J. H.Keijbets and W. Pilnik：$\beta$-Elimination of pectin in the presence of anions and cations, Carbohydr. Res., vol.33（2），p.359 - 362，1974
6）田村咲江「野菜の煮熟軟化の機構について（第1報）ダイコン根部の煮熟軟化に及ぼす食塩添加の影響」日本家政学会誌，vol.38（5），p.375 - 381，1987
7）桐渕壽子，川嶋かほる「調理時におけるアスコルビン酸の変化」日本家政学会誌，vol.38（10），p.877 - 887，1987
8）畑朝美『食品の物性 第 14 集』p.226 - 227，食品資材研究会，1988
9）大羽和子「野菜の切断・放置，生食調理に伴うビタミン C 量およびアスコルビン酸オキシダーゼ活性の変化」日本家政学会誌，vol.41（8），p.715 - 721，1990
10）畑明美，南光美子「浸漬操作による野菜，果実中無機成分の溶出の変化」調理科学，vol.16（1），p.52 - 56，1983
11）林宏子「紅葉おろしのビタミン C」調理科学，vol.23（4），p.361 - 366，1990

## 5　きのこの調理

きのこは葉緑素をもたない菌類の一種である。日常における使用量は少ないため，栄養面よりも味，香り，テクスチャーなどの嗜好面から利用されることが高い。生では水分が 90％前後あり，各種酵素を含むので変質しやすい。そのため低温で保存し，なるべく早く食するのがよい。乾物や缶詰にしたものも市場に多く出回っている。現在は人工栽培が主流であるが，マツタケ，トリュフなどは天然産になるので高価である。

しいたけはうま味を利用するために使われることが多い。うま味成分は，主として 5'-グアニル酸であり，もともとそのままの形でしいたけに含まれるのではなく，核酸が加熱という調理過程において，酵素ヌクレアーゼにより分解されて生じる。しかし生成した 5'-グアニル酸は，同じくしいたけに内在する酵素ホスファターゼにより分解

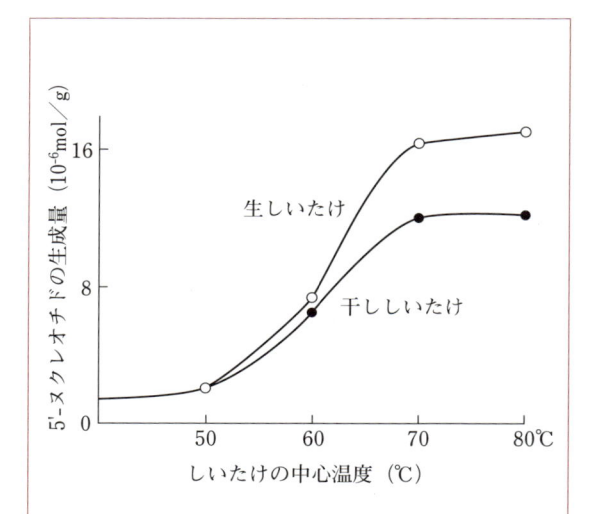

生しいたけまたは水にもどした干ししいたけを倍量の水と加熱し，しいたけの中心温度が各温度に到達した点での 5'-ヌクレオチド量を測定した。

**図 4-5-1　しいたけの加熱過程における 5'-ヌクレオチドの生成**[1]

されてしまう。すなわち，ヌクレアーゼを働かせて，ホスファターゼの働きを抑えれば，うま味成分の生成量は多くなる。この観点から考えると，50〜70℃の温度域を5℃／分前後で加熱するのがよいと考えられている（図4-5-1）。

干ししいたけは，生しいたけを長時間，60℃程度までの熱風で乾燥させてつくる。使う際には水戻しを行うが，5℃の水で戻すと，戻してから加熱した際のうま味物質が多くなる（図4-5-2）。ただし5℃の場合は，吸水率から考えると，戻し時間に5〜6時間は要する（図4-5-3）。干ししいたけのおいしさは，菌傘（きのこの傘の部分）の厚さとの相関が高く，菌傘が肉厚の冬菇は，肉薄の香信よりも，噛んだときに液汁が継続的ににじみ出て，おいしさが持続するために好まれる（図4-5-4）。

表4-5-1に各種きのこの特徴と調理例を示す。

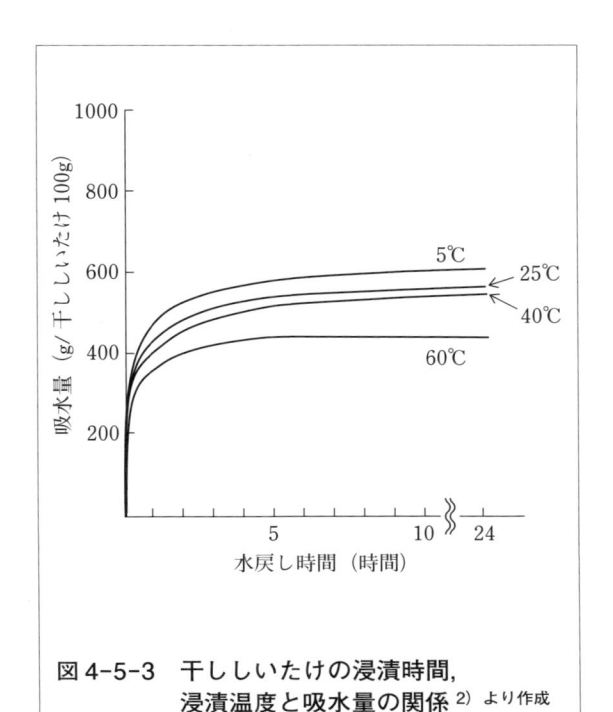

**図4-5-3 干ししいたけの浸漬時間，浸漬温度と吸水量の関係**[2)] より作成

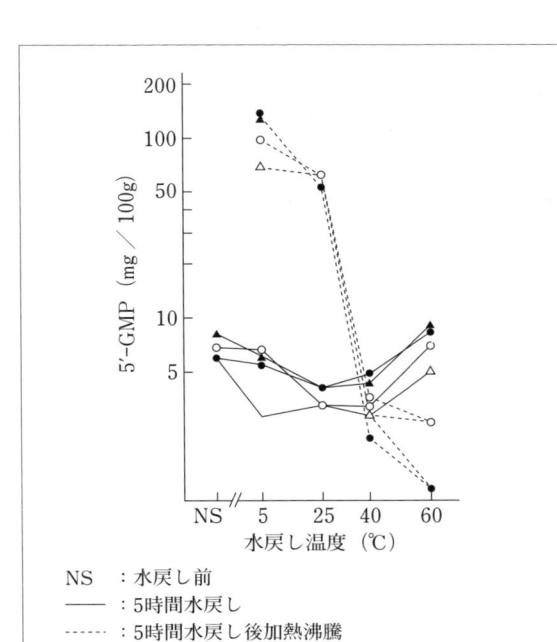

**図4-5-2 干ししいたけの水戻し温度と加熱が5'-GMP量に及ぼす影響**[2)]

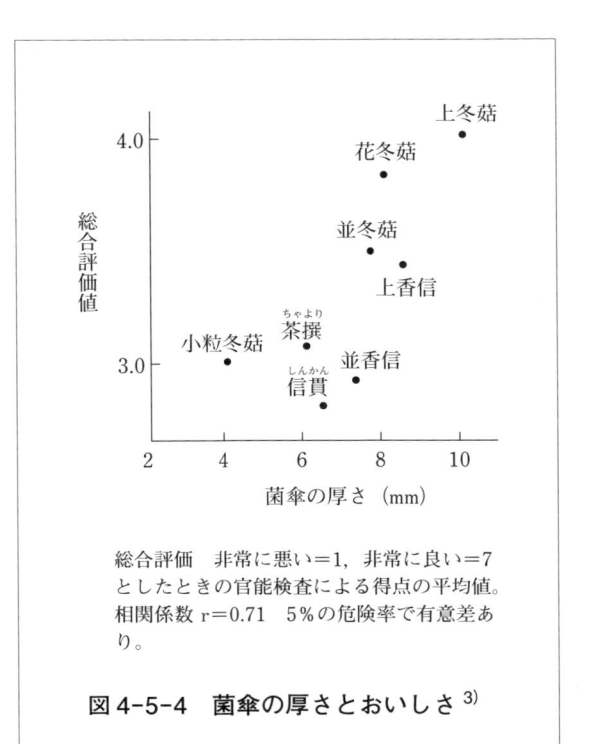

NS ：水戻し前
――― ：5時間水戻し
‥‥‥ ：5時間水戻し後加熱沸騰
● ：並香信，▲ ：上香信，○ ：並冬菇，△ ：花冬菇

**図4-5-4 菌傘の厚さとおいしさ**[3)]

総合評価 非常に悪い＝1，非常に良い＝7としたときの官能検査による得点の平均値。
相関係数 r＝0.71 5％の危険率で有意差あり。

表4-5-1 きのこの特徴と調理例

| 名　称 | 特　徴 | 調理例 |
|---|---|---|
| まつたけ | 天然きのこであり，高価である。秋に採れる。香り高く，その成分はケイヒメチルとマツタケオールの混合物である。洗浄は汚れをふきとるか軽く洗う程度にする。 | 土瓶蒸し，吸い物，焼き物，まつたけご飯 |
| しいたけ | 生・乾燥品ともに全国的によく用いられる。生しいたけはテクスチャーが好まれる。干ししいたけは傘の開く程度から冬菇と香信に分けられ，特有の香りとうま味を有する。うま味成分は5'-グアニル酸によるもので，調理過程で生成される。 | 多くの調理に用いられる。特に中国料理には欠かせない。生しいたけは日本料理に用いられることが多い。 |
| えのきだけ | えのき，くわなどの切り株に生える。白色と粘質性の歯ごたえが好まれる。光にあてて栽培すると褐色，淡黄褐色になる。 | 和え物，汁物，鍋物 |
| しめじ | 「香りまつたけ味しめじ」といわれ，5'-アデニル酸や5'-グアニル酸が多いため味がよい。ほんしめじは人工栽培が難しく生産量が少ない。ひらたけが'しめじ'の名で，ぶなしめじが'ほんしめじ'の名で売られていたりする。 | きのこ飯，吸い物，和え物，炒め物 |
| まいたけ | 特有の香りをもち，味もよい。機能性（抗腫瘍性）をもつβ-グルカンを多く含む。 | 炒め物，鍋物，炊き込み飯，揚げ物 |
| なめこ | 粘質物の多いきのこを総称していう。粘液は食物繊維のムチン。缶詰の市販品も多い。 | 汁物，和え物，揚げ物 |
| マッシュルーム | ヨーロッパを中心に，世界で最も多量に生産されている。市場にはホワイト種とブラウン種が多い。まろやかな味とテクスチャーが好まれる。切ると食品中のポリフェノールが褐変するため，レモン汁などをかける。遊離アミノ酸が多い。 | 西洋料理のソース，スープ，サラダ，炒め物 |
| エリンギ | ヨーロッパや北アフリカに自生しているが日本ではすべて栽培種。90年代に日本へ入ってきた。縦の方向への繊維質が強く，歯ごたえがある。 | 炒め物，炊き込み飯 |
| きくらげ | 乾物を戻して使うことが多い。しろきくらげとくろきくらげがあり，無味ではあるがこりこりとしたテクスチャーが好まれる。 | 中国料理の炒め物，和え物，精進料理 |
| トリュフ | イタリアのピエモンテ州の白トリュフと，フランスのペリゴール地方の黒トリュフが有名であり，高価。地下深くに生えるので，豚や犬を用いて採取する。香りが非常に強い。 | フランス料理 |

【参考文献】
1）遠藤金次「シイタケを煮る」調理科学, vol.22 (1), p.58 - 62, 1989
2）青柳康夫, 菅原龍幸「干し椎茸の水もどしに関する一考察」日本食品工業学会誌, vol.33 (4), p.244 - 249, 1986
3）調理科学研究会編, 松本仲子『調理科学』p.389, 光生館, 1984

## 6　藻類の調理

### 1）藻類の種類と栄養特性

　藻類は, 海藻の褐藻類, 紅藻類, 緑藻類, 淡水藻の藍藻類に分類される（表4-6-1）。海藻の色は太陽光が届く量に左右され, 浅瀬は緑藻, 深くなるにつれて褐藻, 紅藻となる。日本は世界一の海藻利用国であり, のり, こんぶ, わかめ, ひ

表4-6-1　海藻の種類と利用法[1] より作成

| 分類 | 含有色素 | 種類 | 利用法 |
|---|---|---|---|
| 緑藻類 | クロロフィル カロテノイド | あおのり ひとえぐさ かわのり | 青のり, もみ青のり（乾燥品） 青のり（乾燥品）, 佃煮の原料 生産量が少ないので珍味品（乾燥品） |
| 褐藻類 | フコキサンチン クロロフィル カロテノイド | 昆布 わかめ ひじき もずく まつも あらめ | だし（乾燥品）, とろろこんぶ, 塩こんぶ, こぶ茶などに加工 酢の物, 和え物, 汁の実, サラダ（生, 塩蔵, 乾燥品） 炒め煮, 和え物, サラダ（煮干し品） 酢の物, 汁の実, 雑炊（生, 塩蔵） 酢の物, 汁の実（生, 塩蔵, 乾燥品） 煮物（乾燥品）, 酢の物, 汁の実（生） |
| 紅藻類 | フィコエリスリン フィコシアニン クロロフィル カロテノイド | あまのり てんぐさ おごのり | 焼きのり, 味付のり（焙乾品） 寒天, ところてんの原料 さし身のつま, 酢の物, サラダ（塩蔵） |
| 藍藻類 | フィコシアニン クロロフィル カロテノイド | かわたけ （水前寺のり） | さし身のつま, 汁の実（塩蔵, 乾燥品） |

じき，もずくなどは全国的に流通している。生のまま食したり，乾燥，塩漬したものを調理に利用したりするほか，紅藻のてんぐさやおごのり類は，ところてんや寒天の原料として利用される。また，褐藻類から抽出されるアルギン酸は，増粘性，保水性に優れるため，増粘剤，離水防止剤などの添加物として利用され，紅藻類から抽出されるカラギーナンは，ゲル化剤，増粘剤，乳化・安定剤として利用される。

　食品の中で，無機質の含有量が最も多い。それは海水中に存在する約45種類の元素を，藻類の表面組織が，必要に応じて自由に取り込む機能をもつためである。またビタミン類はA, $B_1$, $B_2$, C, ナイアシンなどを多く含む。欧米では海藻のことを"sea vegetable（海の野菜）"とよぶ。

　藻類の成分の中では糖質が最も多く，食物繊維が多いのも特徴である。粘質の多糖類が乾燥藻類の40〜60％を占め，高等植物の澱粉とは性質が異なる。

## 2）嗜好的特性および調理性
### （1）昆布

　日本料理の"だし"の素材として最も代表的に使われ，その他にも，煮物やつくだ煮，こぶしめ等さまざまな調理に利用される。また，加工品にも用いられる。国内生産量の95％は北海道で採取され，だし用は真昆布，羅臼昆布，利尻昆布が適し，煮物には日高昆布（三石昆布），長昆布が適する。

　昆布の表面についている白い粉は，炭水化物であるマンニットで，ショ糖の60％程度の甘味をもつ。したがって，昆布を水洗いするとこの甘味成分が溶出してしまうので，硬く絞った布巾で軽く拭く程度にする。主なうま味成分はグルタミン酸ナトリウムであり，水に浸漬した昆布のだしは最も雑味がない。加熱抽出の場合は，だしに粘度

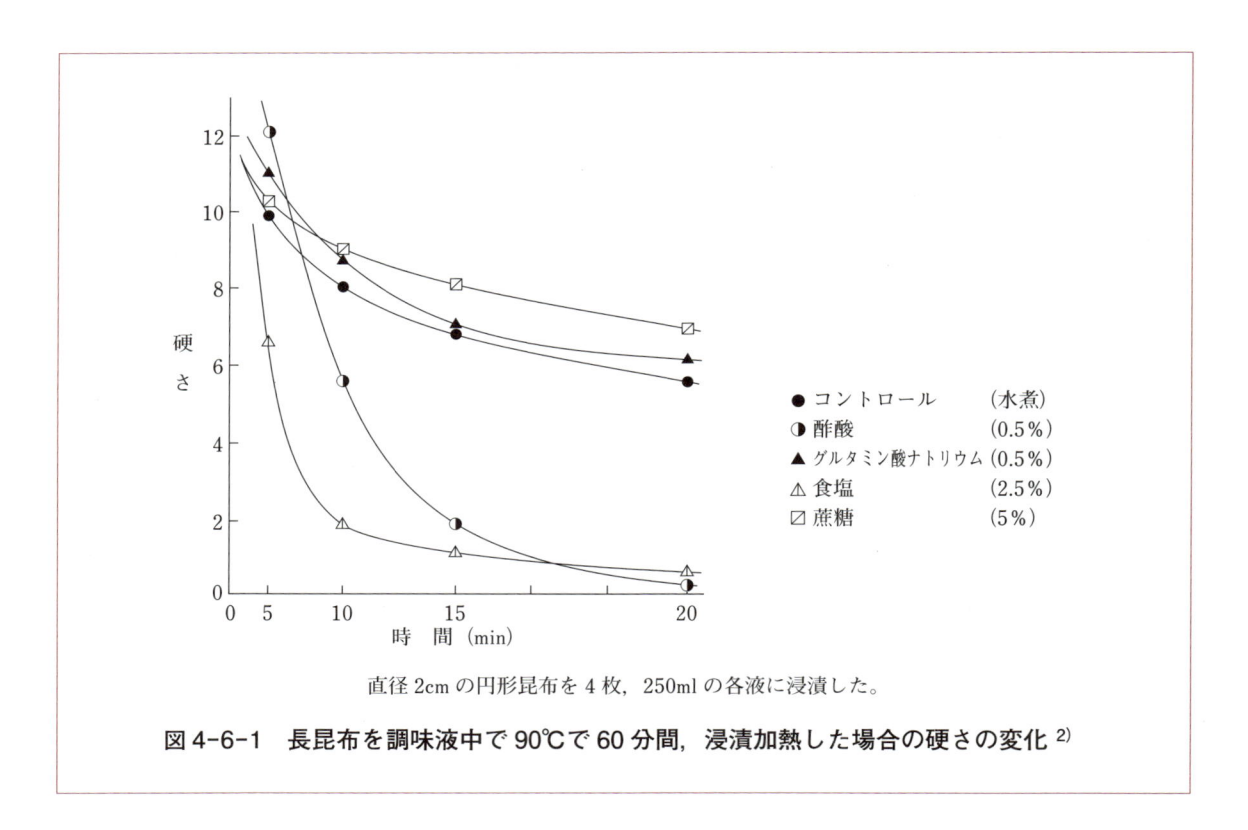

直径2cmの円形昆布を4枚，250mlの各液に浸漬した。

**図4-6-1　長昆布を調味液中で90℃で60分間，浸漬加熱した場合の硬さの変化**[2]

が出たり，昆布臭が強くなりすぎないよう，沸騰直前で昆布を取り出す。

　乾燥昆布を水戻し後，だしをとる過程で無機質成分は溶出する。煮昆布やつくだ煮を作る場合は長く加熱するが，60分間ほど加熱するとかなりの無機成分が流出する。しかし，無機成分の中でカルシウムだけは流出しにくく，これは細胞壁の構成成分である多糖類のアルギン酸*と強く結合しているためである。

　昆布を煮る際，有機酸や食塩を加えると軟化を促進させる[2]（図4-6-1）。これらは，細胞壁のアルギン酸の遊離や重合度の低下，また食塩のナトリウムによる水溶性アルギン酸ナトリウムの水和等が一因であるといわれ[3]，細胞壁の構造も粗になることが知られている[4]。

### （2）わかめ

　天然と養殖があり，2～3月の旬の時期には市場に生わかめが流通し，それ以外は塩蔵品，乾物（素干し，灰干し）として出回っている。酢の物，煮物，汁物，サラダなどに用いられ，湯通しして切断後乾燥したカットワカメは，インスタント食品の具などに用いられる。

　使用する際は塩や灰を洗い流して，乾物はもどして用いる。一般にわかめの水戻し時間は5～10分程度であり，水で戻すと塩蔵は約4倍，素干しは約6倍，灰干しは約15倍重量が増加する[5]。昆布と同様に，水浸漬のみでも無機成分は溶出し，ヨウ素の溶出割合が最も高く，一方でカルシウムは溶出しにくい（図4-6-2）。

　わかめは褐色だが，熱湯を通すとたんぱく質と結合していたフコキサンチンが遊離し，鮮やかな緑色となる。わかめは歯ごたえが食味のうえで重要であり，不溶性のアルギン酸が寄与すると考えられている[6]。煮熟すると腰が失われて溶けたような状態になり，5％程の酢酸溶液に浸漬すると逆に硬化する（図4-6-3）。軟化には水溶性アルギン酸の溶出とアルギン酸分子の分散状態にお

---

**＊アルギン酸**

アルギン酸は昆布，わかめ，ひじきなどの褐藻類の細胞壁に含まれ，D-マンヌロン酸とL-ガラクツロン酸が$\beta$-1,4結合した多糖である。アルギン酸は水に溶けないが，ナトリウム塩では水に溶けて粘ちゅうな溶液となるため，増粘剤としてアイスクリームやソースに利用される。

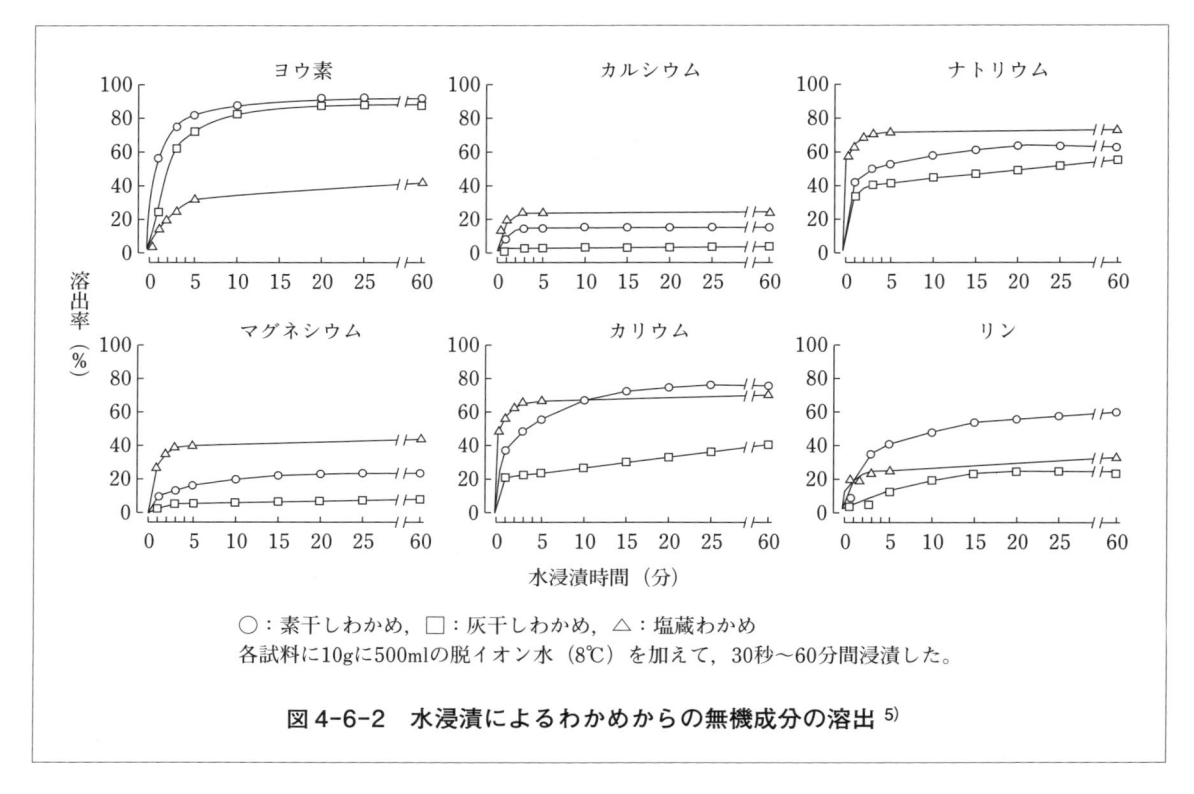

**図4-6-2 水浸漬によるわかめからの無機成分の溶出**[5]

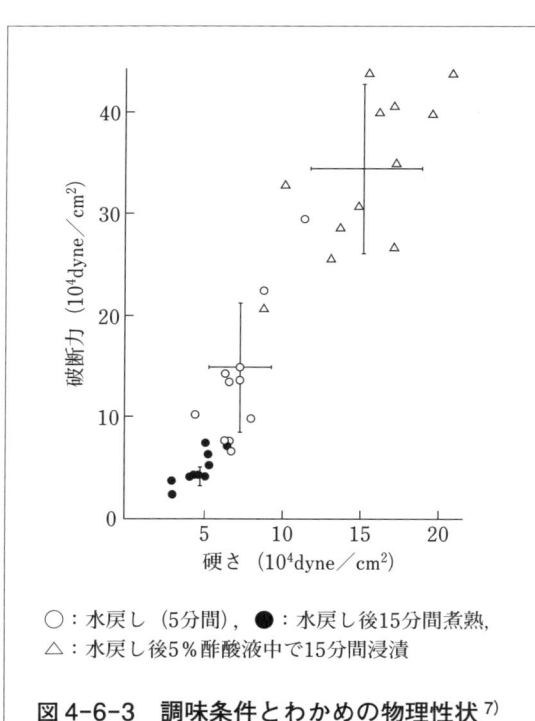

○：素干しわかめ，□：灰干しわかめ，△：塩蔵わかめ
各試料に10gに500mlの脱イオン水（8℃）を加えて，30秒～60分間浸漬した。

○：水戻し（5分間），●：水戻し後15分間煮熟，
△：水戻し後5％酢酸液中で15分間浸漬

**図4-6-3 調味条件とわかめの物理性状**[7]

ける変化が，硬化には不溶性アルギン酸量の増加が要因と推測される[7]。

### (3) ひじき

長崎，千葉などで採取され，タンニンによる渋味を取り除くため煮沸し，乾燥したものが市販される。カルシウム，食物繊維以外に鉄も多く含み，優れた栄養食品となっている。炒め煮や下味をつけて和え物にすることが多い。市販乾燥品の水浸漬による吸水膨潤率は，20分間で5倍程度である。

### (4) もずく

北海道から沖縄まで日本各地の沿岸に広く分布する。海藻に付着して育つため，「藻に付く」という意味の「藻付く」が名前の由来とされている。粘性多糖類のフコイダンが粘りの成分である。使用する際は，塩分やごみを洗い流して水を切り，酢の物，汁の実などに用いる。

### (5) のり

通常，浅草のりとして食用とされているものは，

紅藻類アマノリ属のアサクサノリ，スサビノリなどの数種類を原藻として用い，1枚2〜3gの板状に加工される。乾ノリは色素の含有が品質に大きく関わり，高級品ほど色素のフィコエリスリン（紅色）およびフィコシアニン（青色）の含有量が高い。また品質の高いのりが黒く見えるのは，これらの色素以外にクロロフィルが関与する。乾のりは中表に2枚合わせ（つやのよい方が表），強火の遠火でゆっくりあぶって用いる。あぶると出るこうばしい香りはジメチルスルフィドによる。また本来の暗紫色が消失して青緑色に変色するのは，フィコエリスリンから水素がとれてフィコシアニンに変わり，またクロロフィルの残存が多いためと考えられている。

　あおのりは緑藻類に属する。香気成分に富むため，とろろ汁やお好み焼きなど，各種の料理にふりかけて食することが一般的である。

**【参考文献】**

1) 川端晶子，大羽和子編，大羽和子『新しい調理学』p.128, 学建書院, 2004
2) 奥田弘枝，中川禎人「乾燥コンブの軟化度に及ぼす調味成分の影響（第1報）」調理科学, vol.20 (4), p.341 - 346, 1987
3) 中川禎人，奥田弘枝「乾燥コンブのアルギン酸の性状に及ぼす調味成分の影響」調理科学, vol.24 (2), p.108 - 112, 1991
4) 奥田弘枝，中川禎人「乾燥コンブの軟化度に及ぼす調味成分の影響（第2報）」調理科学, vol.20 (4), p.347 - 354, 1987
5) 関本邦敏，遠藤昭夫，片峯伸一郎「素干し，灰干し，および塩蔵ワカメの水戻し処理による6種のミネラル類溶出の比較」日本栄養・食糧学会誌, vol.39 (1), p.67 - 70, 1986
6) 佐藤孜郎，佐藤邦子「わかめの物理性状とアルギン酸について」家政学雑誌, vol.28 (7), p.463 - 466, 1977

MEMO

7) 佐藤邦子, 佐藤孜郎「物理条件とわかめの物理性状およびアルギン酸の性状について」家政学雑誌, vol.28 (7), p.467 - 470, 1977

## ◆ 演習問題

**問題1．** 米とその製品の調理に関する記述である。正しいものはどれか。2つ選べ。
 a　うるち米飯は，もち米飯よりも水分が少ない。
 b　もち米を蒸す場合は，不足する水分を振り水で補う。
 c　寿司飯は，加水量を寿司酢の分だけ少なくして炊く。
 d　上新粉は，冷水を用いてこねる。
 e　白玉粉は，熱水を用いてこねる。

**問題2．** 小麦・大麦に関する記述である。正しいものはどれか。2つ選べ。
 a　小麦の主な構成澱粉は，アミロースである。
 b　小麦粉は，品質の高いものから特等粉，1等粉，2等粉，3等粉，末粉に分けられる。
 c　強力粉は，軟質小麦から製造される。
 d　小麦粉の等級は，たんぱく質含量に基づく。
 e　小麦の主要たんぱく質は、グルテニンとグリアジンである。

**問題3．** 食品の色素成分に関する記述である。正しいものはどれか。1つ選べ。
 a　スイカに含まれる色素はベタニンである。
 b　ルテインは温州ミカンに含まれる。
 c　クロロフィルが褐色になるのは，マグネシウムの離脱による。
 d　アントシアニンが赤色を呈するのは，アルカリ性の条件下である。
 e　のりを加熱すると青緑色になるのは，フィコシアニンの分解による。

◎解答
問題1．　b，c
問題2．　b，e
問題3．　c

# chapter 4 食品の成分と調理
## Ⅱ 動物性食品

〈学習のポイント〉
- 肉類の成分と調理上の特性を理解し，目的にあった調理法を知る。
- 魚介類の成分と調理上の特性を理解し，各種の調理法を理解する。
- 卵の調理上の性質を理解し，上手な卵料理の作り方を知る。
- 乳・乳製品の調理上の特徴を理解し，利用できるようになる。

## 1　肉類

　食肉は，牛肉，豚肉，鶏肉が主なものであるが，動物の種類や品種，年齢，飼育方法などによって品質が異なる。また，部位によっても成分が異なるため，その肉の性質に合わせた調理法が用いられている。

### 1）構造と成分
#### （1）構造
　肉の組織は，筋肉組織，結合組織，脂肪組織に分けられる。
　食肉として主に利用される筋肉は，横紋筋とい

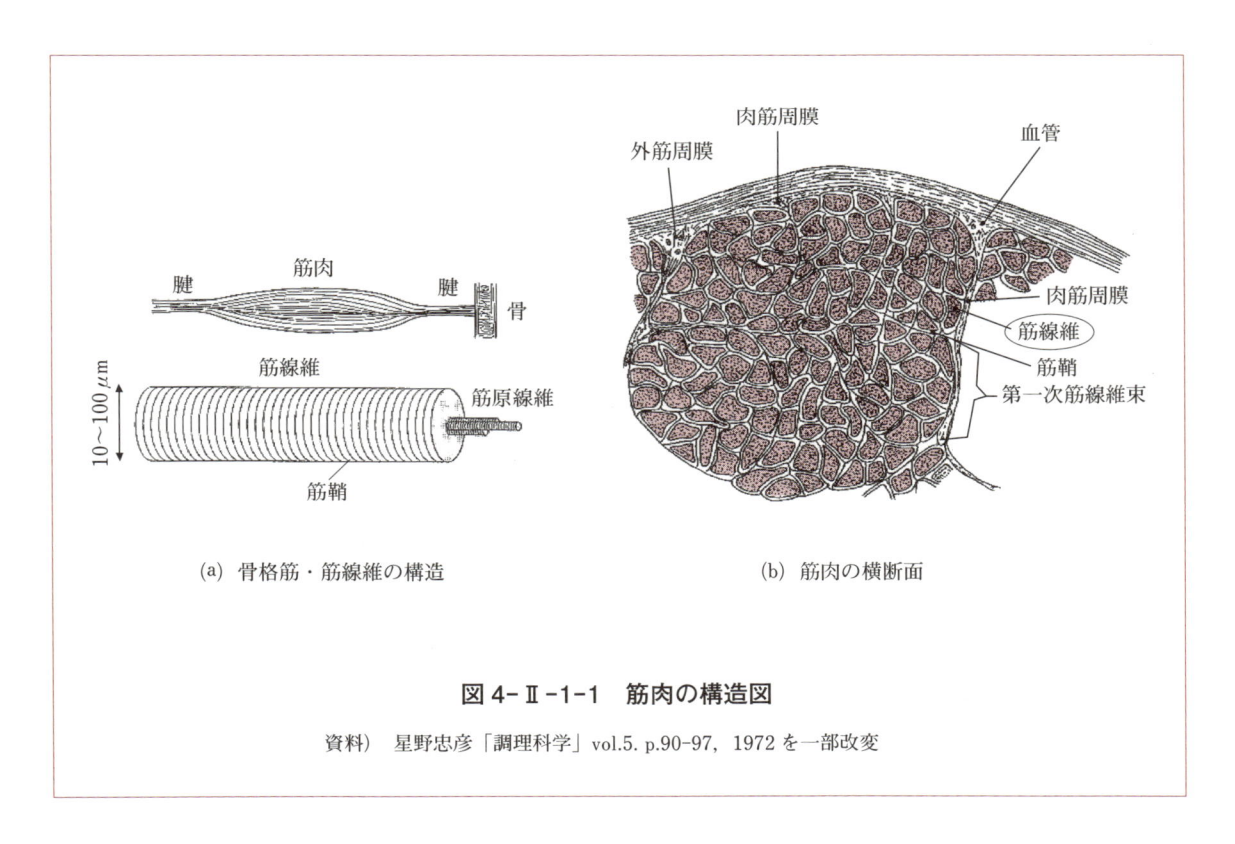

(a) 骨格筋・筋線維の構造

(b) 筋肉の横断面

図4-Ⅱ-1-1　筋肉の構造図

資料）星野忠彦「調理科学」vol.5. p.90-97, 1972 を一部改変

う骨格筋である。内臓部分は平滑筋からなり，"もつ"として別に扱われる。内臓のほか舌や尾も食用としている。骨格筋は，筋線維（筋繊維とも書く）の束でできている筋肉であり，腱で骨につながっており，筋線維は筋鞘と呼ばれる膜で包まれ，多数の筋原線維とその間を満たす筋形質（筋漿）で構成されている（図4-Ⅱ-1-1）。この筋線維が数十本ずつ内筋周膜で束ねられて第一次筋線維束が形成され，これがさらに数十本ずつ集まって第二次筋線維束が形成され，外筋周膜で束ねられている。

結合組織は，筋肉を包み，筋線維を束ね，筋線維を包んでいる膜や筋肉や臓器を他の組織とつなぐもので，強靭な線維状の組織である。この組織の量や質が肉の硬さに大きく影響する。

脂肪は，主に結合組織に沈着する。脂肪が筋線維束と筋線維間に均一に分散した肉を霜降り肉という。このような肉は，加熱した時にやわらかく，なめらかな舌ざわりとなる。

## （2）成分

食肉の成分組成は，その種類や品種，飼育方法，飼料などによって差があり，同じ動物でも部位によって成分組成が異なる。図4-Ⅱ-1-2に部位の名称，表4-Ⅱ-1-1に牛肉・豚肉・鶏肉の部位別（100g）の栄養素の量を示す。

### ①たんぱく質

食肉のたんぱく質は，筋線維を構成する筋原線維たんぱく質と筋形質（筋漿）に含まれている筋形質たんぱく質，結合組織の膜や腱を構成している肉基質たんぱく質で構成されている（表4-Ⅱ-1-2，図4-Ⅱ-1-3）。

肉の硬さは，筋線維たんぱく質の状態，肉基質たんぱく質の比率，筋線維の間に含まれる脂肪の量などによって変わる。筋原線維たんぱく質の状態は肉の熟成と関連し，熟成が進むと肉はやわらかくなる。肉基質たんぱく質の比率が低く，脂肪

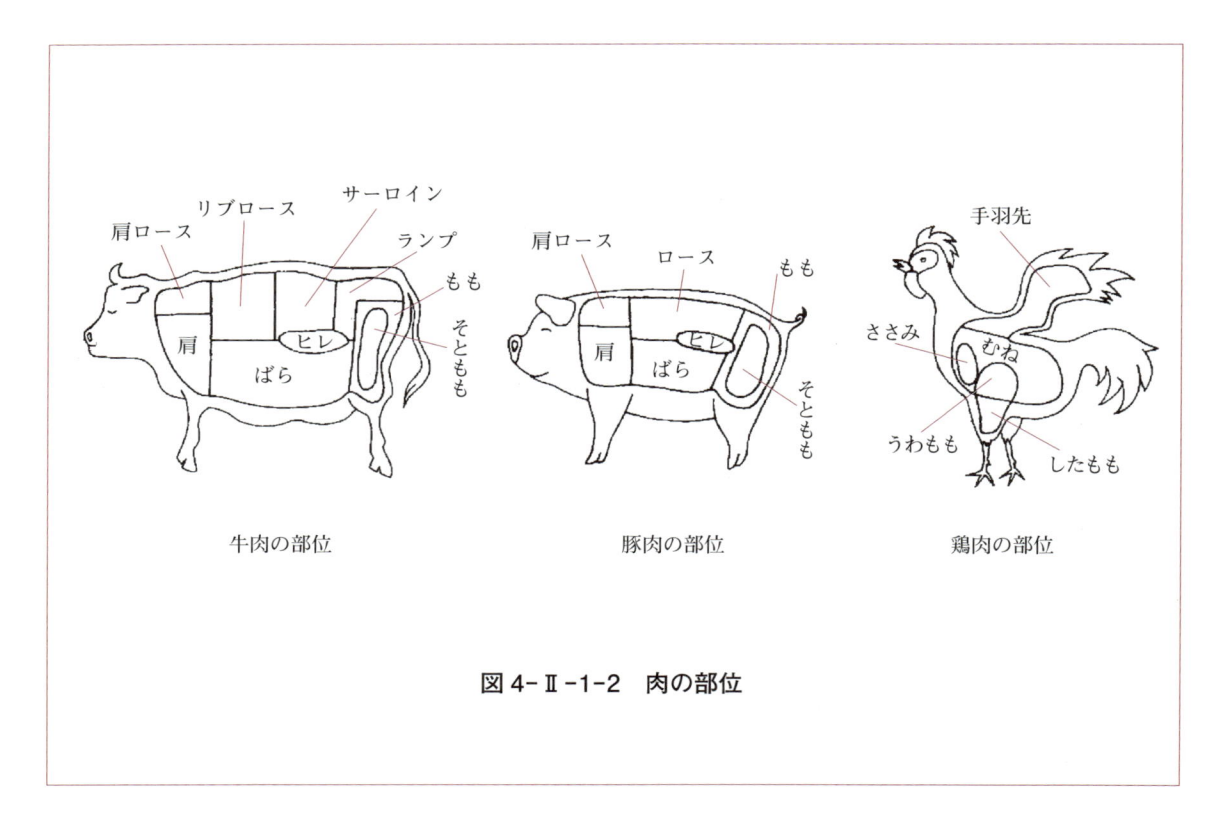

図4-Ⅱ-1-2　肉の部位

表4-Ⅱ-1-1　牛肉・豚肉・鶏肉の部位と成分および用途　　（可食部100g中）

| 種類 | 部位 | 水分(g) | たんぱく質(g) | 脂質(g) | 炭水化物(g) | 調理用途 |
|---|---|---|---|---|---|---|
| 牛肉（和牛） | 肩 | 60.7 | 18.3 | 19.8 | 0.3 | すき焼き, しゃぶしゃぶ, カレー, シチュー |
| | 肩ロース | 48.6 | 14.0 | 36.5 | 0.2 | すき焼き, しゃぶしゃぶ, ステーキ |
| | リブロース | 36.1 | 10.3 | 54.4 | 0.1 | ステーキ, ローストビーフ, バター焼き |
| | サーロイン | 43.7 | 12.9 | 42.5 | 0.3 | ステーキ, すき焼き, 炒め焼き |
| | ヒレ | 64.6 | 19.1 | 15.0 | 0.3 | ローストビーフ, ステーキ, カツレツ |
| | ばら（脂身つき） | 38.4 | 11.0 | 50.0 | 0.1 | シチュー, 煮込み, 焼き肉 |
| | もも | 63.4 | 20.2 | 15.5 | 0.6 | 煮込み, カレー |
| | そともも | 63.3 | 18.7 | 16.6 | 0.5 | 煮込み, シチュー, カツ |
| | ランプ | 56.3 | 16.0 | 26.4 | 0.4 | ステーキ, ローストビーフ, すき焼き |
| 豚肉（大型種） | 肩 | 69.8 | 19.7 | 9.3 | 0.2 | 煮込み, カレー, シチュー |
| | 肩ロース | 65.1 | 17.8 | 16.0 | 0.1 | 焼き豚, ソテー, ハム, トンカツ |
| | ロース | 65.7 | 21.1 | 11.9 | 0.3 | ステーキ, トンカツ, ポークソテー |
| | ヒレ | 73.4 | 22.2 | 3.7 | 0.3 | 一口カツ, ソテー, ステーキ, ローストポーク |
| | ばら（脂身つき） | 49.4 | 14.4 | 35.4 | 0.1 | 角煮, ベーコン, 豚汁, 串カツ, カレー |
| | もも | 71.2 | 21.5 | 6.0 | 0.2 | 酢豚, 煮込み, トンカツ |
| | そともも | 67.9 | 20.2 | 10.7 | 0.2 | 煮込み, ぎょうざ, 豚汁 |
| 鶏肉（若鶏） | 手羽（皮つき） | 68.1 | 17.8 | 14.3 | 0.0 | 揚げ物, 煮物, 焼鳥 |
| | むね（皮なし） | 74.6 | 23.3 | 1.9 | 0.1 | 揚げ物, カツ, 焼鳥 |
| | ささみ | 75.0 | 23.9 | 0.8 | 0.1 | 刺身, わん種, 天ぷら |
| | もも（皮なし） | 76.1 | 19.0 | 5.0 | 0.0 | 焼き物, 煮物, カツ |

成分は可食部100g当たりの量。部位に（　）の記述のないものは,すべて皮下脂肪なしのデータ。筋間脂肪は含む。
資料）「日本食品標準成分表（八訂）増補2023年」より抜粋

表4-Ⅱ-1-2　筋肉たんぱく質の組成

| 所在 | 分類 | たんぱく質の種類 | 形状 | 性質 |
|---|---|---|---|---|
| 筋線維 | 筋原線維たんぱく質 | アクチン　ミオシン | 線維状 | 塩溶性 |
| | 筋形質たんぱく質 | ミオグロビン　クレアチンキナーゼ | 球状 | 水溶性 |
| 結合組織 | 肉基質たんぱく質 | コラーゲン　エラスチン | 線維状または網状 | 不溶性 |

**図4-Ⅱ-1-3　食肉のたんぱく質の組成と割合**

凡例：筋原線維たんぱく質＋筋形質たんぱく質／肉基質たんぱく質

（牛肉 背肉、牛肉 胸肉、牛肉 すね肉、豚肉 背肉、豚肉 もも肉、鶏肉 胸肉）

食肉の筋原線維たんぱく質と筋形質たんぱく質の割合はおよそ2：1くらいといわれている

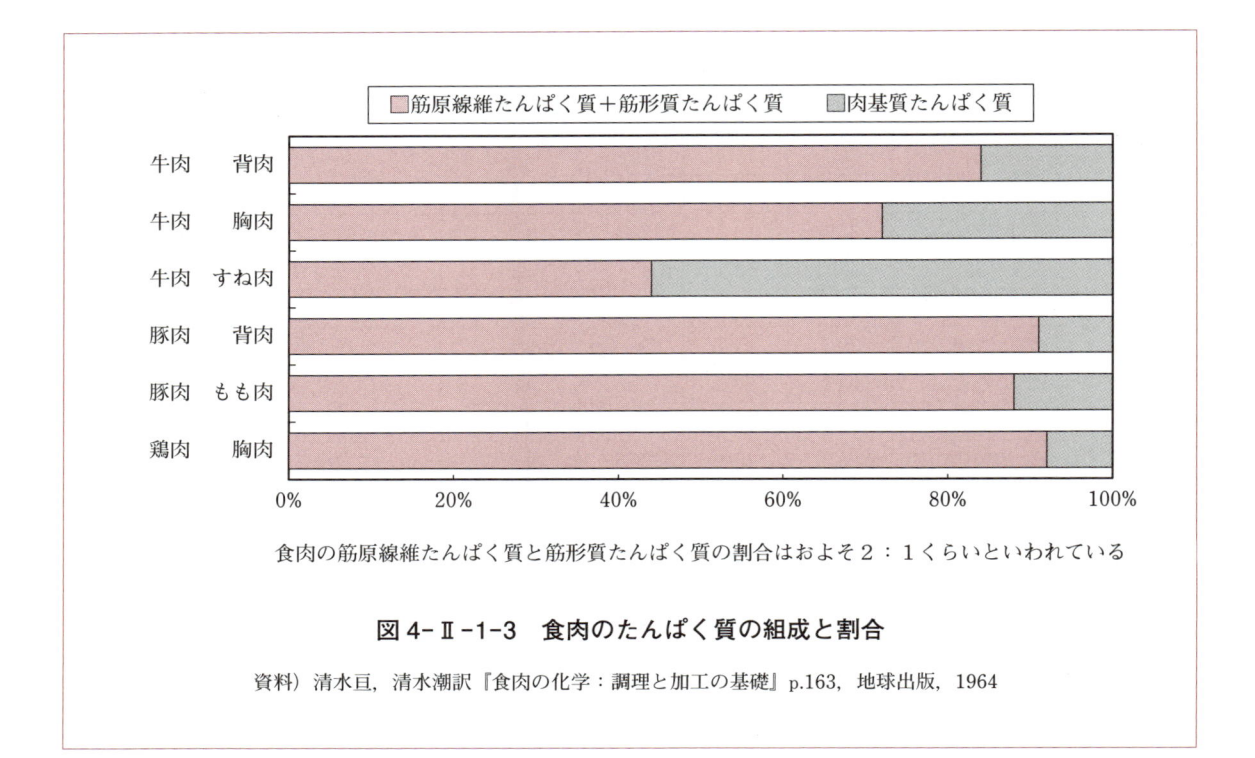

資料）清水亘，清水潮訳『食肉の化学：調理と加工の基礎』p.163，地球出版，1964

が適度に含まれている肉のほうがやわらかい。

### ②脂肪

　食肉に含まれる脂肪の量や脂肪酸の組成は動物の種類や部位によって異なる。肉類の脂肪は植物性脂肪や魚介類の脂肪に比べて飽和脂肪酸*の割合が高いために，融点が高い。特にパルミチン酸やステアリン酸などの飽和脂肪酸が多い牛脂は融点が40〜50℃とヒトの体温よりも高い（表4-Ⅱ-1-3）。不飽和脂肪酸**であるオレイン酸は全脂肪酸の40％程度含まれているが，二重結合が2つ以上の多価不飽和脂肪酸の割合は低い。融点の高い脂肪を含む肉は加熱して，熱いうちに食べる調理が適しており，冷めた状態で食べる場合には，融点の低い鶏肉（融点30〜32℃）や牛肉および豚肉では脂肪の少ない部位の肉を選ぶ方がよい。

### ③その他の成分

　肉類には，ビタミン類，無機質が含まれるが，動物の種類によってその量は異なる。鉄は内臓に

**表4-Ⅱ-1-3　牛脂・豚脂の脂肪酸組成と融点**

| 脂肪酸の種類 | 牛脂（％） | 豚脂（％） |
|---|---|---|
| ミリスチン酸（14：0） | 2.5 | 1.7 |
| パルミチン酸（16：0） | 26.1 | 25.1 |
| ステアリン酸（18：0） | 15.7 | 14.4 |
| オレイン酸（18：1） | 45.5 | 43.2 |
| リノール酸（18：2） | 3.7 | 9.6 |
| α-リノレン酸（18：3） | 0.2 | 0.5 |
| 融点（℃） | 40〜50 | 33〜46 |

（　）内は炭素数：二重結合数。
資料）脂肪酸組成の数値は「日本食品標準成分表（八訂）増補2023年 脂肪酸成分表編」より抜粋

多く含まれている。食肉に含まれている鉄はヘム鉄（吸収率15～25％）であり，緑黄色野菜に含まれている無機鉄（非ヘム鉄，吸収率2～5％）よりも吸収がよい。豚肉は，ビタミン$B_1$を多く含んでいる。

### 2）肉の熟成

動物は屠殺の数時間後から死後硬直が起こり，筋肉が収縮し肉質が硬くなるが，その後肉が持つ酵素によって分解（自己消化）が起こりやわらかくなる。このような変化を**熟成**という。

硬直中の肉は硬くてうま味も少なく，加熱すると肉汁の損失が多く，食用に適さない。しかし，熟成が進むと筋原線維の状態が変化して肉はやわらかくなり，低分子の分解物（ペプチドやアミノ酸）も生成され，うま味が増して風味がよくなり，pHの上昇に伴って保水性も増す。一般に市販されている肉は熟成がほどよく進んだ状態のものである。熟成に要する時間は保存温度や屠体の大きさによっても変わる。熟成に続いて腐敗が起こるため，熟成は10℃以下の低温で行われる。表4-Ⅱ-1-4に最大硬直までの時間と熟成に要する期間を示す。

### 3）肉の加熱による変化

肉は生食することは少なく，加熱して食べることが多い。特定給食施設では，食品の芯温が75℃，1分以上の加熱が衛生的観点から必要とされている。加熱によってテクスチャー，色，味，風味が変化し，衛生的にもなる。

#### （1）たんぱく質の変化

筋原線維たんぱく質は加熱によって線維状に熱凝固し，収縮する。筋形質たんぱく質は豆腐状に凝固する。結合組織を構成する肉基質たんぱく質も変性して収縮するため，肉はさらに硬くなる。しかし，肉を水中で長時間加熱すると肉基質たんぱく質のコラーゲンが分解してゼラチン化するた

**表4-Ⅱ-1-4　肉の最大硬直時間と熟成期間**

| 種類 | 最大硬直までの時間<br>（0～4℃） | 熟成期間<br>（4～5℃） |
|---|---|---|
| 牛肉 | 24時間 | 8～10日間 |
| 豚肉 | 12時間 | 4～5日間 |
| 鶏肉 | 2時間 | 1～2日間 |

＊飽和脂肪酸
二重結合を持たない脂肪酸。

＊＊不飽和脂肪酸
二重結合をもつ脂肪酸。二重結合が二つ以上のものを多価不飽和脂肪酸と呼ぶ。

め，肉はほぐれやすくなる。

したがって，肉基質たんぱく質の割合の少ない肉は，ステーキなどの短時間加熱が適しており，肉基質たんぱく質の多い肉はシチューなどの煮込み料理に適している。

### (2) 肉の色

生肉の色は，主としてミオグロビン（肉色素）によるものであり，血色素であるヘモグロビンも混ざっている。これらは，鉄を含むヘム色素とたんぱく質グロビンが結合したもので，ミオグロビンには1個，ヘモグロビンには4個のヘム色素がついている。ミオグロビンの多い牛肉は赤く，少ない豚肉や鶏肉は色が薄い。

ミオグロビンは暗赤色をしているが，空気に触れると酸素と結合して鮮紅色のオキシミオグロビンとなる。空気中に長時間放置するとヘム色素内の鉄が酸化され，赤褐色のメトミオグロビンとなる。加熱するとたんぱく質のグロビンが変性し，ヘム色素は酸化されて灰赤色のメトミオクロモーゲンとなる（図4-Ⅱ-1-4）。

食肉の加工品であるハムは加熱しても変色しない。これは，加工中に亜硝酸を使用しており，亜硝酸塩とミオグロビンの鉄が結合してニトロソミオグロビンとなり，ヘム色素の鉄イオンが2価で安定化され，加熱によってグロビンが変性してもヘム色素の酸化が行われないためである。

## 4）肉の軟化方法
### (1) 機械的な方法

肉には筋線維の方向があるので，筋線維の方向に直角になるように切る。また，肉たたきなどでたたいて筋線維の細胞間の結合をほぐしたり，結合組織（すじ）に切り込みを入れたりする。ひき肉のように筋線維を細かく壊してしまうという方法もある（p.124参照）。

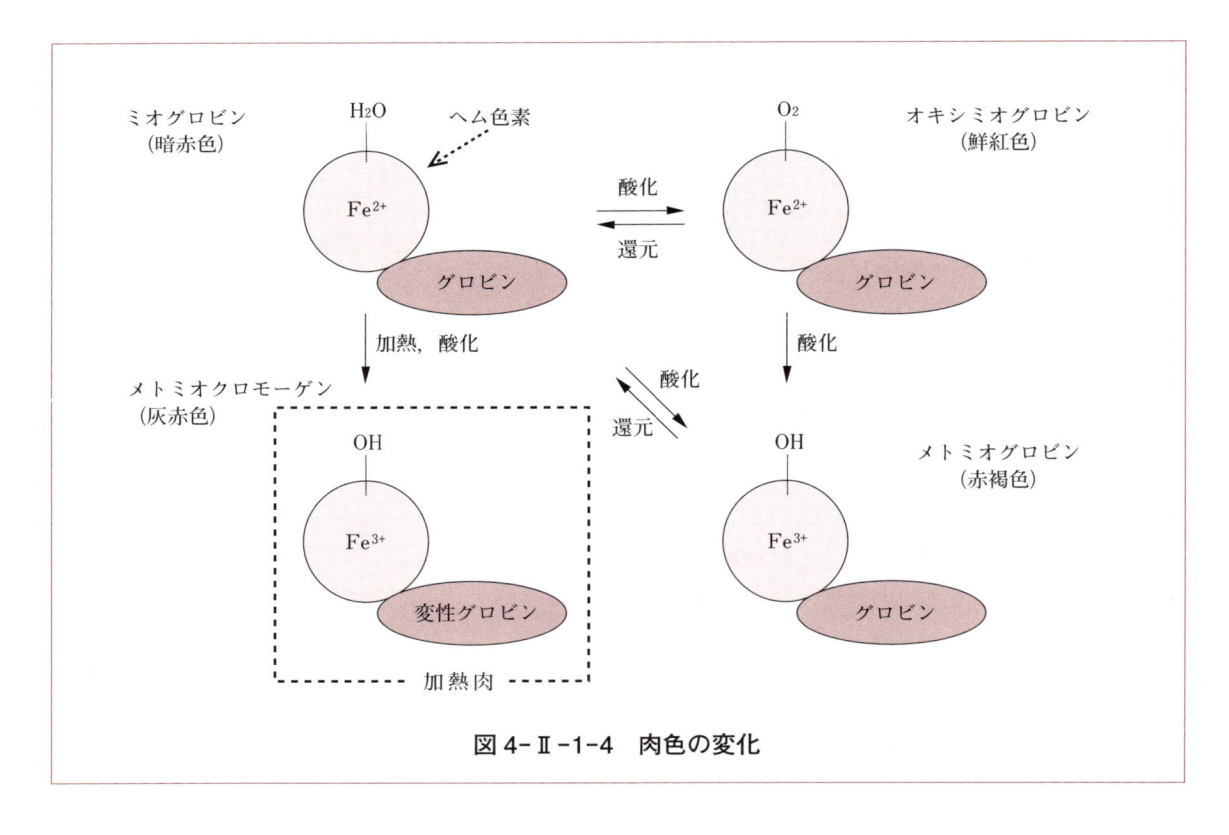

図4-Ⅱ-1-4　肉色の変化

### (2) 酵素の利用

肉にたんぱく質分解酵素（プロテアーゼ）を作用させてたんぱく質の分解を促す方法である。この酵素は，しょうがやキーウイフルーツ，パインアップル，パパイヤなどに含まれ，搾汁に肉を浸漬させることで食肉を軟化させ，同時に肉の臭みをとる効果もある。図4-Ⅱ-1-5にしょうがによる肉の軟化の例を示す。酵素が作用しすぎると軟化しすぎてしまい嗜好性が下がることもあるので，注意する必要がある。

### (3) 調味料の利用

肉のpHは肉たんぱく質の等電点*に近く，等電点付近のpHでは肉の保水性は最も低く，硬くなる。従って，肉のpHを酸性側あるいはアルカリ性側に調整すると保水性が向上する。酢やワインに漬けるなどマリネ処理をしてから加熱すると肉がやわらかく仕上がる。図4-Ⅱ-1-6にマリネ処理により肉が軟化する例を示す。酸性域では筋肉内のプロテアーゼの働きによって筋原線維たんぱく質が分解することも期待される。短時間の酢への浸漬は，たんぱく質の等電点付近になり，保水性が下がって肉は硬くなることもある。

また，食塩は筋原線維たんぱく質が塩溶性であるため，構造がゆるみ保水性を向上させる。ただし，食塩が高濃度（15％以上）になると脱水が起こり硬くなる。砂糖はたんぱく質の熱凝固を遅らせるため，加えることによって肉がやわらかくなる。

## 5) 肉類の調理
### (1) 焼く調理

ステーキには，やわらかい肉，つまり結合組織の少ない部位の肉（ヒレやロースなど）が適している。表面は焼き色が適度について香ばしく，内部は肉汁が保たれているように焼き上げることが望ましい。はじめに強火で加熱すると，肉の表面のたんぱく質が凝固し，うま味成分を含んだ肉汁

---

＊等電点

たんぱく質は多種類のアミノ酸で構成されている。アミノ酸のアミノ基は，酸性溶液中では$-NH_3^+$，アルカリ性溶液中では$-COO^-$の形で存在する。溶液のpHを変えると正・負に解離している活性基の数がつり合ってたんぱく質全体では荷電していない状態になる。その時のpHを等電点という。等電点では，たんぱく質の溶解性が変化したり，溶液の粘性が変化したり，変性を起こしやすくなったりする。食品たんぱく質の多くは，pH4～6の等電点を示す。

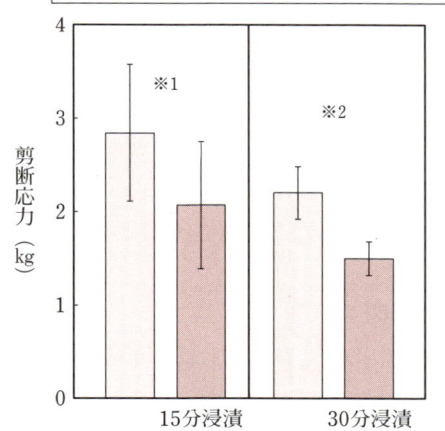

---

しょうが搾汁に作用させた後，180℃のオーブンで肉の中心が82±2℃になるまで加熱
剪断応力の値が小さいほどやわらかいことを示す
※1 5％の危険率，※2 1％の危険率で有意差あり

**図4-Ⅱ-1-5　しょうが搾汁処理した焼き肉の硬さ**

資料) 大沢はま子, 舘岡孝, 小林好美子「調理科学」
　　　vol.7, p.193-197, 1974

**図4-Ⅱ-1-6　マリネ処理による肉の軟化効果**

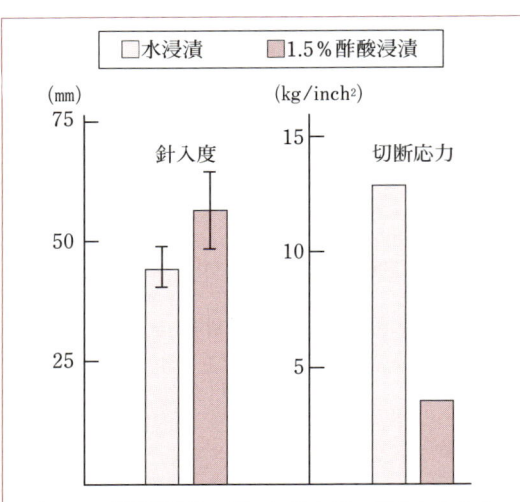

5℃で40時間浸漬後, 蒸し加熱を行い測定したもの。
肉は市販牛肩肉使用。
針入度は一定の高さから針を落としたときに刺さった深さ。
切断応力は試料を切断するのに要する力。

資料）妻鹿絢子, 藤木澄子, 細見博子「調理科学」
　　　vol.13, p.197-202, 1980

の流出を防ぐことができる。ビーフステーキの加熱の程度は, 表4-Ⅱ-1-5のように3段階に分けられる。

豚肉では, 寄生虫がいることもあるため, 中心部まで十分に加熱をする。焼くことによって硬くなるのを防ぐために, 焼く前にしょうが汁や酢, ワインに浸漬するなどの操作が行われる（p.123参照）。

### （2）煮る調理

筋原線維たんぱく質と筋形質たんぱく質は加熱をすればするほど収縮して固くなるため, 煮込み料理には適さない。一方, 結合組織を構成する肉基質たんぱく質は, 水と共に長時間加熱をするとコラーゲンが分解してゼラチン化する。そのため, 肉基質たんぱく質の割合の多い部位の肉（すね肉やばら肉など）がシチューなどの煮込み料理に適している。よく煮込んだ肉は, 筋原線維たんぱく質の部分は, 硬くなっているが, それをつなぐ部分が分解されており, ほぐれるようにやわらかくなっている。

結合組織が多くて硬い肉は, うま味成分を多く含んでいるため, スープストックの調理にも使われる。骨や肉の臭みを消すための香味野菜（にんじん, たまねぎ, セロリ, パセリの茎など）を加えて煮込む。

### （3）ひき肉の調理

肉は, ひき肉にして筋線維を細かく切断すると, 硬い肉でも加熱後はもろくなって, ほぐれやすくなる。ひき肉をそのまま加熱するとボロボロになってしまうが, 塩を加えてよくこねると, 塩溶性の筋原線維たんぱく質であるアクチンとミオシンが結合して, アクトミオシンができ, 粘りが出て, 成形することができるようになる。これを加熱するとアクトミオシン分子が結合して網目構造を形成し, ゲル化して肉汁を網目中に保持する。

ハンバーグステーキを作る際には, 副材料とし

**表4-Ⅱ-1-5　肉の加熱の程度と内部温度**

| 加熱の程度 | 内部温度 | 色の変化と状態 |
|---|---|---|
| レア | 55～65℃ | 表面は灰褐色であるが, 内側は鮮赤色で肉汁が多い。 |
| ミディアム | 65～70℃ | 表面は灰褐色であるが, 内側はピンク色で赤身が減少。肉汁は少ない。 |
| ウエルダム | 70℃以上 | 表面も内側も褐色または灰色で肉汁は透明で少ない。 |

てパン粉，たまねぎ，卵などを用いることが多い。パン粉は，肉汁，脂肪を吸収して，焼き上がり重量の減少を抑える効果がある。たまねぎは，生で加えた場合には，肉の臭みを抑え，炒めてから加えると甘味と香りが加わる。卵は，ひき肉のつなぎの役割を果たし，加熱凝固を助ける。

　ひき肉は，細かく切断されているために水中で煮込むとうま味成分が溶出しやすい。そのため，スープストックをとるときに使われたり，ミートソースのように汁にうま味をつけるためにも使われる。

　ひき肉は塊肉に比べ表面積が大きくなっており，脂肪の酸化や細菌の汚染を受けやすくなるため，保存には注意することが必要である。

## 2　魚介類

　魚介類の肉は，畜肉と同様にたんぱく質を約20％，水分を60〜70％含んでいるが，筋肉の構造，たんぱく質組成，脂質を構成する脂肪酸組成が異なることから，肉質は軟らかく，加熱するとほぐれやすい。

### 1）魚介類の構造と成分
#### （1）構造
　横紋筋の構造は肉類と同様である。しかし，獣肉の筋肉は両端が腱で骨につながっているが，魚肉では筋隔膜で仕切られた筋節がつらなっており（図4-Ⅱ-2-1），獣肉に比べて筋線維の長さが短い。
#### （2）成分
　魚介類の成分組成を表4-Ⅱ-2-1に示す。
#### ①たんぱく質
　魚肉のたんぱく質含量は肉類とほぼ同様であるが，図4-Ⅱ-2-2に示すように構成たんぱく質の組成をみると，肉基質たんぱく質の割合が顕著に少ない。このため，魚肉は肉類よりも軟らか

い。白身魚の方が赤身魚に比べて筋原線維たんぱく質が多く，筋形質たんぱく質が少ない。

### ② 脂肪

脂質含量は，魚種や部位，生息域，季節によっても異なる。一般に脂質含量は，赤身魚の方が白身魚よりも多く（表4-Ⅱ-2-1），腹肉の方が背肉よりも多い。魚介類の脂質は不飽和脂肪酸が60〜80％を占め，食肉よりも融点が低い。特にイコサペンタエン酸（EPA）やドコサヘキサエン酸（DHA）などの多価不飽和脂肪酸を含んでいるのが特徴である（表4-Ⅱ-2-2，図4-Ⅱ-2-3）。しかし，多価不飽和脂肪酸は，酸化されやすいので，魚の干物などでは注意が必要である。

季節による脂質含量の変化はいわし，さば，ぶりなどが大きい。魚は産卵のためのエネルギーとして脂肪を蓄積するため，産卵直前に脂質含量が高くなり，水分が減少する。しかし，貝類の脂質含量は年間を通してあまり変化しない。

天然魚と養殖魚の比較では，天然魚の方が脂質が少ないものが多いが，あまり差のないものもある。

### ③ うま味成分

魚介類のうま味は，ヒスチジンやクレアチン，アルギニンなどのアミノ酸とイノシン酸などのヌクレオチドが主体である。かつおぶしのうま味成分はイノシン酸とヒスチジンである。他には，いか，たこ，えびなどに含まれるベタイン，海産魚に含まれるトリメチルアミンオキシド，貝類に含まれるコハク酸などがある。

### ④ 色

赤身魚の色は，主として肉色素たんぱく質のミオグロビンである。ミオグロビンの変化は，肉類の場合と同様である（p.122参照）。さけ，ますの筋肉の色はカロチノイド系色素であるアスタキサンチンによるものである。えび，かになどの甲

**表4-Ⅱ-2-1　魚介類の成分**　　　　　　　（可食部100g中）

| 種類 | 部位 | 水分(g) | たんぱく質(g) | 脂質(g) | 炭水化物(g) |
|---|---|---|---|---|---|
| 魚類 | まだら | 80.9 | 17.6 | 0.2 | 0.1 |
| | とびうお | 76.9 | 21.0 | 0.7 | 0.1 |
| | かつお（春獲り） | 72.2 | 25.8 | 0.5 | 0.1 |
| | ひらめ（天然） | 76.8 | 20.0 | 2.0 | Tr |
| | ぶり | 59.6 | 21.4 | 17.6 | 0.3 |
| | まさば | 62.1 | 20.6 | 16.8 | 0.3 |
| | まいわし | 68.9 | 19.2 | 9.2 | 0.2 |
| | まあじ | 75.1 | 19.7 | 4.5 | 0.1 |
| | こい（養殖） | 71.0 | 17.7 | 10.2 | 0.2 |
| | うなぎ（養殖） | 62.1 | 17.1 | 19.3 | 0.3 |
| 貝類 | はまぐり | 88.8 | 6.1 | 0.6 | 1.8 |
| | かき（養殖） | 85.0 | 6.9 | 2.2 | 4.9 |
| 軟体動物 | するめいか | 80.2 | 17.9 | 0.8 | 0.1 |
| | まだこ | 81.1 | 16.1 | 0.9 | 0.2 |

Tr：微量　　（成分は可食部100g当たりの量　「日本食品標準成分表（八訂）増補2023年」より抜粋）

殻類の殻には，たんぱく質と結合したアスタキサンチンが含まれており，青藍色を示している。これを加熱するとたんぱく質が変性するとともにアスタキサンチンが遊離し，同時に空気中の酸素によって酸化され，鮮赤色のアスタシンに変わる。

## 2）鮮度
### （1）魚の死後の変化

魚も肉類と同様に，死後硬直して自己消化，腐敗と変化する。魚は死後10分から数時間で死後硬直が始まり，硬直継続時間も肉類よりも短い。魚肉は肉類よりもやわらかいため，適度に熟成が進んでから食用になるというものではなく，死後硬直前や硬直中のものは筋肉が引き締まり，歯ざわりがよく，新鮮なものとして食用にされる。ただし，まぐろやぶりのように魚体の大きいものは硬直中は硬すぎるため，自己消化をはじめたころ，うま味成分なども増加し，おいしいとされている。

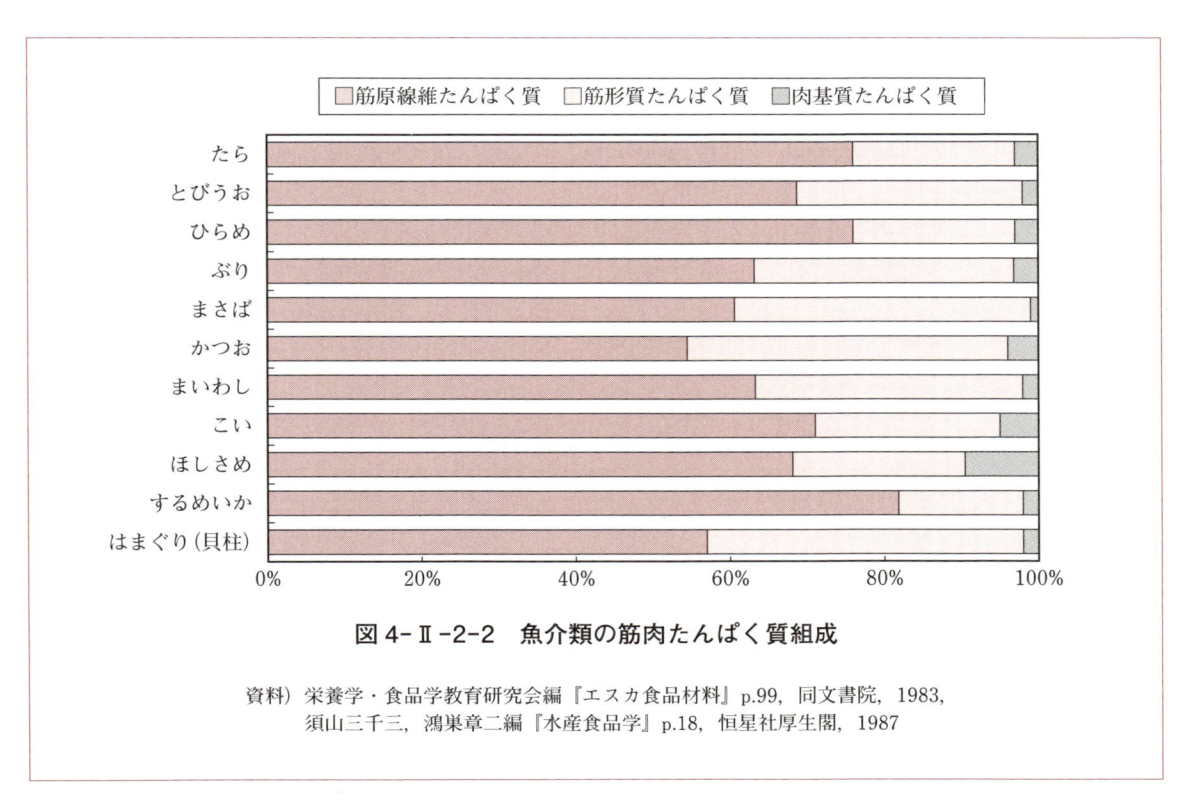

側面図（上）は"すずき"，断面図（下）は"かつお"の例

**図4-Ⅱ-2-1　魚の筋肉の構造**

資料）松原喜代松，落合明，岩井保『新版魚類学（上）』
　　　p.32-33，恒星社厚生閣，1979

**図4-Ⅱ-2-2　魚介類の筋肉たんぱく質組成**

資料）栄養学・食品学教育研究会編『エスカ食品材料』p.99，同文書院，1983，
　　　須山三千三，鴻巣章二編『水産食品学』p.18，恒星社厚生閣，1987

表4-Ⅱ-2-2　魚肉の脂肪酸組成　　　　　　　　　　　　　　　　　　　　　　　　　　（％）

| 脂肪酸の種類 | さんま | うなぎ（養殖） | かつお（春獲り） | まあじ | くろまぐろ（赤身） | まさば |
|---|---|---|---|---|---|---|
| ミリスチン酸（14:0） | 7.7 | 3.6 | 3.8 | 3.5 | 2.7 | 4.0 |
| パルミチン酸（16:0） | 11.6 | 18.0 | 20.6 | 19.9 | 19.2 | 24.0 |
| ステアリン酸（18:0） | 1.8 | 4.6 | 5.7 | 7.3 | 9.4 | 6.7 |
| オレイン酸（18:1） | 4.6 | 38.1 | 10.5 | 18.8 | 25.4 | 27.0 |
| リノール酸（18:2） | 1.4 | 1.4 | 1.4 | 0.9 | 1.1 | 1.1 |
| α-リノレン酸（18:3） | 1.3 | 0.4 | 0.9 | 0.5 | 0.4 | 0.6 |
| アラキドン酸（20:4） | 0.5 | 0.5 | 1.9 | 1.8 | 2.2 | 1.5 |
| イコサペンタエン酸（20:5） | 6.7 | 3.8 | 10.2 | 8.8 | 3.6 | 5.7 |
| ドコサヘキサエン酸（22:6） | 10.2 | 6.9 | 30.9 | 17.0 | 16.0 | 7.9 |

（　）内は炭素数：二重結合数

資料）「日本食品標準成分表（八訂）増補2023年 脂肪酸成分表編」より抜粋

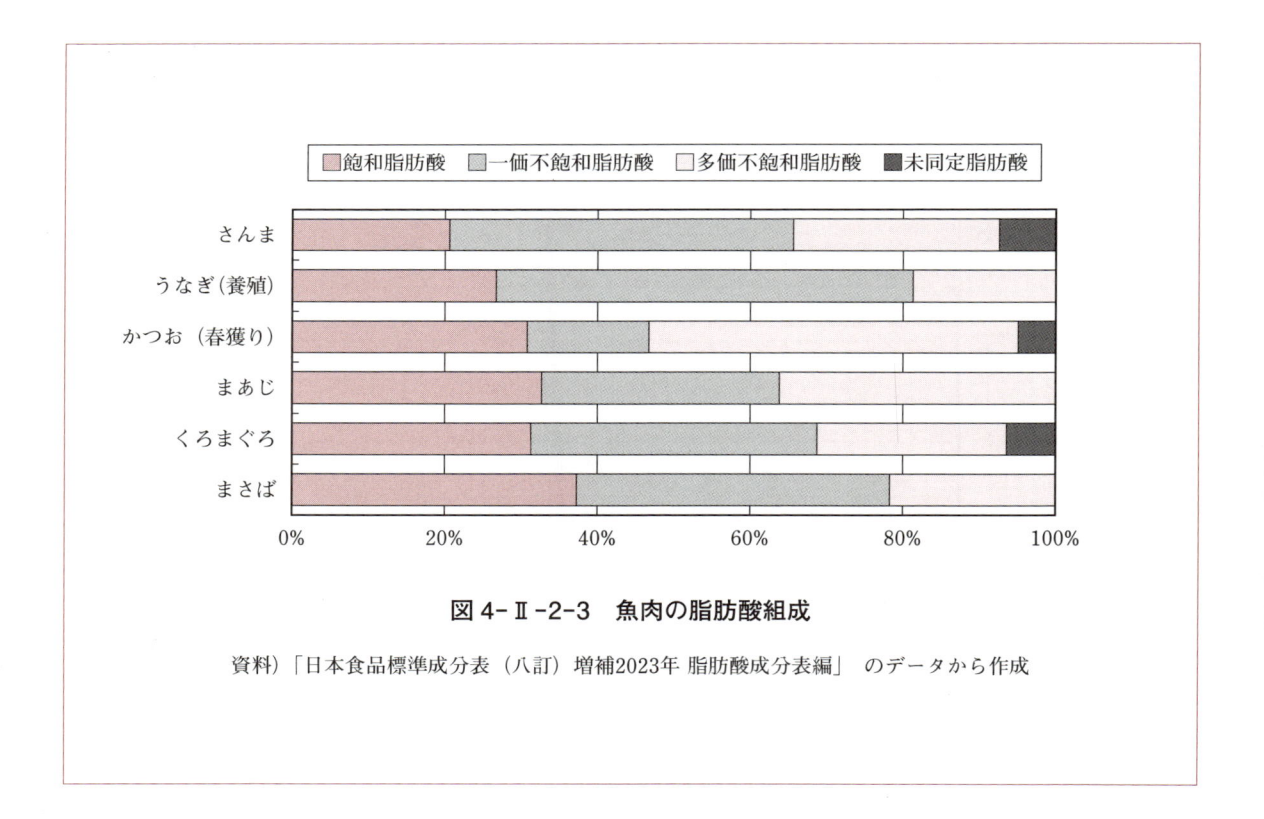

図4-Ⅱ-2-3　魚肉の脂肪酸組成

資料）「日本食品標準成分表（八訂）増補2023年 脂肪酸成分表編」のデータから作成

魚肉の死後変化の模式図を図4-Ⅱ-2-4に示す。魚の死後，筋肉中のATP*は減少し，死後硬直が始まる。ATPは図4-Ⅱ-2-5のような経路で分解され，うま味成分であるイノシン酸（IMP）**が蓄積する。硬直期のあと筋肉中に含まれる酵素によってたんぱく質が分解（自己消化）され，魚肉が軟らかくなる。魚肉が調理に適するのは，自己消化の初期までである。自己消化と同時に魚体に付着している細菌が分解物をえさとして繁殖し，腐敗が始まる。腐敗が進むと，うま味成分であるヒスチジンやトリメチルアミンオキシドは分解され，ヒスタミンやトリメチルアミンを生じる。ヒスタミンは食中毒，トリメチルアミンは魚臭の原因物質である。

### (2) 鮮度判定

　人間の五感で鮮度判定する場合には，次のような観点から考える。①眼の水晶体が透明で，外に張り出している，②えらが鮮紅色である，③腹部が硬くしまっている，④魚体全体が硬く，頭部をもって横にしたとき尾が下がらない，⑤生臭くない，などである。

　化学的な判定方法としては，K値が用いられている。これは，死後の筋肉中のATPの分解の程度を判定するものである（図4-Ⅱ-2-5参照）。貯蔵前期（腐敗前）の鮮度を判定することができ，一般にK値30％が生食の限界と考えられている。

　貯蔵後期の鮮度については，アンモニアやトリメチルアミンなどの腐敗生成物や生菌数などで評価することができる。

## 3）魚の調理
### (1) 生食調理

　魚介類が生で食べられるのは，肉類に比べて筋線維の長さが短く，結合組織（肉基質たんぱく質）の割合が少なくやわらかいためである。ただし，獣肉よりも死後硬直の時間は短く，鮮度低下が速いために，衛生的に扱い，保存温度や保存方法な

---

**\* ATP**
アデノシン三リン酸の略。筋肉をはじめとする各種動植物組織や酵母などの生体中に広く存在する物質。筋肉を動かすためのエネルギーを発生するために必要となる物質。

**\*\* IMP**
イノシン酸。うま味成分のひとつ。イノシン1リン酸，イノシン5′-リン酸などとも呼ばれる。

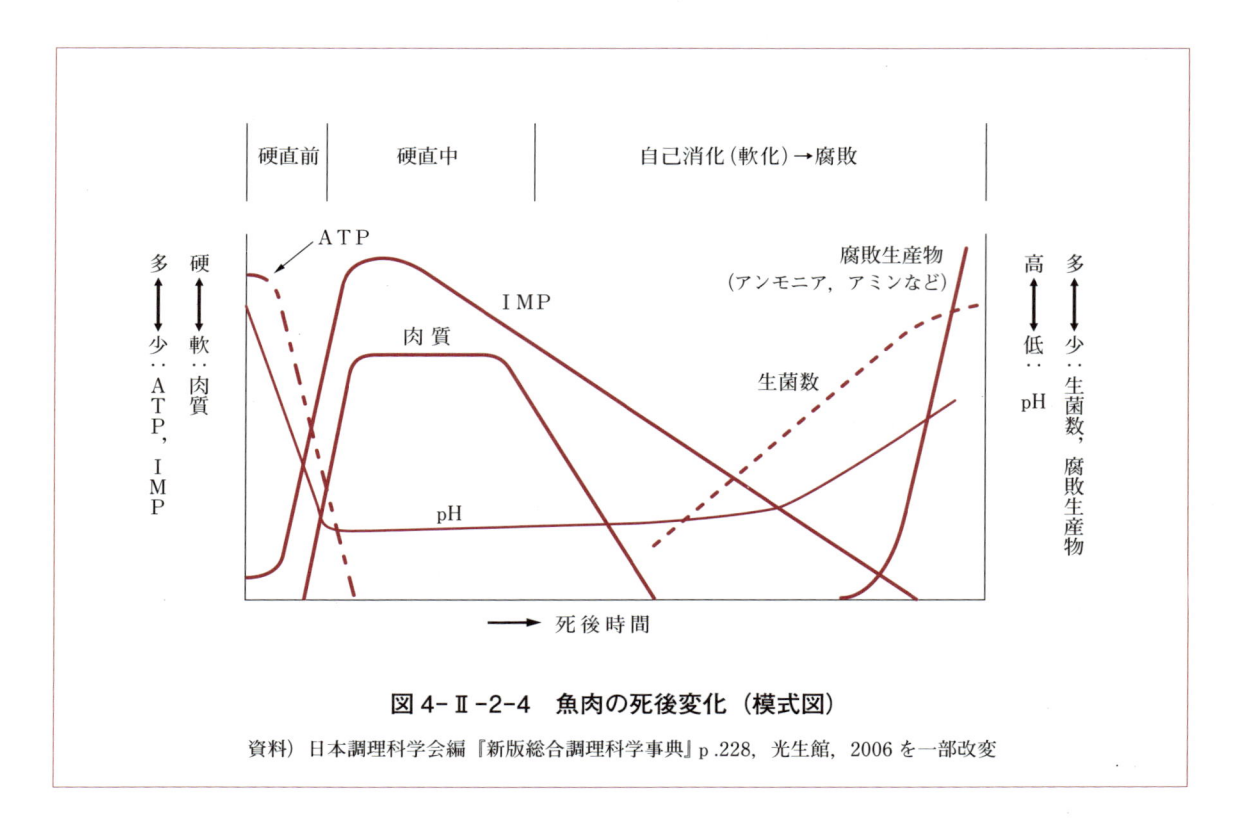

図4-Ⅱ-2-4　魚肉の死後変化（模式図）

資料）日本調理科学会編『新版総合調理科学事典』p.228, 光生館, 2006を一部改変

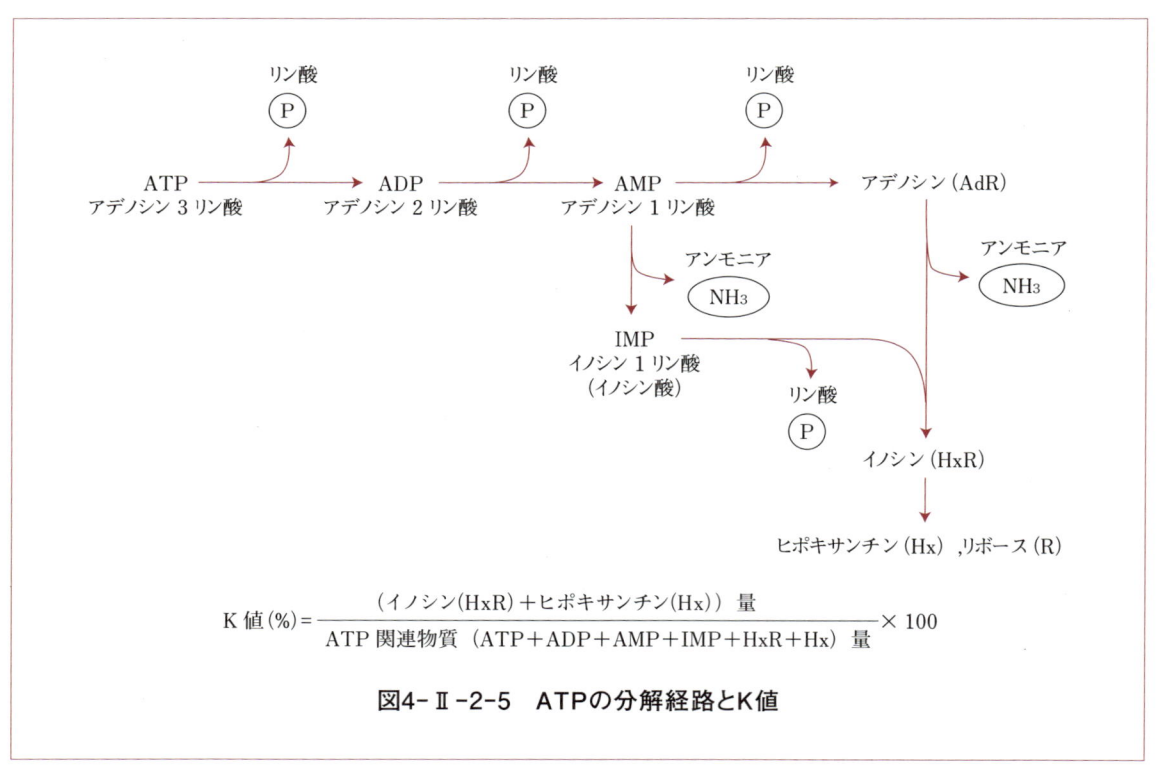

$$K値(\%) = \frac{（イノシン(HxR) + ヒポキサンチン(Hx)）量}{ATP関連物質（ATP+ADP+AMP+IMP+HxR+Hx）量} \times 100$$

図4-Ⅱ-2-5　ATPの分解経路とK値

どに注意する必要がある。

### ①さしみ

　生魚肉の硬さは，魚種によって異なり，一般に赤身魚は白身魚よりも結合組織の量が少なく軟らかい。そのため，さしみにする際に，赤身魚のまぐろやかつお，さばなどは，引き造り，平造り，角造りなど厚めに切る。白身魚のかれいやさより，ふぐなどは，そぎ造りや糸造りなど薄く，細く切る。

　魚を熱湯にくぐらせたり，表面を軽く焼くなどして，表面だけを加熱する「霜降り」という操作を行うことがある。かつおのたたきや，たいの皮霜造りなどがこの例である。皮霜造りでは，皮の方だけに熱湯をかけることによって，結合組織が軟化し歯切れがよくなる。

### ②あらい

　活魚や鮮度の高い魚介類は，そぎ切りにして冷水あるいは湯の中で振り洗いして「あらい」にすることがある。こいやすずき，たい，えびなどが用いられる。あらいにした魚の肉は，収縮して弾力が出て，こりこりとした歯ざわりになる。これは，筋肉中のATPが水中へ流出することによって短時間に減少し，筋原線維たんぱく質であるアクチンとミオシンが結合して，筋肉が収縮硬化する現象である。

### ③酢漬け

　魚肉に食塩を振りかけて塩締めした後，酢に浸漬するとたんぱく質が変性して，さらに硬くしまり，色は白くなり，歯切れがよくなる。鮮度低下の速いさばを酢漬けにしたものが「しめさば」である。塩締めをせずに直接酢に漬けたり，食塩の量が少なかったり，塩締めの時間が短いなど塩締めが十分でない場合には，酢に漬けることによって重量が増加してしまう。これは酸性側で塩が存在するときには，筋原線維たんぱく質であるミオシンは水に溶けないが，酸性側で塩が存在しないときには水に溶ける性質があるためである。

MEMO

酢に漬けることによって，魚臭が除かれ，殺菌され保存性も高まる。また，pH4付近では，食肉中の酸性プロテアーゼの働きが活発になり，たんぱく質が分解され，テクスチャーが変わるとともに，遊離アミノ酸が増加して味がよくなる。

## （2）加熱調理

魚肉を加熱するとたんぱく質は熱変性を受けて，凝固し硬くなる。加熱した魚肉のテクスチャーに影響を与えるのは，全体のたんぱく質のうち筋形質たんぱく質が占める割合である。加熱による魚肉の硬さ変化を図4-Ⅱ-2-6に示す。筋形質たんぱく質の割合が多いかつお，あじ，さばなどは，加熱をすると硬くなってまとまりやすく，節として利用することができる。一方，筋形質たんぱく質の割合が少ないかれいやきちじ，たらなどの白身魚では，加熱により凝固するが，やわらかく崩れやすくなる。この性質を利用してそぼろが作られる。

### ①煮魚

煮魚では，沸騰した煮汁に魚を入れて加熱する。これは，高温で加熱して魚肉の表面のたんぱく質を凝固させ，比較的変性温度の高い筋形質たんぱく質の流出を防ぐようにするためである。

白身魚では，魚の味を生かすように味付けは薄くして，短時間で煮る。赤身魚は臭いが強いために，味付けを濃くして加熱時間を長くする。煮汁に酒やみりん，砂糖を加えたり，しょうがやねぎ，梅干しなどと一緒に煮るのは，魚臭を抑えるためである。

魚の場合には肉類に比べ，筋肉中の肉基質たんぱく質の割合は少ないが，皮に多く含まれており，皮ごと調理する煮魚などでコラーゲンが分解，ゼラチン化して煮汁に溶出し，冷めた煮汁が固まる「煮こごり」が見られる。

### ②焼き魚

焼き魚では，魚の表面を高温で加熱するため，

**図4-Ⅱ-2-6 加熱による魚肉の硬さの変化**

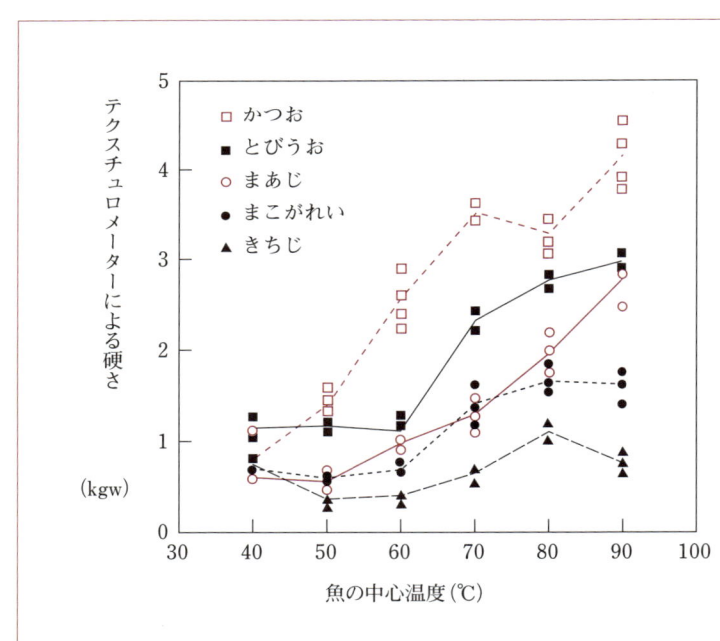

魚肉を1.5cm×1.5cm×0.7cmに切り，シャーレに入れて40～90℃に加熱。
およその加熱時間
40℃：6～7分間，50℃：8～9分間，
60℃：9～10分間，70℃：10～11分間，
80℃：10～12分間，90℃：10～12分間

資料）金田尚志，下田吉人編『基礎調理学Ⅱ』p.75，朝倉書店，1962

魚の表面には焼き色がつき，香りが発生する。加熱の方法は，串や網などを使った直火焼きと，フライパンや鉄板などを用いた間接焼き，オーブンを用いたオーブン焼きなどがある（p.42参照）。直火焼きでは，放射熱を利用して均一に焼く方法として，炭火の「強火の遠火」として使っている。

　魚を焼く前の下準備として1～2％の食塩を用いることが多い。魚肉に食塩を振りかけると，魚肉から水分が流出して肉が締まり，弾力が増す。これは，筋原線維たんぱく質が溶解して保水性が増すためであり，加熱したときの重量減少も少なくなる。水分がしみ出るときに，魚臭のもととなる水溶性のトリメチルアミンも流れ出るため，この水分を取り除くことで魚の臭みを抑えることができる。焼く前にふる塩は「化粧塩」といい，焼き上がりを美しく仕上げるために行う。

　魚に小麦粉をつけて油で焼いたものをムニエルという。小麦粉は魚の水分を吸収し，加熱によって糊化して，膜を作り，うま味成分の溶出を防ぐとともに，香ばしい香りがつく。

#### ③魚肉だんご

　魚肉に1～3％の食塩を加えてすりつぶすと，粘りが出てまとまりやすいすり身になり，さらに加熱すると弾力のあるゲルが得られる。魚肉だんごやつみれ，しんじょなどとして調理に利用されている。これは，魚肉の主成分である筋原線維たんぱく質のアクチンとミオシンが，塩溶性であるため溶解して結合し，アクトミオシンとなって粘りが出て，加熱によって熱変性し網目構造が安定化するためである。

## 3　卵類

### 1）卵の構造

　鶏卵の構造を図4-Ⅱ-3-1に示す。大別すると，外側から卵殻，卵殻膜，卵白および卵黄からなり，生卵の卵殻：卵白：卵黄は13（付着卵

MEMO

表4-Ⅱ-3-1　鶏卵サイズの規格（パック詰め）

| 区　分 | ラベルの色 | 基準(g) |
|---|---|---|
| LL | 赤 | 70～76 |
| L | 橙 | 64～70 |
| M | 緑 | 58～64 |
| MS | 青 | 52～58 |
| S | 紫 | 46～52 |
| SS | 茶 | 40～46 |

資料）阿久澤良造他編，押田敏雄『乳肉卵の機能と利用』p.384，アイ・ケイコーポレーション，2005

白を含む）：60：27である。なお鶏卵のサイズは，養鶏業界の自主規格で表4-Ⅱ-3-1のようになっている。

　卵殻には無数の気孔があり，水分や空気を通す。卵殻の外側はクチクラといわれる層に覆われていて微生物を通しにくい。そのため卵の表面を強く水洗いしたり，ブラッシングしてクチクラを取ったりしなければ卵の可食期間はかなり長い。卵殻膜は2枚あり（外卵殻膜と内卵殻膜），卵殻以上に微生物の侵入を妨げる働きをしている。気室は2枚の卵殻膜の間に空気が入ることによってできている。

　卵白は，卵黄に接しているものから順に内水様卵白，濃厚卵白，外水様卵白の3層からなる。卵黄は卵黄膜に包まれ，黄色が濃い部分と薄い部分が層状になっている。卵黄膜は，浸透圧の違う卵白と卵黄の間にあって，それぞれの浸透圧を守る働きをしている。また卵黄膜のもっとも卵白側を

カラザ層が覆い，卵白中に存在する白いらせん糸様のカラザと繋がって，卵黄を卵の中央に保つ働きをしている。

## 2）卵の成分

　全卵，卵白および卵黄の成分を表4-Ⅱ-3-2に示した。卵白は約90％が水分，残りのほとんどはたんぱく質で，その約1/2をオボアルブミンが占め，その他オボトランスフェリン，オボムコイド，オボグロブリン，オボムチン，リゾチームなど13種類ほどのたんぱく質からなる（表4-Ⅱ-3-3）。これらの中には医薬品分野で風邪薬として使われているリゾチームなど，溶菌，抗菌，静菌作用のあるものが含まれ，卵殻や卵殻膜で防ぎきれず侵入した微生物から卵黄を守る働きをしている。

　卵黄は固形物が約50％で，そのうち30％は脂質，15％はたんぱく質である。卵の脂質のほと

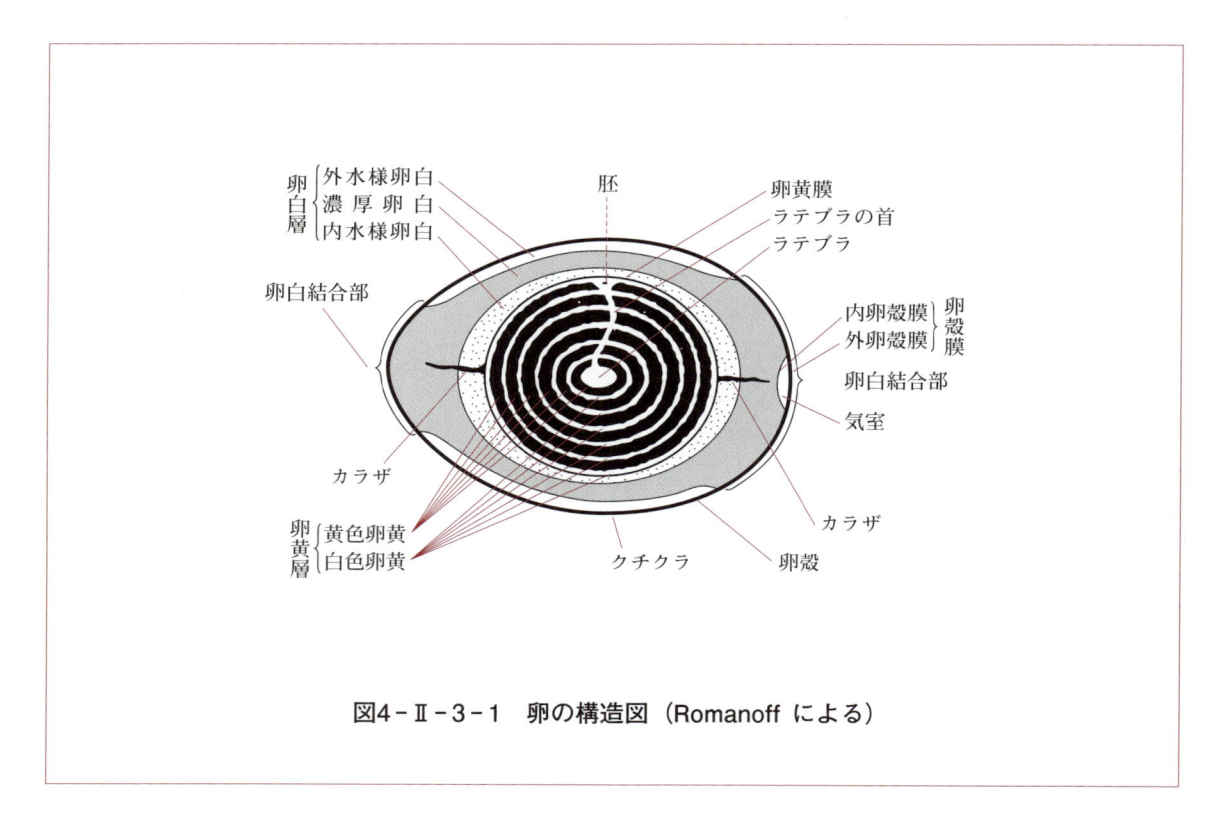

図4-Ⅱ-3-1　卵の構造図（Romanoffによる）

んどが卵黄中に存在し，トリアシルグリセロール65％，リン脂質30％（その73％がホスファチジルコリン＝レシチン），コレステロールが4％で，それらはたんぱく質と結合してリポたんぱく質の形で存在する。卵黄固形物の成分を表4-Ⅱ-3-4に示した。LDL（低密度リポたんぱく質）が約65％，HDL（高密度リポたんぱく質）が16％で，他はたんぱく質である。

### 3）卵の鮮度変化と測定法

卵は，前述のようにクチクラが剝がれてなく，低温で適度な湿度に保たれた環境におけば通常3カ月程度は食用とするのに問題はない。しかし，時間の経過とともに成分の変化が起こってさまざまな状態に変化し，調理成績にも影響する。

#### （1）成分および状態の変化

産卵直後から，卵白に溶け込んでいた$CO_2$が卵殻の気孔から抜け始める。初めほど急激に抜け

表4-Ⅱ-3-2　鶏卵の成分

（可食部100g中）

| 成　分 | 全　卵 | 卵　黄 | 卵　白 |
|---|---|---|---|
| 水　分(g) | 75.0 | 49.6 | 88.3 |
| たんぱく質(g) | 12.2 | 16.5 | 10.1 |
| 脂　質(g) | 10.2 | 34.3 | Tr |
| コレステロール(mg) | 370 | 1,200 | 1 |
| 炭水化物(g) | 0.4 | 0.2 | 0.5 |
| 灰　分(g) | 1.0 | 1.7 | 0.7 |

資料）「日本食品標準成分表（八訂）増補2023年」

表4-Ⅱ-3-3　おもな卵白たんぱく質

| たんぱく質 | 組　成(%) | 等電点 | 変性温度(℃)(pH7) | 特徴的性質 |
|---|---|---|---|---|
| オボアルブミン | 54 | 4.7 | 84 | |
| オボトランスフェリン（コンアルブミン） | 12 | 6.0 | 61 | Feなどと結合して細菌の発育阻止 |
| オボムコイド | 11 | 4.1 | 70 | トリプシン阻害活性 |
| オボグロブリンG2 | 4 | 5.5 | 92.5 | |
| オボグロブリンG3 | 4 | 5.8 | — | |
| オボムチン | 3.5 | 4.5〜5.0 | — | インフルエンザウイルスによる赤血球の凝集阻止 |
| リゾチーム（オボグロブリンG1） | 3.4 | 10.7 | 75 | ある種のグラム陽性菌の細胞壁を分解 |

資料）佐藤泰『卵の調理と健康の科学』p.12，弘学出版，1989，一部引用

表4-Ⅱ-3-4　卵黄固形物の成分

| 成分 | 含量(%) | 構成成分(%) | |
|---|---|---|---|
| | | たんぱく質 | 脂質 |
| 低密度リポたんぱく質(LDL) | 65 | 21 | 79 |
| 高密度リポたんぱく質(HDL)(リポビテリン) | 16 | 75 | 25 |
| リベチン | 10 | 100 | |
| ホスビチン | 4 | 100 | |
| その他 | 5 | | |

るため，卵白のpHは産卵直後7.6〜7.9であったものが数日〜10日で9以上となり，最終的に9.5〜9.7になる（図4-Ⅱ-3-2）。$CO_2$とともに卵中の水分も気孔から蒸発し，卵内の体積および重量の減少と比重の低下が起こる。体積が減少すると，気孔から外卵殻膜と内卵殻膜の間に空気が入り込み，気室が大きくなっていく。

産卵直後の卵は，濃厚卵白が50〜60％，水様卵白が40〜50％である。前述のように時間がたつにつれpHが上昇するため，濃厚卵白特有の弾力のもととなっているオボムチンが徐々に分解して水様卵白に変わり，割卵したとき卵白が水のように大きく広がるようになる。と同時に，オボムチンを主成分とするカラザやカラザ層も弱くなるため，卵内で卵黄が中心に留まることができなくなって上のほうに浮いてくる。また，卵黄膜自身も弱くなるので，卵白の水分が卵黄に入り込んで卵黄が膨張し，割卵したとき卵黄が壊れることもある。

卵白のオボアルブミンは，熱安定性の高いアルブミンに変化するため，卵白の熱凝固温度は上昇する。

これら卵の鮮度低下には，微生物が関与しない場合は温度がもっとも影響する。低温流通，低温保存によりpHの上昇が緩慢になり，それによりたんぱく質の変化が抑制され，鮮度低下も抑制される。

### (2) 鮮度測定法
#### ①殻つき卵での検査
・外観検査

　洗浄していない卵の形，色，表面の状態・亀裂の有無などを肉眼で観察する。

・透光検査

　直径3cmくらいの孔から60W程度の光を当て，卵の片側より気室の大きさや卵黄の位置などを観察する。なおこの方法では，卵黄の影は産卵直後

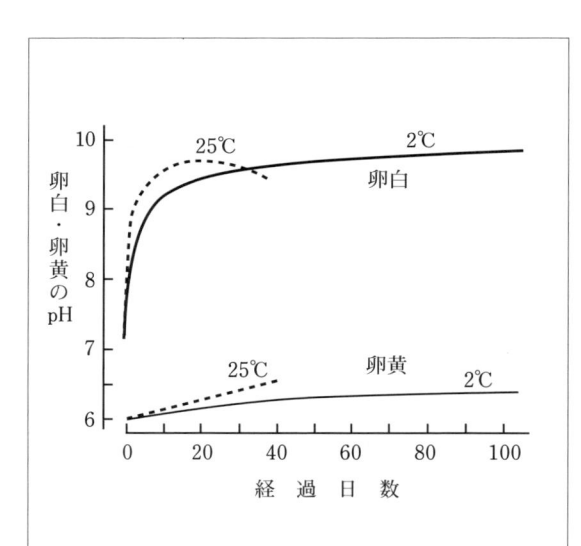

図4-Ⅱ-3-2　鶏卵貯蔵中の卵白と卵黄のpH変化

資料）佐藤泰『卵の調理と健康の科学』p.76, 弘学出版, 1989

は見難く，37℃，24時間くらい経過すると見やすくなる。

・比重測定

新鮮卵の比重は1.08～1.09である。11％の食塩水（比重1.081）または12％食塩水（同1.089）に卵を入れ，水中の状態から，沈んで横になるものは新しく，浮くものは古いなどと判断する。

② **割卵検査**

・卵黄係数

卵黄の高さ（h）と直径（d）を測定し，卵黄係数 h/d を求める。新鮮卵の卵黄係数は0.45付近であり，0.25以下では鮮度低下したものと判断する。すなわち，新鮮な卵黄は球を半分にして伏せたような形をしているが，古くなる程高さが低くなって底面積が大きくなる。

・ハウ・ユニット（Haugh Unit）

濃厚卵白の高さ（H）mm と重量（W）g を測定し，下の式でハウ・ユニットを求める。ハウ・ユニット算出用の簡易スケールを用いて求めることもできる。最もよく使われる指標である。新鮮卵ではハウ・ユニットは80～90で，鮮度が低下した卵は60以下となる。図4-Ⅱ-3-3に，さまざまな条件下で保存した卵のハウ・ユニットを計測した実験結果を示した。

$$\text{H.U.} = 100 \cdot \log\,(H - 1.7W^{0.37} + 7.6)$$

・濃厚卵白百分率

全卵白を9～10メッシュのふるいに通し，全卵白に対するふるい上の濃厚卵白の割合を求める。新鮮卵では約60％である。

### 4）熱凝固性

卵は加熱によりたんぱく質が熱変性してゲルになる。殻つきのゆで卵，殻なしの落とし卵，卵をほぐして卵液にしてから加熱したものなどがある。

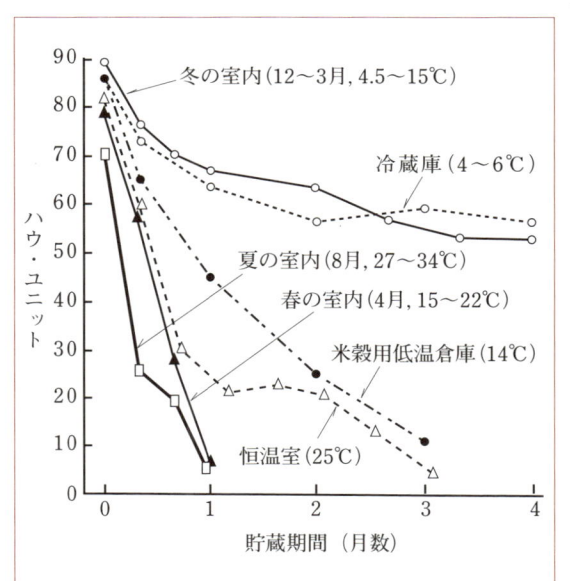

図4-Ⅱ-3-3　鶏卵をいろいろな温度条件下に保存したときの鮮度低下速度の比較

資料）田名部尚子『卵の調理と健康の科学』p.88，弘学出版，1989

### (1) ゆで卵

卵白と卵黄では構成たんぱく質が異なるため，熱凝固性も異なる。卵白，卵黄の凝固温度は，各5gを各設定温度で8分間加熱すると，卵白は58℃くらいから白濁が始まり，62～68℃でゼリー状～かたまり，70～75℃で軟らかく凝固し，80℃で完全に凝固する。卵黄は65℃くらいから糊状，68～70℃で半熟，75℃では硬い半熟，80～90℃で凝固する。

卵白の熱凝固は，たんぱく質の50%余を占めるオボアルブミンが中心的役割を果す。オボアルブミンを加熱すると，熱変性して形が変わり，多くの分子同士が連結したり凝集してゲルを形成する（図4-Ⅱ-3-4）。一方卵黄は主成分のLDLやHDLが会合し，崩れやすいゲルを形成する。これは，脂質が多いことや卵黄が層状構造（図4-Ⅱ-3-1）であることによる。

固ゆで卵は，沸騰後12～13分加熱する。100℃で5分加熱では卵白は凝固，卵黄は半熟の半熟卵ができる。75～80℃で8～11分，または65～75℃で10～15分加熱では卵白・卵黄ともに半熟の半熟卵ができる。温泉卵とは，卵白は流動性のある半熟，卵黄はかたまった半熟状のゆで卵をさし，68～70℃で30分程度加熱することによりできる。卵白より卵黄のほうが凝固温度が低いことを利用したゆで卵である。

卵黄は脂質が多いため卵白より比重が小さい。そのため鮮度が低下してカラザが弱くなったり濃厚卵白の水様化が進むと，卵黄が卵中で浮上してくる。卵黄が中心にあるゆで卵を作るには，新鮮卵を用いる，または温度上昇速度を速めて沸騰まで攪拌するとよい。

#### ①加熱中の卵殻の破裂

冷たい卵を急速に加熱すると卵殻にひびが入ることがある。貯蔵が長く気室が大きくなっていればなおさらである。水からゆっくり加熱して，気孔から空気を放出させるとよい。また破裂した場合は食酢や食塩を加える。酢を加えてpHを下げたり，食塩のような水中でイオンになりやすい物質を加えると，流出した卵の凝固が促進される。

#### ②卵殻の剥離性

鮮度の高い卵ほど殻がむけにくい。鮮度が高い卵にはまだ卵白に溶け込んでいる$CO_2$が多く残っており，加熱により$CO_2$が発生して卵白が膨張し，内卵殻膜に強くくい込んで離れなくなるためと考えられている。日にちがたち，$CO_2$が抜けてpHが高くなるほど殻はむけやすくなり，卵白のpHが8.6～8.9以上では殻がきれいにむけるようになることがわかっている（表4-Ⅱ-3-5）。ちなみに卵白のpHがそのくらいになるのは，産卵後27℃なら19時間程度，10～13℃なら2日後あたりである。

#### ③卵黄表面の黒緑色化

加熱により，卵白たんぱく質中のジスルフィド結合（S-S結合）が容易に還元され，硫化水素

**図4-Ⅱ-3-4　オボアルブミンの加熱変性と凝集体形成**

資料）中村良編，北畠直文『卵の科学』
p.81，朝倉書店，1999

表4-Ⅱ-3-5　ゆで卵の卵白ゲルのpHと卵殻の剥離性評点の関係（Fuller, et al,. 1969）

| 剥離性評点[※1] | 卵白ゲルのpH[※2] |
|---|---|
| 0 | 8.86±0.14 |
| 1 | 8.80±0.17 |
| 2 | 8.70±0.23 |
| 3 | 8.55±0.21 |
| 4 | 8.37±0.20 |
| 5 | 8.34±0.25 |

※1　次の5段階評点とした。
0：全体がきれいに剥離された。
1：表面の1/8以下が傷ついた。
2：表面の1/8～1/4が傷ついた。
3：表面の1/4～1/2が傷ついた。
4：表面の1/2～3/4が傷ついた。
5：表面の3/4～全体が傷ついた。
※2　30個の平均 ±SD

引用）G.W.Fuller and P.Angus「Peelability of Hard-cooked Eggs」, Poultry Sci., vol.48, p.1145-1151, 1969

($H_2S$) を発生する。加熱中は，硫化水素は圧力の低い内部に向かって進み，卵黄表面で卵黄中の鉄と結合して黒緑色の硫化第一鉄（FeS）を生成する。硫化水素の発生は，卵の鮮度が低下するほど，また加熱時間が長いほど大きい。したがって鮮度の高い卵を使い，加熱時間を守り，直後に急冷すると黒緑色化を防ぐことができる。加熱後急冷すると，内部に向かっていた硫化水素は180度向きを変え，圧力の低くなった卵殻方面に向かうため，硫化第一鉄の形成を止めることができる。

### (2) 落とし卵（ポーチドエッグ）

卵を割って沸騰水に入れ加熱する半熟卵の一種である。沸騰した湯に0.8～1％程度の食塩，または食塩と3％程度の食酢を加え，弱火にして静かに卵を入れ，3分程度加熱する。食塩と食酢の卵白の凝固に及ぼす効果は，「加熱中の卵殻の破裂」（p.138）に述べたとおりである。

### (3) 卵黄を使った卵料理

卵黄をほぐして利用する料理に，黄身酢，カスタードクリームなどがある。

黄身酢は，卵黄に食酢と砂糖，食塩のほかに，出し汁，みりんなどを加え，湯煎で加熱し，とろりとした状態に仕上げた調味酢のひとつである。食酢の酸と弱い加熱でたんぱく質を部分変性させ，粘性をつけたものである。卵黄が凝固しないよう，加熱上限温度は60℃程度とする。澱粉を加えて粘性をつけることがあるが，卵黄自身の粘性のほうが離漿（ゲルや半固形物から，液体がしみ出てくること）が少なく，好ましい粘性となる。

カスタードソースやクリームは，卵黄に砂糖を加えて白っぽくなるまでよく攪拌し，小麦粉等を加えて混ぜた後，強く混ぜながら熱い牛乳を加える。それを強火にかけ，沸騰後つやが出るまで攪拌し，急冷する。加熱しすぎるとコシがなくなるため注意する。卵黄に砂糖を加えてよく攪拌すると，熱い牛乳を加えても卵黄は凝固物を生じない。それは，卵黄の層構造が破壊され凝固物ができにくくなること，砂糖がたんぱく質の熱変性を抑制すること，また攪拌することにより入る気泡が熱の伝導を妨げるためである。できるだけ熱い牛乳を加えるのは，グルテンの熱変性と澱粉の糊化を早くさせるためであり，沸騰直後の牛乳を加えるとよい。これらの操作と加熱後の急冷により，カスタードクリームはフワリとして，糊っぽくない歯切れのよいものになる。

### (4) 希釈卵液の卵料理

全卵をほぐして攪拌し，出し汁や牛乳などで希釈してゲル化させたものである。ゲル化には，卵濃度，希釈液の種類，調味料，加熱条件が影響する。卵の濃度とおもな料理を表4-Ⅱ-3-6に示す。

#### ①希釈割合の低い卵料理

オムレツや厚焼き卵は，熱板上で加熱して凝固させたものであり，短時間に起こるたんぱく質の熱変性と水分蒸発のコントロールが重要である。熱板に接したたんぱく質は瞬時に凝固する。同時に起こる水分の蒸発を最低限に抑えるように卵を攪拌してたんぱく質の凝固を繰り返すと，外側は硬い膜となり，内部は水分を多く含んで軟らかい卵料理ができる。

#### ②希釈割合の高い卵料理

軟らかく滑らかですだちのないゲルに仕上げることが必要である。一般に加熱温度が高く，加熱時間が長く，昇温速度が大きい方が，すだちやすく，固く，分離液量が多く，滑らかでないゲルになる。すだちは80℃以下であれば起こらないが，それではゲル化までの加熱時間が長くなるため，一般には蒸し加熱で85～90℃，15～20分加熱（緩慢加熱）が行われる。オーブン（コンベクションオーブン）による緩慢加熱の方法は，オーブン皿に湯をはり，160℃ 20分程度である。また，卵液を60℃程度に予備加熱することは，昇温速

表4-Ⅱ-3-6 卵の希釈割合と料理

| 卵：希釈液 | 卵濃度(％) | おもな料理（希釈液） |
|---|---|---|
| 1：0.1～0.3 | 90～70 | オムレツ（牛乳），厚焼き卵（出し汁） |
| 1：1～2 | 50～33 | 卵豆腐（出し汁） |
| 1：2～3 | 33～25 | カスタードプディング（牛乳） |
| 1：3～4 | 25～20 | 茶碗蒸し（出し汁） |

度を小さくするのに効果的である（図4-Ⅱ-3-5）。

　一方，急速加熱の方法もあり，100℃で3～4分加熱後，消火して10分放置する。この方法は，同時に加熱する個数や容器の材質などの条件により100℃での加熱時間が微妙に異なるため，時間決定に試行錯誤が必要であるが，決定すれば非常に簡便な方法である。

　希釈液は表4-Ⅱ-3-6に示すように，一般に出し汁か牛乳である。これら希釈液に含まれるナトリウムやカルシウムなどの無機の陽イオンはゲル化を促進し，ゲルを固くする。全卵は弱アリカリ性であり，たんぱく質の等電点より高いため（表4-Ⅱ-3-3および図4-Ⅱ-3-2を参照），たんぱく質の表面は陰イオンが多くなっている。この陰イオンは，出し汁や牛乳中の陽イオンによって消されるためたんぱく質の凝集が起こりやすくなる。この影響はカリウム＜ナトリウムであり，

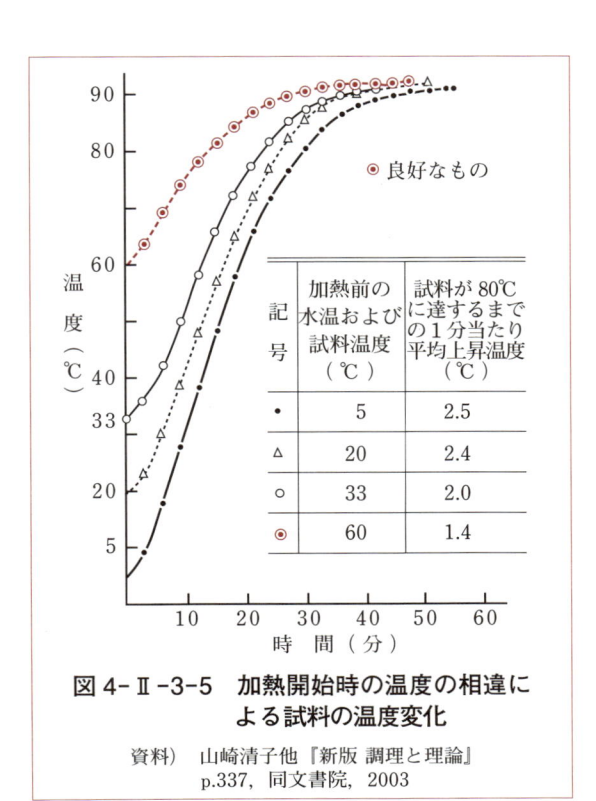

**図4-Ⅱ-3-5　加熱開始時の温度の相違による試料の温度変化**

| 記号 | 加熱前の水温および試料温度（℃） | 試料が80℃に達するまでの1分当たり平均上昇温度（℃） |
|---|---|---|
| ● | 5 | 2.5 |
| △ | 20 | 2.4 |
| ○ | 33 | 2.0 |
| ◉ | 60 | 1.4 |

資料）山崎清子他『新版 調理と理論』p.337，同文書院，2003

MEMO

さらにカルシウムは2価のイオンなので1価より4倍程度大きいとされる。

調味料の食塩は，前述の理由でゲルを固くする。一方，親水性の強い砂糖は水と統合し，たんぱく質の熱変性に必須の自由水を減少させるため，また，しょ糖分子のOH基がオボアルブミンと水素結合し，分子の変形を妨げるため，変性が抑制されてゲルは軟らかくなる。

### 5）乳化性

卵黄はそれ自身が水中油滴型のエマルションであり，また卵黄を乳化剤として水中油滴型エマルションを調製することができる。卵白も乳化性を示すが，乳化容量（一定条件下で所定量のたんぱく質によって乳化される油の最大量）には大差はないものの，安定性は卵黄のほうが著しく高いため，一般には卵黄のみまたは全卵を用いて乳化を行う。

#### （1）卵黄中の乳化剤

卵黄中の乳化剤は，卵黄固形物中最も多く存在するLDLである（表4-Ⅱ-3-4）。また，調製中にLDLが破壊されてできるレシチンとアポたんぱく質の結合物も乳化性に関与していると考えられている。乳化剤はレシチンだという考え方もあるが，卵黄レシチンだけで調製されたエマルションの安定性は，アポたんぱく質で調製されたものより著しく低いことが確かめられている。すなわちLDLの乳化性は，その構成成分中，レシチンよりむしろアポたんぱく質によって発現すると考えるほうが妥当である。

なお，乳化安定性は，卵黄の鮮度が高いほうが高い。

#### （2）マヨネーズ

卵を使ったエマルションの代表はマヨネーズである。マヨネーズは，卵黄または全卵に食塩やからしなどを混合した中に油を滴下しながら撹拌し，食酢を適時加えて調製する。食酢は，リポたんぱく質の部分変性を促進して乳化を助け，分散媒として，同時に酸味と防腐性を与えるものとして必須の材料である。適量の食塩は塩味の付与のほかに，卵黄乳化を助け，乳化安定性を向上させる。からしも，乳化を助け，乳化安定性を向上させ，防腐作用もある。

マヨネーズは，まず乳化操作中に水中油滴型から油中水滴型に転相しないように調製すること，できたエマルションの安定性が高いことが必要である。転相は，水相に対して油滴が許容量を超えると起こる。それを防ぐためには，特に初期は油を少量ずつ加えていく，エマルションが硬くなったら早めに食酢を加えるなどに留意する。転相したマヨネーズは，他のマヨネーズや卵黄に少しずつ加えていくことによって，水中油滴型に直すことができる。

安定性には，油滴のサイズが大きく関与する。油滴のサイズは，油の滴下速度，撹拌速度，仕上げ撹拌の時間，水相の粘度などが相互に関与して決まる。一般に，油の滴下速度は初期ほど小さく，撹拌速度は大きく，仕上げ撹拌は長く，水相の粘度は高いほうが油滴は小さくなる。なお，水相の粘度が高いことは，転相しやすいことでもあるため，気をつける必要がある。油滴のサイズが小さいほど，硬く，白っぽいマヨネーズになる。

### 6）泡立ち性

卵は，泡立て器で撹拌すると空気を取り込んで泡沫を形成する。同じたんぱく質濃度における起泡力（一定条件で泡立てたときの泡沫容積）は卵白より卵黄のほうがやや高いが，安定性は卵白のほうが著しく高い。一般に，卵白のみまたは全卵で泡立てが行われる。

#### （1）起泡剤

卵白の起泡性に関与している成分は，オボグロブリン，オボトランスフェリン，オボムチンなどである。一方，安定性には，卵白の粘性にも寄与

しているオボムチンが単独で，またはリゾチームとの複合体で関与している。

卵黄では，LDLが脂質を含んだままで表面変性を起こして泡沫を形成すると考えられている。

### (2) 泡立ち性に影響する因子

泡立ち性には，卵の鮮度・粘度・pH，泡立て温度，添加物などが影響する。鮮度の異なる卵白では，濃厚卵白が多い新鮮卵のほうが泡立てに力を要するが安定性は高い。泡立て温度は，低いほうが泡立てにくいがきめが細かく，つやがあり，安定性の高い泡ができる。

一般に溶液の粘性が高いほうが泡立てにくいが安定性は高い。これは，水様卵白より濃厚卵白のほうが泡立ちにくいが安定な泡ができる，また，砂糖をはじめから加えるほうが泡立ちにくいが安定な泡沫となるなどにより明らかである。工業的には卵白に増粘剤を加えて安定性を高めている。

卵白の起泡力はpHの影響を受ける。主な構成

MEMO

### 表4-Ⅱ-3-7　卵白構成たんぱく質の起泡力

| pH | オボアルブミン | オボグロブリン | オボムコイド | オボトランスフェリン | リゾチーム |
|---|---|---|---|---|---|
| 2.0 | 6.6 | 10.8 | 6.9 | 13.8 | (20) |
| 4.0 | 11.3 | 10.7 | 11.5 | 11.6 | 4.0 |
| 4.7 | 14.5 | 10.5 | 2.5 | 13.6 | 3.5 |
| 9.0 | 3.4 | 9.2 | ≒0 | 10.6 | 3.5 |
| 10.0 | 3.4 | 9.0 | ≒0 | 10.6 | 3.5 |

すべて，たんぱく質濃度は0.2%に調整。

資料）中村良他「農化誌」vol.35, p.385, 1961

たんぱく質のpHによる起泡力の違いを表4-Ⅱ-3-7に示した。オボグロブリンやオボトランスフェリンはどのpHでも起泡力が大きいが，量的にもっとも多いオボアルブミンは等電点のpH4.7付近が最大であり，従って卵白の起泡力もこのあたりが最も高い。卵白だけを使ったエンゼルケーキでは，クリームターター（酒石英）を酸味が出ない程度（2％以下）に加え，pHを5～6にして泡立てるとよい。

泡立てに使用する器具の金属イオンも泡立て性に関与する。銅イオンはオボトランスフェリンと結合してその変性を抑制するため，過度の泡立てが防がれる。一方，鉄イオンはオボトランスフェリンと銅より強く結合して変性を抑制するため，起泡力が低下する。

少量の油の存在は起泡性に大きな影響を与えないが，少量の卵黄の共存は，泡末の粘性を著しく低下させる。

### （3）メレンゲ

卵白を泡立て，砂糖を加えたものをメレンゲという。ケーキやゼリー類のデコレーションに，搾り出して焼きメレンゲに，パイやタルトにデコレーションして焼くなどに用いられる。

砂糖は，一般に卵白を7分（ぶ）程度泡立ててから2～3回に分けて加える。砂糖を最初から加えると，卵白液の粘性が高くなって泡立てにくく，また砂糖の親水性によりたんぱく質の変性が抑制されて泡立ちにくくなるからである。泡立て後に加える砂糖は，泡の立てすぎを防ぎ，滑らかでつやのある泡沫形成に寄与し，泡沫の粘性を上げてその安定性を著しく高める働きをしている。

砂糖を濃度80％程度のシロップにし，熱いうちに泡立てた卵白に滴下し，熱がとれるまで泡立てて調製するイタリアンメレンゲがある。シロップの熱で卵白に火が通るため，泡が細かく消え難くなり，形がしっかりした光沢のあるメレンゲになる。

### （4）卵の泡立て方

全卵を卵白と卵黄に分けてそれぞれ泡立てる方法を別立て法というのに対し，全卵に砂糖を加え，40℃程度まで温めてから泡立てる方法を共立て法という。

共立て法は別立て法に比べると泡立てに労力と時間を要するが，安定な泡沫が得られ，ケーキの膨化は別立てよりよいといわれる。卵液を温めると粘性が低下し，また，表面張力が低下するため泡立て易くなる。砂糖は，卵たんぱく質の熱変性を抑制するために最初から加える。また，砂糖を添加して卵液の粘度を上げることで，温度が高いと気泡が荒く，つやがなく，安定性が悪い泡沫になるという欠点を補う働きをしている。40℃に温めた卵液は，湯煎からはずして泡立てる。続けて加える小麦粉中のグルテンは，40℃という温度でもっとも形成が促進されるため，それを避けるためである。

## 4 乳・乳製品

### 1）牛乳の成分と性状

牛乳の成分を表4-Ⅱ-4-1に示す。たんぱく質の約80％はカゼインで，牛乳中ではリン酸カルシウムと結合してミセルを形成し，100～200nmの粒子となって乳中に分散している。カゼインミセルは，酵素によって部分的に分解されたり酸性にされると（pH4.6），構造が崩れ凝集，沈殿する。前者の例が凝乳酵素レンニンを用いたチーズ，後者の例が乳酸菌を加えたヨーグルトである。

脂肪（乳脂肪）は，ホモゲナイズ処理により1μm以下の脂肪球となって乳中に分散している。乳脂肪は，ほとんどがトリアシルグリセロールからなる油滴の周囲を，トリアシルグリセロール，リン脂質，コレステロール，たんぱく質などから

脂肪球　カゼインミセル

生クリーム
乳脂肪　45%

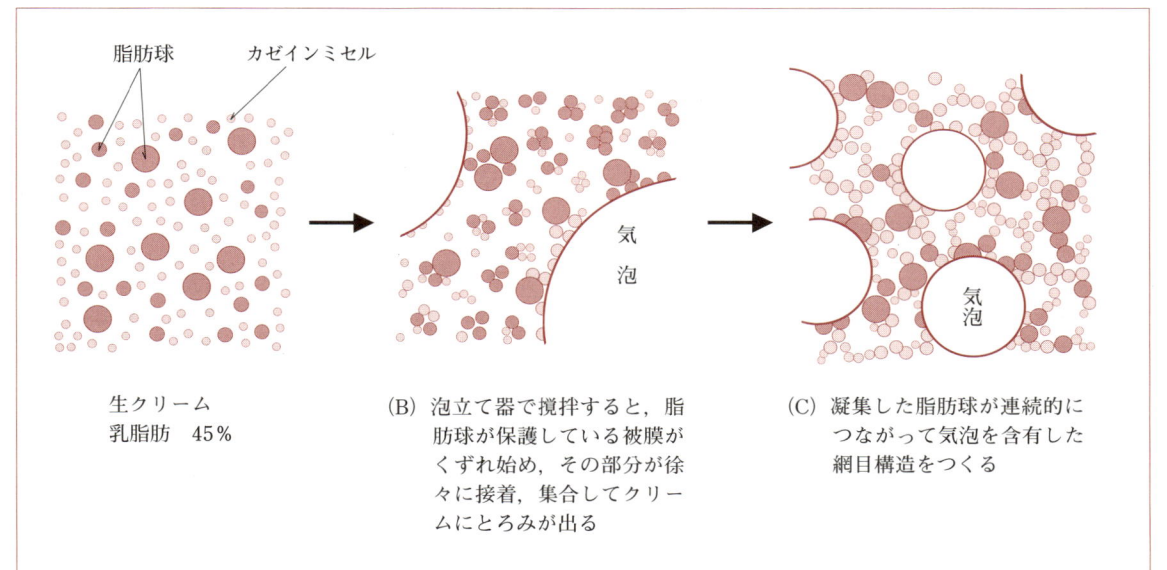

(B) 泡立て器で撹拌すると、脂肪球が保護している被膜がくずれ始め、その部分が徐々に接着、集合してクリームにとろみが出る

(C) 凝集した脂肪球が連続的につながって気泡を含有した網目構造をつくる

生クリームを泡立てすぎると、脂肪球の凝集が進み、バター粒となって、液体が分離する。

**図4-Ⅱ-4-1　クリームの泡立ての過程**

資料）河田昌子『お菓子の「こつ」の科学』p.155, 柴田書店, 1987

なる脂肪球膜が包む構造をしている。すなわち牛乳は、脂肪球膜が乳化剤の働きをした水中油滴型のエマルションである。

牛乳が白く見えるのは、ホモゲナイズ処理により細かくなった多くの乳脂肪やカゼインミセルに当たって反射した光が散乱するからである。

牛乳中の炭水化物のほとんどは、天然には哺乳動物の乳汁のみに存在するラクトース（乳糖）である。

### 2）牛乳の調理性

牛乳に多くの粒子が分散することにより、その白さを生かして、ブラマンジェ、ホワイトソース、奶豆腐などが作られる。牛乳を使った料理特有の滑らかなテクスチャーと風味の付与にも寄与している。また、魚やレバーなどの生臭味を粒子が吸着してマスキングする働きもしている。

牛乳中のアミノ酸と還元糖によるアミノ・カル

**表4-Ⅱ-4-1　牛乳・乳製品の成分**

（可食部100g中）

| 成　分 | 普通牛乳 | クリーム（乳脂肪） | コーヒーホワイトナー（乳脂肪） |
|---|---|---|---|
| 水　分（g） | 87.4 | 48.2 | 70.3 |
| たんぱく質（g） | 3.3 | 1.9 | 5.2 |
| 脂　質（g） | 3.8 | 43.0 | 18.3 |
| 炭水化物（g） | 4.8 | 6.5 | 5.5 |
| 灰　分（g） | 0.7 | 0.4 | 0.7 |
| カルシウム(mg) | 110 | 49 | 30 |

資料）「日本食品標準成分表（八訂）増補2023年」

ボニル反応により，菓子類などに好ましい焼き色を付与する。ホットケーキでは牛乳を用いると焼き色がよくなり，焼きはだも美しくなる。

### 3) 牛乳の調理による好ましくない変化

牛乳を70℃以上に加熱すると特有の加熱臭を生じる。これは変性したたんぱく質（β-ラクトアルブミンや脂肪球膜たんぱく質）から遊離SH基が解離し，揮発性硫化物（硫化水素やジメチルサルファイド）を生成するためである。90℃以上ではアミノ・カルボニル反応が起こる。

また，牛乳を加熱すると60～65℃以上で皮膜ができ始める。加熱により水分が急減に蒸発すると，乳表面のたんぱく質が濃縮されることになり，そのためたんぱく質が空気変性を起こし，脂肪球を巻き込んで膜を形成する。牛乳やその料理品を温めたり冷ましたりするときは，途中で時々軽くかき混ぜたり，バターを表面においたりすると皮膜の形成が妨げられる。

野菜に牛乳を加えて長時間加熱すると凝集物を生じることがある。トマト，にんじん，はくさい，アスパラ，えんどうなどの野菜で起こりやすい。牛乳のたんぱく質が，野菜中の有機酸によるpH低下や，塩類，タンニンなどの影響で凝集すると考えられている。牛乳を加えてから煮込まない，また澱粉などで粘性をつけると凝集物が生成しにくい。

じゃがいもに牛乳を初めから加えて煮ると水煮と比べてかたくなる。じゃがいものペクチンに牛乳中のカルシウムが架橋結合し，ペクチンの分解を阻害するためである。

### 4) クリームの調理性

牛乳を遠心分離すると，『クリーム』と脱脂乳に分離できる。食品衛生法に基づく『クリーム』は，「乳および乳製品の成分規格などに関する省令（略称：乳等省令）」に，「生乳，牛乳または加工乳から乳脂肪以外の成分を除去したもの」「乳脂肪が18.0％以上」と規定されている。従って植物性脂肪や安定剤などを加えたものは『クリーム』とは表示できず，『乳等を主要原料とする食品（略称：乳主原）』と表示される。乳主原には『クリーム』に安定剤などを加えたもの，植物性脂肪のみ，あるいは乳脂肪と植物性の混合物（コンパウンドクリーム）の3種類がある。一般にはこれら乳主原と，通称生クリームといわれる『クリーム』を総称してクリームと呼んでいる。または『クリーム』と乳主原を合わせたものすべてを生クリームと呼ぶこともある。

市販されているクリームは，ホイップ用（脂肪含量47，35％など）とコーヒー用（同30，18％程度）が主体である（表4-Ⅱ-4-1）。なお，クリームは水中油滴型エマルションである。

ホイップ用クリームを攪拌すると，取り込まれた気泡の周りに脂肪球やカゼインミセルが集合

ただし，生クリーム：乳脂肪48％
混合クリーム：乳脂肪18％
　　　　　　　植物性脂肪27％

**図4-Ⅱ-4-2　5℃または15℃におけるクリームの起泡性**

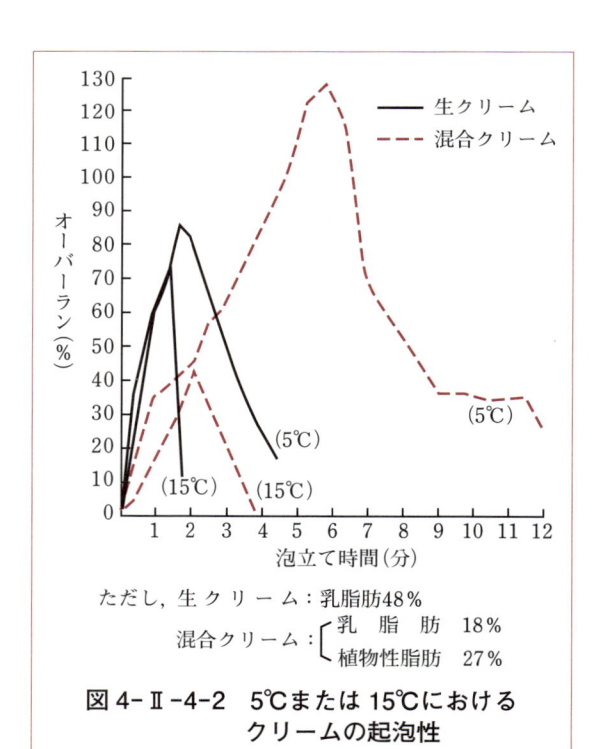

資料）松本睦子他「調理科学」vol.11, p.189, 1978

し，同時に脂肪球どうしが衝突して接着，凝集しながら連続的につながって，やがて気泡を含んだ網目構造ができる（図4-Ⅱ-4-1）。過度に泡立てると，脂肪球の凝集が進んできめが粗くなり，最終的に脂肪が塊となって分離しバターになる。

ホイップクリームの起泡性はオーバーランで表される。

$$オーバーラン(\%) = \{(A-B)/B\} \times 100$$

　　A：一定容量のクリームの重量
　　B：同容量の起泡クリームの重量

種類と泡立て温度の異なるクリームのオーバーランを図4-Ⅱ-4-2に示す。混合クリーム（乳主原）には乳化剤や安定剤が入っているので，生クリームに比べ，起泡性や安定性が高く，分離しにくい。

また，脂肪は，温度により固体脂指数（全油脂量に対する固体脂の割合，図4-Ⅲ-2-1参照）が異なり，やわらかさが異なる。安定したホイップクリームを作るには，脂肪球が合併せずに連続的につながる必要があり（図4-Ⅱ-4-1参照），固体脂指数が40％以上の硬い脂肪球であることが望ましく，そのため10℃以下の低温で泡立てる必要がある。温度が高いと脂肪球が軟らかく，短時間で脂肪球が合併してバター化する。ホイップクリームの性状には，泡立てるときの温度だけでなくクリームの流通，保存時の温度も影響し，一旦温度が上がったものは低温で泡立ててもよいホイップクリームにならない。また，できたホイップクリームを搾り出すときの手の温かさだけでも状態が粗くなるので，注意を要する。

MEMO

## ◆演習問題

**問題1．** 卵の調理に関する記述である。正しいものはどれか。1つ選べ。
  a　茶碗蒸しなど希釈卵液にいれる調味料の食塩は，ゲルを固くする。
  b　卵白を泡立てるときは，砂糖をはじめから加えると泡立てやすい。
  c　茶碗蒸しでは，すだち防止のため，蒸し器内を95℃に保つとよい。
  d　マヨネーズは，油中水滴型（W/O型）のエマルションである。
  e　水様卵白は濃厚卵白より泡の安定性が高い。

**問題2．** 魚介類の調理に関する記述である。正しいものはどれか。2つ選べ。
  a　煮魚は沸騰した煮汁に入れて加熱する。
  b　魚肉に5〜8％の食塩を加えてすりつぶすと，粘りの強いすり身ができる。
  c　霜降りは，魚に塩をふって酢につけることをいう。
  d　あらいはそぎ切りにして冷水あるいは湯の中でふり洗いをする。
  e　しめさばは，肉のたんぱく質が酸変性し保存性が低下する。

**問題3．** 肉の調理に関する記述である。正しいものはどれか。1つ選べ。
  a　肉を長時間加水加熱すると，筋原線維たんぱく質がゼラチンとなる。
  b　豚脂は，牛脂よりも融け始める温度が高い。
  c　ヒレ肉は，短時間の加熱料理より長時間の煮込み料理に適する。
  d　肉をしょうが汁に浸漬すると，プロテアーゼの作用により硬化する。
  e　ひき肉は塩を加えてよくこねると，ミオシンが溶解して粘りが出て成形できる。

◎解答
問題1． a
問題2． a，d
問題3． e

# chapter 4  食品の成分と調理 Ⅲ 成分抽出素材

〈学習のポイント〉
・食材から単離された成分が調理に利用されていることを理解する。
・澱粉の性質と調理での利用法を理解する。
・油脂の性質と調理での利用法を理解する。
・砂糖の性質を理解し、調理での利用法を理解する。
・ゲル化剤の性質を理解し、上手に利用する方法を知る。

## 1 澱粉

### 1）澱粉の種類と特徴

　食品材料の澱粉は、表4-Ⅲ-1-1に示す各種原料植物を磨砕、水洗、篩別、遠心分離して、植物の種子や根茎に貯蔵されている澱粉粒を取り出し、精製、乾燥したものである。澱粉粒は、原料植物の細胞（澱粉貯蔵細胞）の中に数～100個程度詰まっており、前述の処理により細胞膜が破壊されて取り出される。澱粉粒は大きさが数～数十μmで、澱粉分子のアミロースとアミロペクチンが規則正しく配列してできている（p.63参照）。糯系の米やとうもろこし以外はアミロース含量が17～34％である。

　澱粉の特性は、地上澱粉か地下澱粉かで大別することができる。一般に、温度が高く水分が少ない環境で育った地上澱粉は角ばった球形、一方、逆の環境で育った地下澱粉は丸みを帯びた楕円形をしている。糊化などの特徴も後述するようにそれぞれ同じグループのものはお互い似ている。

### 2）澱粉の糊化

　生澱粉に水を加えて加熱していくと、ある温度で急激に吸水して膨潤し、粘度がつき始める。澱粉分子の間に水が入り込んで分子が膨潤する現象で（図4-Ⅲ-1-1）、これを糊化といい、その澱粉を糊化澱粉という。糊化開始温度は55～65℃の澱粉が多い。さらに温度を上昇させると粘度は増大し、75あるいは90℃付近で最高粘度を示す。さらに加熱すると澱粉粒は崩壊し、粘度が低下する。これをブレークダウンという。

　p.152の図4-Ⅲ-1-2に各種澱粉の糊化特性を表すアミログラムを示した。じゃがいも澱粉は、他の澱粉と比較し、澱粉粒が急速に吸水膨潤してもっとも大きな粘性を示すが、膨潤しきった粒の崩壊（ブレークダウン）も大きい。一方、小麦、米、とうもろこし澱粉などは、粘性は低く、粒は崩壊しにくい（ブレークダウンが小さい）ことなどが分かる。

　料理に澱粉を用いる際には、澱粉の種類や調味料の併用状況、他の食品成分、加熱条件などが影響するので、糊化の程度は複雑である。一般に、砂糖はやや粘度を増加させる傾向がある。また、砂糖は親水性が著しく高いため、濃度が高いと糊化に必要な水を奪ってしまい糊化開始温度が上昇する。食塩の影響は、多くの澱粉では比較的少ないが、じゃがいも澱粉では非常に大きく、食塩のわずかな添加で粘度が1/2程度に低下する。食酢は澱粉を加水分解するため、添加量の増化に伴い澱粉の粘度を低下させ、pH3.5以下では著しく

表4-Ⅲ-1-1 主な澱粉の特性と利用状況

| 分類 | 穀類 | | | 豆類 | いも類 | | | 野草類 | | | 木 |
|---|---|---|---|---|---|---|---|---|---|---|---|
| 澱粉 | とうもろこし澱粉（コーンスターチ） | 小麦澱粉（浮き粉） | 米澱粉 | 緑豆澱粉 | じゃがいも澱粉（馬鈴薯澱粉） | さつまいも澱粉（甘藷澱粉） | キャッサバ澱粉（タピオカ） | くず澱粉 | かたくり粉 | わらび粉 | サゴ澱粉 |
| 原料 | とうもろこし | 小麦粉 | うるち米 | 緑豆 | じゃがいも | さつまいも | キャッサバ | くずの宿根 | かたくりの根茎 | わらびの根茎 | サゴヤシの幹 |
| 粒度（μm） | 6〜30 | 5〜50 | 2〜5 | 15a | 15〜120 | 5〜60 | 4〜35 | 5〜20 | 10〜20 | 20〜40 | 10〜65 |
| アミロース含量（%） | 21 | 24 | 17 | 34 | 22 | 18 | 17 | 23 | 18 | | 26 |
| 糊化温度（℃） | 65〜76 | 62〜83 | 68〜78 | 73b | 55〜65 | 58〜67 | 64〜79 | 66.2b | 54.2b | | 71b |
| 透明度 | 不透明 | 不透明 | 不透明 | 不透明 | 透明 | 透明 | 透明 | 透明 | 透明 | 透明 | 不透明 |
| ゾル特性 | 中程度の粘度，付着性低い | 粘度・付着性低い | | 膨潤・溶解しにくい，老化しやすい | 粘度・付着性高い，粘度低下が大きい | 付着性高い | 吸水膨潤しやすい，粘度・付着性高い | 付着性高い | 付着性高い，粘度低下が大きい | 付着性高い | |
| ゲル特性 | もろく，硬い，老化が速い | もろく，やわらかい，老化が速い | もろく，硬い | ゲル形成性良，もろく，非常に硬い | ゲル化しにくい | 弾力あり | ゲル化しにくい，強い粘着性 | 弾力あり | | 弾力あり | さくっと割れやすい |
| 主な使途 | 異性化糖など糖化原料，工業用・加工澱粉 | 練り製品，菓子，粘稠剤 | 手粉，打ち粉 | はるさめ（中国） | 水産練製品，菓子，はるさめ（日本），オブラート | 糖化原料，わらび餅，ラムネ菓子 | 加工澱粉，タピオカパール | 和菓子 | | わらび餅 | 糖化原料，加工澱粉，サゴパール |
| 備考 | | 医薬，繊維工業でも用いられる | | 微粒子なので化粧品，工業用にも使われる，高価 | 一般に片栗粉として広く利用されている | わらび粉として利用されることもある | | | 食用としては製造されていない | | |

注）a：平均粒径
　　b：6%澱粉の糊化開始温度

資料）畑江敬子，香西みどり編，今井悦子『調理学』p.157，東京化学同人，2011
　　　川端晶子，畑明美共著『調理学』p.115，建帛社，2002
　　　小林彰夫，村田忠彦編，入谷敏『菓子の辞典』p.56，p.59，朝倉書店，2000を改変

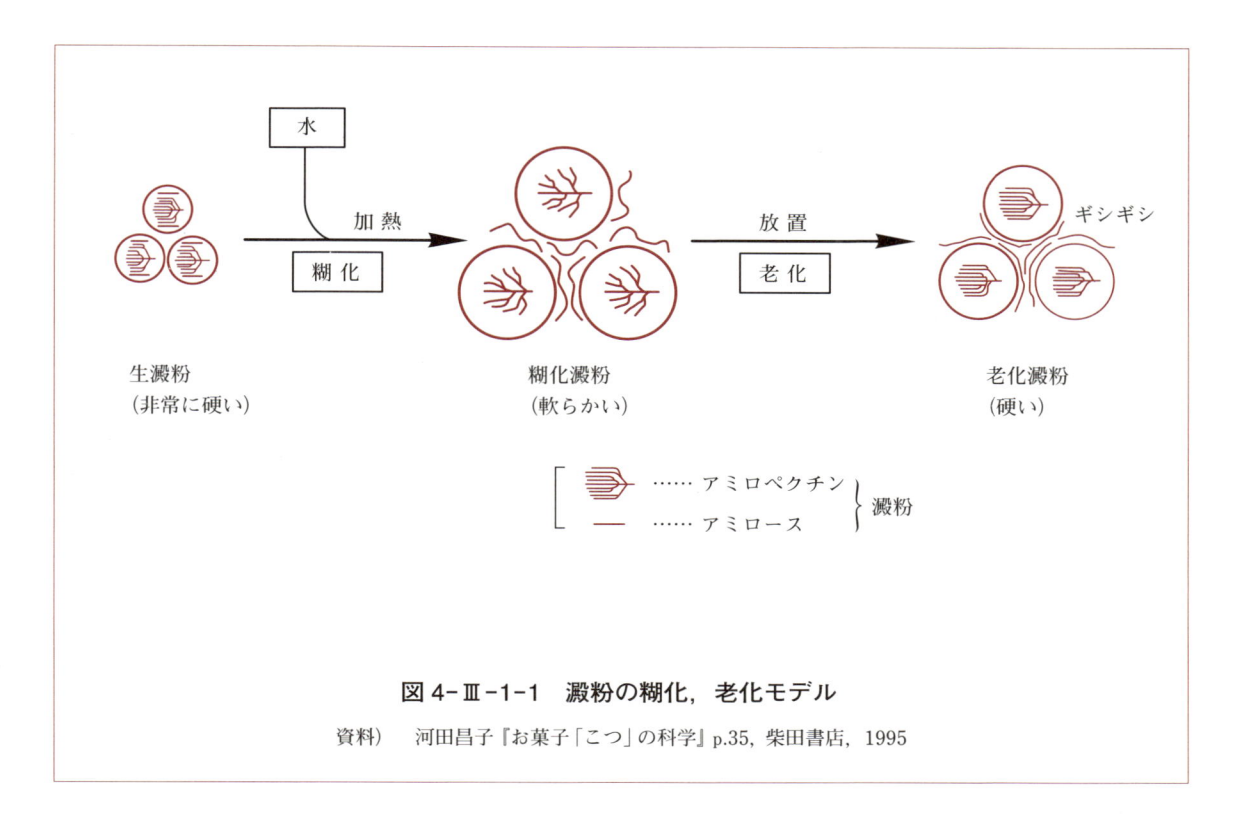

図 4-Ⅲ-1-1　澱粉の糊化，老化モデル

資料）　河田昌子『お菓子「こつ」の科学』p.35，柴田書店，1995

低下させる。うまみ調味料のグルタミン酸ナトリウムは少量の添加でも，じゃがいも澱粉においては糊化を抑制し粘度を低下させる作用が大きい。油は澱粉の粘度を増加させる。したがって前述のように食塩や食酢は澱粉の粘性を低下させるが，このとき油が共存するとその低下を抑制する。

### 3）澱粉のゲル化

　高濃度の澱粉液を冷却するとゲル化する。澱粉ゲルの特徴は，加熱・冷却の温度・時間，撹拌程度，調味料や副材料等の影響を受けるが，一般的には，地上澱粉は不透明で弾力の小さい硬いゲルを形成し，地下澱粉は透明で付着性があり，弾力のあるゲルを形成する。

　地上澱粉の方が地下澱粉より低濃度でゲルを形成する。それぞれ同濃度のときの硬さは，地上澱粉では，とうもろこし澱粉＞小麦澱粉＞さつまいも澱粉，地下澱粉では，くず澱粉＞じゃがいも澱

粉＞タピオカ澱粉である。

調味料などのゲル特性への影響は，糊化や糊液の場合とほぼ同様である。

### 4）澱粉の老化

糊化した澱粉を放置すると，澱粉濃度がうすい液体では下部に沈殿物が生じ，濃厚溶液ではゲル化を起こし，ゲルでは離漿，硬化などが起こる。澱粉分子が水を押し出して，もとの生澱粉に近い形になるからで，これを老化といい，その澱粉を老化澱粉という（図4-Ⅲ-1-1）。

老化には，澱粉の種類，水分含量，加熱方法，放置時間と温度，副材料などが影響する。一般にゲル化しやすい地上澱粉の方が老化は早い。またアミロースと比べ，それより複雑な分枝構造をもつアミロペクチンは老化が遅い。すなわちアミロペクチン100％の糯種の澱粉は粳種より老化が遅い。

水分含量が15％程度以下では，ほとんどが結合水として存在するため老化は起こらない。もっとも老化が起こりやすいのは水分30～60％程度の澱粉で，さらに多くなると老化は遅くなる（図4-Ⅲ-1-3）。すなわち，飯，ゆで麺，パンなどはもっとも老化しやすい水分含量の食品である。

温度は60℃以上では老化は起こりにくく，冷凍させない範囲では温度が低くなるほど老化しやすい（図4-Ⅲ-1-4）。冷凍させる場合でも，この老化しやすい温度帯にある時間が長いほど老化しやすい。市販の冷凍飯では，炊き上がりの飯を－40～－45℃の装置内で急速に凍結し，長期保存中に老化しないようにしている。

砂糖は親水性が高いため，老化を抑制する。しかし，糊化前に加えた場合，または砂糖濃度が30％以上の場合，澱粉の糊化に必要な水を砂糖が奪ってしまうため，逆に老化を促進する。

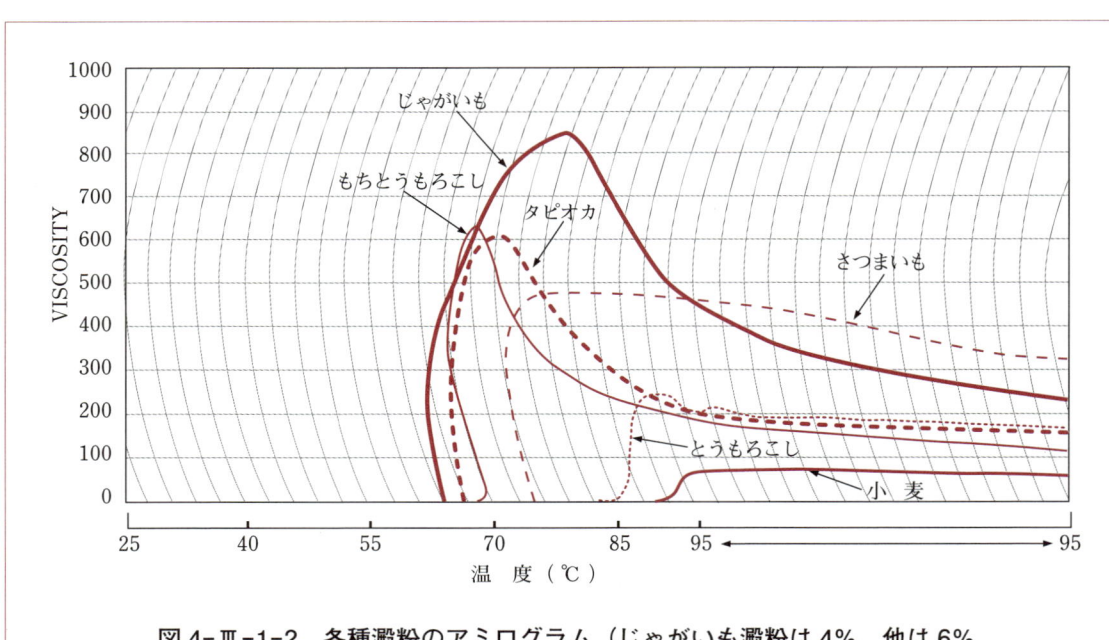

**図4-Ⅲ-1-2　各種澱粉のアミログラム（じゃがいも澱粉は4％，他は6％，試料によって若干変動がある）**

資料）山崎清子他『新版調理と理論』p.145，同文書院，2003

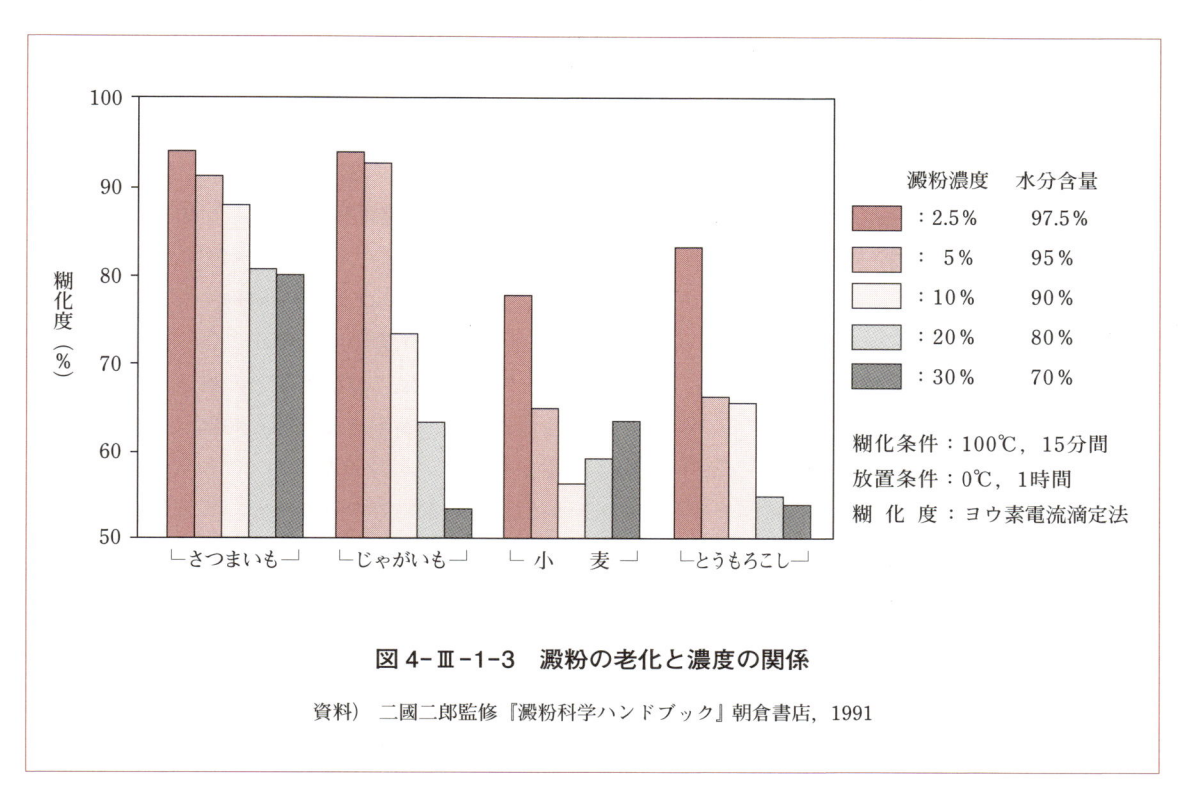

**図 4-Ⅲ-1-3　澱粉の老化と濃度の関係**

資料）二國二郎監修『澱粉科学ハンドブック』朝倉書店，1991

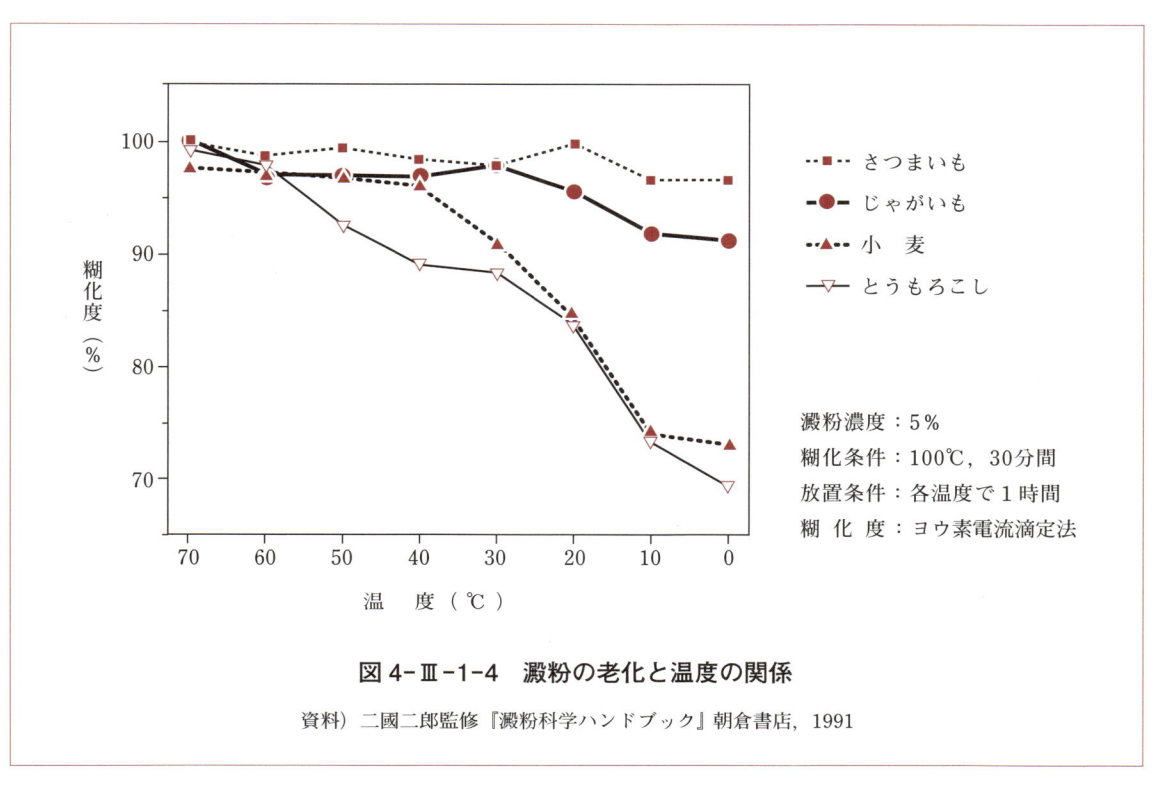

**図 4-Ⅲ-1-4　澱粉の老化と温度の関係**

資料）二國二郎監修『澱粉科学ハンドブック』朝倉書店，1991

加熱時間が短く，十分に糊化が行われていないと老化は促進される。また貯蔵時間が長いほど老化は大きい。

## 5）澱粉の調理
### （1）乾粉としての利用
から揚げやパン粉揚げに，また，すり身やひき肉料理に粉のまま用いる。水分を吸収して加熱により糊化し，膜となって成分の流出を防いだり，材料どうしを接着させる糊の働きをする。

### （2）薄くず汁，あん
薄くず汁には1〜2％，あんには3〜6％の澱粉を用いる。液体に粘度がつくため，滑らかで口当たりがよく，温度低下が抑制され，具は沈みにくい，あるいは具に調味あんがからみやすくなる。

### （3）ゲル
くず桜は，半糊化させた澱粉であんを包み最後に完全糊化させて作る。この時の半糊化澱粉は，あんを包みやすく，流れず，手に付着しにくいことが重要である。そのためにはくず澱粉とじゃがいも澱粉を3：1で用いるとよい。

ブラマンジェはとうもろこし澱粉を用い，全体が糊化した後，火を弱めて2分程度さらに攪拌加熱すると歯切れのよいゲルができる。

ごま豆腐は，くず澱粉を用いると弾力のあるゲルになり，糊化後30分程度練ると，滑らかで口当たりのよい，光沢のあるゲルができる。

わらびもちはさつまいも澱粉が使われることが多く，他のゲルと同様に糊化後さらに2分程度攪拌加熱すると歯切れのよいゲルになる。

それぞれ液体に対し10〜20％程度の澱粉が用いられる。

# 2　油脂

## 1）油脂類の種類と特性
食用油脂には，常温で液体の油と固体の脂がある。これは構成脂肪酸が異なるためで，一般に不飽和脂肪酸が多いものは油，飽和脂肪酸が多いものは脂であり，したがって植物性のものは油，動物性のものは脂であることが多い。

食用油脂には，原材料ごとの単一油のほかに調合油や加工油脂がある。調合油は，食用植物油脂を2種類以上調合したもので，ウインタリング*がされていないものとされているものがある。前者は加熱用の調合油と精製調合油で，後者は生食を前提にした調合サラダ油であるが，加熱調理にも広く使われている。加工油脂は，原料油脂に水素添加，分別またはエステル交換を行って融点を調整し，または酸化安定性を付与し，精製したものをいう。マーガリン，ファットスプレッド，ショートニングなどがある。

## 2）油脂の調理性
### （1）油脂味の付与
油脂の構成主体であるアシルグリセロールは，食しても味やにおいはしないが，滑らかさや口当たりのやわらかさ，ねっとりしたテクスチャーを与える。調理に用いられると，油脂にさまざまな脂溶性成分が溶け込み，また，他の成分と相互作用して好ましい風味の形成に寄与する。

### （2）高温の熱媒体
油から食品への熱の伝わりやすさ（熱伝達率）は水より小さいため，100℃の油と水では水中のほうが食品は早く加熱される。しかし油は水と異なり200℃くらいまでの高温調理が可能であり，一般の揚げ温度である180℃では，食品は沸騰水中より早く加熱される。

油の比熱は水の約半分（水：約4.2kJ/（kg・K），脂肪：約2kJ/（kg・K））で，これは温度が上が

りやすく，また下がりやすいことを表している。揚げ物における温度コントロールがむずかしいことが分かる。

### （3）疎水性

水とは混ざらないため，サンドイッチでは軟らかくしたバターやマーガリンをパンに塗り，具材から出る水分をパンにしみ込ませないようにする。また，乳化剤の存在下でエマルションを形成することができる。エマルションには，水中油滴型のマヨネーズ，油中水滴型のマーガリン，バターなどがある（p.29 参照）。

### （4）可塑性

固体脂は，固体脂指数（SFI：Solid Fat Index，油脂全体に占める固体脂の割合）が 15 ～ 25％のとき可塑性を示す（図 4 - Ⅲ - 2 - 1）。可塑性とは，力を加えると変形し，力を除いてもそのまま戻らない性質をいう。この性質を利用して，前述のようにバターやマーガリンがパンに薄く塗

---

**＊ウインタリング**
サラダ油を製造するための精製工程のひとつで脱ロウともいう。植物油を－1～3℃くらいに冷やし，白く析出する固形脂肪やロウを除く操作。

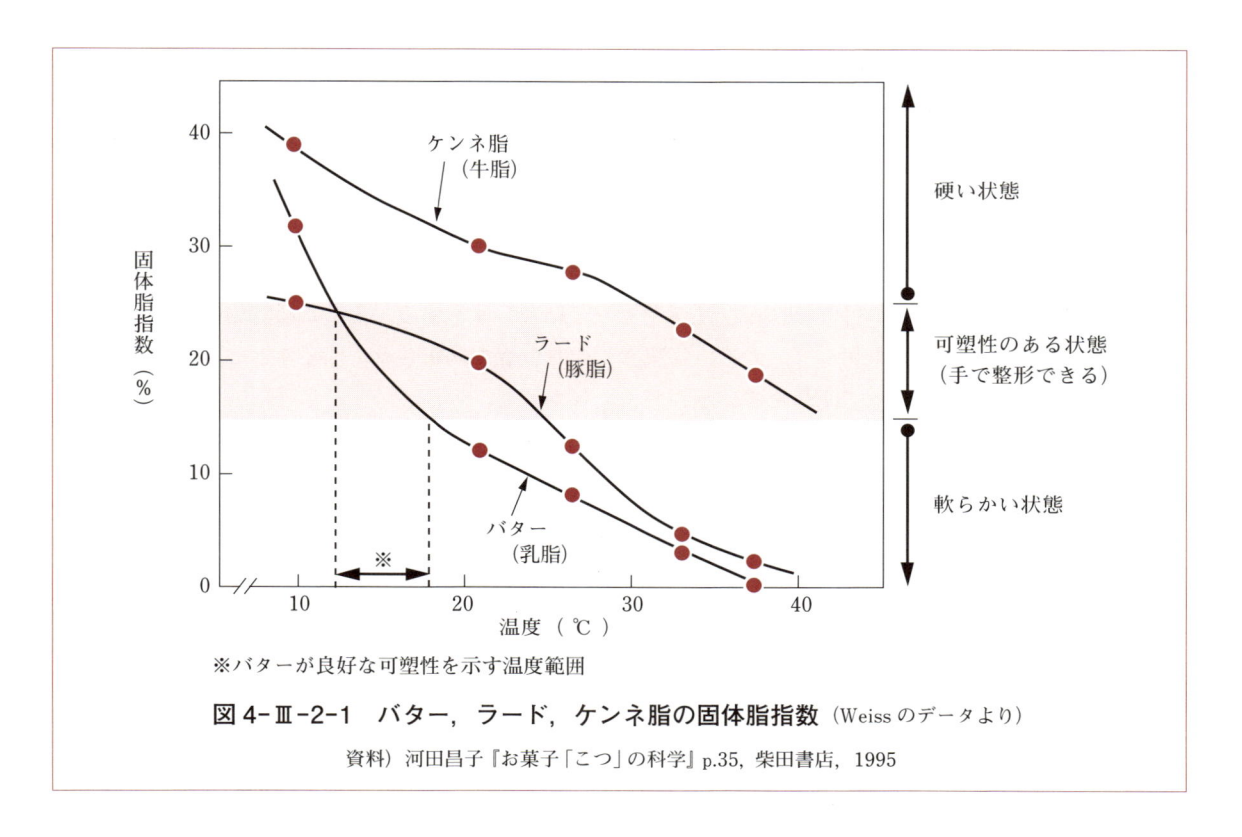

---

図 4-Ⅲ-2-1　バター，ラード，ケンネ脂の固体脂指数（Weiss のデータより）

※バターが良好な可塑性を示す温度範囲

資料）河田昌子『お菓子「こつ」の科学』p.35, 柴田書店，1995

られたり，折り込み式パイに用いられたりする。

### (5) クリーミング性

可塑性を示す状態の固体脂を攪拌すると，空気が細かい気泡となって多数抱き込まれ，軟らかく，ふわりとした状態になる。このような性質をクリーミング性という。バタークリームでは軽い口当たりを与え，バターケーキ類では他の材料を混ざりやすくし，加熱によって多数の気泡が熱膨張するため，きめが均一で膨化のよい製品の形成に寄与する。固体脂のクリーミング性は，一般にはショートニング＞マーガリン＞バターである。

### (6) ショートニング性

油脂は，クッキーやタルト生地などにさくさくとした砕けやすい特性を与える。これをショートネスといい，製品にショートネスを与える性質をショートニング性という。油脂が小麦粉の澱粉やたんぱく質に付着して吸水を妨げ，澱粉の糊化やグルテンの形成を妨げるためである。またクリーミング化により入り込む気泡も，グルテンの形成を妨げ製品のショートネスに寄与する。

## 3　砂糖

### 1）砂糖の調味性

砂糖を使う第一の目的は，料理に甘味を付与するためである。また他の味を和らげ，あるいは深みを与えるために隠し味として使われることもある。

砂糖の種類は図2-2-2（p.18）に示した。これら各種砂糖は味の強さや質が若干異なる。グラニュー糖に代表されるざらめ糖はスクロース含量が99％と高く，スクロース本来の癖のない甘味を呈する。上白糖に代表される車糖はスクロースが95％程度で，1～2％の転化糖（グルコースとフルクトースの混合物）を含むため，しっとりしていて，ざらめ糖より強い甘味を呈する。原料から絞り取った糖汁をそのまま煮詰めて作った含蜜糖は，スクロース濃度が75～85％で糖蜜やミネラルを多く含むため，甘味は濃厚で特有の風味をもつ。

### 2）砂糖の溶解性，親水性，保水性

砂糖は水に対する溶解性が非常に高く（表4-Ⅲ-3-1），スクロースは0℃でも水の約1.8倍，20℃では約2倍，100℃では約5倍も溶け込むことができる。溶解速度は水温が高いほど，また結晶が小さいほど大きい。たとえば梅酒をつくるときは，砂糖濃度を徐々に上げていくために氷糖を使う。

砂糖が水によく溶けるのは，親水性が著しく高いからである。親水性とは水と結合する性質のことで，砂糖は自由水（何とも結合していないで自由に動ける水）と結合してそれを結合水（何らかの形で拘束されて自由に動けない水）にさせやすい。また，砂糖は結合水と容易に離れない性質，すなわち保水性が高い。砂糖が水に溶解すると，濃度の増加に伴い比重が増加し，粘度も増加する。これらの性質は，調理において以下のような効果をもたらしている。

団子，ぎゅうひ，大福やくず桜の皮など澱粉性の食品において，砂糖は広がった澱粉分子中の水と結合し保水する。そのため澱粉は老化しにくくなり乾燥も防止され，団子などは柔らかい状態が保たれる。

寒天ゼリーでは砂糖量が増加するほど離漿量が低下し，60％以上で離漿しなくなる。砂糖が寒天ゲルの網目中の水と結合し保水するからである。

カスタードプディングでは，卵たんぱく質の熱変性が抑制される。砂糖がたんぱく質の網目中の水と結合してたんぱく質の変性に必要な自由水を減少させるからである。砂糖を加えることにより，プディングはすだちにくく，また軟らかいゲルに

表4-Ⅲ-3-1　スクロースの水に対する溶解性

| 温度<br>(℃) | 溶解度<br>(水100gに溶ける最大スクロース量g) | 濃度（%）<br>(溶液100g中のスクロース量g) |
|---|---|---|
| 0 | 181.0 | 64.41 |
| 10 | 188.4 | 65.33 |
| 20 | 199.5 | 66.61 |
| 30 | 214.4 | 68.19 |
| 40 | 233.6 | 70.02 |
| 50 | 257.7 | 72.05 |
| 60 | 287.8 | 74.21 |
| 70 | 324.9 | 76.46 |
| 80 | 370.5 | 78.75 |
| 90 | 426.5 | 81.01 |
| 100 | 487.2 | 82.97 |

仕上がる。冷凍すり身では，砂糖を加えてから冷凍するとたんぱく質の冷凍変性が起きにくくなる。

　卵白を泡立てたとき砂糖を添加すると，泡が消えにくくなり，安定性が著しく向上する。砂糖が膜を形成する水と結合して保水するため水の蒸発が抑えられ，また粘度が上昇して水が動きにくくなるためである。また泡の立て過ぎも抑制され，きめが細かくつやのある泡沫ができる。

　りんごやいちごに砂糖を加えて加熱すると，ジャムやマーマレード，ゼリーなどができる。これは，果物中にある酸によってpHが下がるため，同じく果物中にあるペクチンがお互いに結合しやすい形に構造変化を起こし，そして結合するからである。このとき砂糖は，水と結合することによりペクチンの周囲から自由水を奪うため，ペクチン同士が近づきやすくなり，結合しやすくなる。なお，ゼリー化が起こるためにはペクチン濃度

0.5～1.5％，pH3.0～3.5，砂糖濃度55～65％である必要がある。果物によっては足りないペクチンや酸を加えてゼリー化させる場合もある。

砂糖が食品中の水と結合して自由水が低下することは，微生物の繁殖に必要な水が少なくなることであり，その結果，食品の腐敗が抑制される。砂糖漬け，シロップ煮，ジャム，加糖練乳などでは微生物は繁殖しにくい。ただし，カビは砂糖の飽和溶液中でも繁殖することがある。

砂糖溶液では酸素の溶解度が低い。たとえば20℃で60％濃度の砂糖溶液は，水の場合の1/6しか酸素を溶解しない。そのため食品中のビタミンCや油脂類の酸化が抑制される。

中華料理の杏仁豆腐は，上が広がった朝顔型の器に杏仁豆腐を固まらせ，ひし形に切り込みを入れたところにシロップを流し込んで豆腐を浮かび上がらせ，切り目が広がってきれいな幾何模様になるのを楽しむ料理である。これは杏仁豆腐の比重の方がシロップの比重より小さいためである。

### 3）砂糖の加熱による変化

砂糖溶液を加熱していくと，水が蒸発して濃度が増加していくと同時に沸点も上昇していき（表4-Ⅲ-3-2），やがて水分0の砂糖融液になる。この間に砂糖液はさまざまに状態が変化し，それらを利用して砂糖の調理が行われる。

#### （1）シロップ

一般にシロップは砂糖濃度50～60％，または102～103℃まで煮詰めたものをさす（表4-Ⅲ-3-2）。これは表4-Ⅲ-3-1で分かるように0℃でも結晶を生じることはない。飲み物に加えたり，果物にかけたりして甘味を調整するときには，20～40％濃度または100～101℃まで煮詰めた薄めのシロップを用いることもある。

一方，バタークリームでは，60～70％濃度または105℃に煮詰めたシロップを冷ましてから加える。バターには水分が少ないため砂糖のまま加えると完全に溶解せず，舌ざわりが悪い。そのためシロップにして加えるが，水分が多いと油中水滴型エマルションにならず分離してしまうため，高濃度シロップにして加える。

イタリアンメレンゲでは，約80％濃度または110℃に煮詰めたシロップを使う。泡立てた卵白に砂糖の一部をそのまま加えて撹拌し，残りをシロップにして，熱いうちに糸状にたらしながら熱が取れるまで卵白を泡立てる。シロップの熱で卵白に火が通るため，形がしっかりした，つやのあるメレンゲができる。

#### （2）フォンダン，砂糖衣

フォンダンは，砂糖の微細な結晶が濃厚なシロップに分散したクリーム状のもので，菓子類のデコレーションに使われる。砂糖液を106～110℃くらいまで煮詰め，静かに冷まして40℃くらいになったとき激しく撹拌すると出来上がる。たとえば106℃の溶液は砂糖濃度約70％であり，それはちょうど40℃あたりで飽和になる（表4-Ⅲ-3-1，表4-Ⅲ-3-2）。過飽和になると結晶が析出し始めるので，このとき強く撹拌すると細かい結晶ができる。フォンダンは，グラニュー糖より上白糖のほうが滑らかなものになる。上白糖には砂糖の結晶化を妨げる働きをする転化糖が少量入っているため，結晶の成長を抑制してより細かい結晶を生成させるからである。

材料の全面に砂糖を結晶化させる，すなわち糖衣することを目的としたものが砂糖衣である。過飽和砂糖量が多くなるよう砂糖液を115～120℃まで煮詰め，かりん糖やピーナッツなどの材料を入れてから火を止め手早く撹拌すると，温度がやや低下したとき過飽和となり，材料に結晶がまとわりついて砂糖衣になる。材料が冷えていると，材料の全面に砂糖がまとわりつかない。

#### （3）あめ

砂糖液は130℃くらいから，加熱を止めて放冷すると固まってあめになる。140～160℃くらい

の砂糖液は，温度が低下していく過程の100～80℃くらいの間，伸びて糸を引く。砂糖液は濃度が高くなるほど粘性が大きくなるからである。この性質を利用してさまざまなあめ細工やあめがけが行われる。

　型や紙に流して幾何学模様や立体像を作る（流しあめ）。フォークなどで振り落としたりして糸状に固める（糸あめ：銀絲〈インスー〉，金絲〈ヂンスー〉）。銀絲は140～150℃で色がついていないもの，金絲は160℃くらいで色がついたもので，アイスクリームの上に飾るなど，デコレーションに使われる。引いてのばすことを繰り返すことで花や葉，リボンなどの形をつくる（有平糖）。揚げたさつまいもなどを砂糖液に入れてあめ衣にする（抜絲地瓜〈バアスー〉）（あめがけ）。

　あめは，砂糖の結晶が析出しないことが重要である。そこで，砂糖液に食酢，酒石酸，クリームタータ（酒石酸水素カリウム）などの酸を加え，結晶化を防ぐ働きがある転化糖を一部生成させる。また同様の目的で水あめを10～30％加えることもある。

### (4) カラメル

　砂糖液は160℃を過ぎるとスクロースが分解し始め，転化糖を経て脱水縮合し，最終的に褐色物質カラメルになる。

　カスタードプディングに用いるカラメルソースは，カラメルに，水（高温のカラメルに加えるときは温度差が少ない熱湯がよい）を加えて伸ばしたものである。プディングでは，出来上がったとき卵液ゲルとカラメルソースの接触面がきれいに分離していることが重要である。卵液とカラメルソースの比重差が大きいほどきれいに分離するが，カラメルソースの比重が大きい（＝砂糖濃度が高い）と，冷えたとき器の底であめになって固まりプディングにかからないことがある。カラメルソースの砂糖濃度を80％，すなわち使用した砂糖重量の1.25倍にカラメルソースを仕上げる

**表4-Ⅲ-3-2　スクロース溶液の沸騰点**
(Browne)

| スクロース％ | 沸騰点℃ |
|---|---|
| 10 | 100.4 |
| 20 | 100.6 |
| 30 | 101.0 |
| 40 | 101.5 |
| 50 | 102.0 |
| 60 | 103.0 |
| 70 | 106.5 |
| 80 | 112.0 |
| 90.8 | 130.0 |

MEMO

と，冷えても器の底であめにならず，プディング全体にかかる。

## 4　ゲル化剤

ゲルは，ゾルが流動性を失って固体になったものをさす。液体に加えることによりゲルを形成させることのできるおもなゲル化剤を表4-Ⅲ-4-1に示す。これらゲル化剤は鎖状の高分子化合物で，ゾルのときは液体中に広がって分散しているが，温度が下がってくると分子が絡み合って網目をつくり，中に液体を含んでゲルになる。

### 1）ゼラチン

ゼラチンは，原料の牛骨，牛皮，豚皮を前処理してからたんぱく質のコラーゲンを熱加水分解して抽出し，濃縮，ゲル化，乾燥したもので，板ゼラチン，糸ゼラチン，粒状ゼラチン，粉ゼラチンがある。前処理は原料によって酸処理またはアルカリ処理がおこなわれ，これによってゼラチンの性質も異なってくる。

#### （1）膨潤，溶解，凝固，融解

ゼラチンの使用量は2〜4％程度である。ゼラチンをまず水に5〜30分浸漬させる。吸水膨潤に必要な時間は粉＜粒＜糸＜板である。約10倍に膨潤するので，10倍の水を用いて浸漬するとよいが，使える水が少ないときは4，5倍の水を用いる。膨潤したゼラチンは40〜50℃で溶解するので，熱い液体に加えるか，または50〜60℃の湯煎にかけて溶解させる。

ゾルの凝固温度は3〜10℃，ゲルの融解温度は20〜25℃である。

#### （2）ゲル特性

ゲル化は寒天に比べゆっくりであるため，凝固時間が長く，また凝固温度が低いほどゲル強度は大きくなる。寒天ゲルと異なり，ゼラチンゼリーは離漿しない。

ゲルの特徴は，寒天に比べ軟らかく弾力があり，融解温度からわかるように口中で融けやすい。咀嚼中に融けない場合でも，ゼラチンゲルは容易に変形し，周囲から融けながら咽頭を通過することができるため，嚥下困難者用のゲル化剤として優れている。

#### （3）添加物の影響

砂糖添加量が増えるほど，ゲルの凝固温度や融解温度，ゲル強度が大きくなり，透明性が増す。酸の添加，特にpH4以下ではゲル強度が低下する。牛乳は，牛乳中の塩類の影響でゲル強度を大きくする。ゼラチンはたんぱく質なので，たんぱく質分解酵素を含むキウイフルーツ，パイナップル，パパイア，いちじくなどを生のまま用いるとゲル化しない。これらを用いるときは，加熱して酵素を失活させてから用いる。

### 2）寒天

寒天は，紅藻類のてんぐさ，おごのりなどの細胞壁成分を熱水抽出，濃縮，凝固，凍結，融解，乾燥したもので，角寒天，糸寒天，粉寒天などがある。成分は，ガラクトースとアンヒドロガラクトースを主体としてそれらが多数結合した多糖のアガロースとアガロペクチンの混合物である。

#### （1）膨潤，溶解，凝固，融解

寒天の使用量は，角寒天では0.8〜2％，糸寒天は角寒天の0.8〜0.9倍，粉寒天は0.5倍が標準である。

まず角・糸寒天は1時間程度，粉は5分程度水に浸漬して吸水膨潤させる。80℃以上であれば溶解するが，通常は沸騰させて2〜10分加熱溶解させる。粉寒天は短時間で溶解するが，角寒天は溶解しにくいのでよく加熱する必要がある。寒天濃度は低いほうが溶解しやすく，2％以上では溶解しにくいので，高濃度にしたいときは1％程度から煮詰めていく。

ゾルの凝固温度はほぼ30～45℃，ゲルの融解温度は85～95℃である。これらには寒天の原料や濃度，砂糖など他の添加物の種類や量が影響する。

### (2) ゲルの特徴

寒天のゲルは，粘りや弾力がなく，ある力以上で突然にポロリともろく壊れるという特徴をもつ。また寒天ゲルは離漿を起こす。寒天濃度が低いほど，加熱溶解時間が短いほど，また放置時間が長くなるほど離漿量が多くなる。

### (3) 添加物の影響

砂糖は，添加量が増えるほどゲルの凝固温度および融解温度が上昇し，硬く，弾力のある，透明なゲルになる。また離漿量が減少し，砂糖60％以上の添加で離漿しなくなる。

果汁などの酸を加え高温で加熱すると，寒天は加水分解されゲル強度が低下する。とくにpH3以下ではゲルは形成されない。果汁かんは，果汁

表4-Ⅲ-4-1 各種ゲル化剤の特徴

|  | ゼラチン | 寒天 | カラギーナン $\kappa, \iota, \lambda$ | ペクチン HM, LM |
|---|---|---|---|---|
| 原料 | 動物の骨や皮 | 海藻(てんぐさ等) | 海藻(すぎのり等) | 果実，野菜 |
| 成分 | たんぱく質 | 多糖類(難消化性) | 多糖類(難消化性) | 多糖類(難消化性) |
| ゲル化濃度 | 2～4％ | 0.5～1.5％ | 0.5～1.5％ | 0.5～1.5％ |
| 溶解温度 | 40～50℃ | 80～100℃ | 70～80℃ | HM：90～100℃<br>LM：冷水～ |
| 凝固温度 | ～10℃ | 30～45℃ | 35～45℃ | HM：60～80℃<br>LM：30～40℃ |
| 融解温度 | 20～25℃ | 85～95℃ | 50～60℃ | HM：80～90℃<br>LM：50～100℃ |
| ゲル化条件 | たんぱく質分解酵素を含まない |  | $\lambda$：ゲル化せず | HM：pH3.0～3.5，砂糖濃度55～65％<br>LM：2価以上の陽イオン |
| 離漿の有無 | なし | あり | あり～ややあり | 条件によりあり |
| 砂糖の影響 |  | 離漿防止，ゲル強度増加，透明性増加 |  |  |
| 牛乳の影響 | ゲル強度増加 | ゲル強度低下 | ゲル強度増加 |  |
| 果汁(酸)の影響 |  | ゲル強度低下 |  |  |
| 冷凍の可否 | 否 |  | 可 |  |

注）HM：高メトキシルペクチン，LM：低メトキシルペクチン

の風味を生かすことも考え，火からおろしたあと，混合時の温度が60℃以下になるような時期に果汁を加える。この場合でも，果汁中の果肉などが寒天分子の絡み合いを阻害し，ゲル強度を低下させることがある。

牛乳は，脂肪やたんぱく質が寒天のゲル化を妨げ，ゲル強度を低下させる。

水ようかんは，寒天液にあんを加えて凝固させたものである。あんの比重が大きいため，あんが沈んで2層ゼリーになってしまうことがある。これを防ぐためあんを寒天液に加えてから5～10分攪拌加熱すると，あんの細胞の一部が壊れて中から澱粉が流出し，寒天の分子と絡み合って沈み難くなる。また寒天液とあんの混合物の粘度が高くなって凝固する直前の40℃前後で型に入れるとよい。

### (4) ゼラチンとの混合ゼリー

寒天ゼリーは弾力がなく口溶けが悪いが，室温では融解しないという扱いやすさがある。一方，ゼラチンゼリーは，室温で崩壊するという扱いにくさがあるが，口溶けがよくやわらかいという長所がある。両者を混合することによって，欠点を補い長所を生かしたゲルができる。

## 3）カラギーナン
　　　（カラゲナン，カラゲニン）

カラギーナンは紅藻類のすぎのり，つのまたなどの細胞壁成分を熱水抽出，濃縮，凝固，凍結，融解，乾燥したものである。成分はガラクトース等を主体とする多糖で，$\kappa$（カッパ），$\iota$（イオタ），$\lambda$（ラムダ）の3種類がありそれぞれ性質が異なる。

ゲル化剤，増粘剤などとして業務用に広く使われており，加工食品などの原材料中，海藻抽出物というのはほとんどカラギーナンである。

### (1) 膨潤，溶解，凝固，融解

カラギーナンの使用量は0.5～1.5％である。液体への分散性が悪いので，粉末の状態で砂糖とよく混ぜ合わせておく。砂糖の混ざった$\kappa$および$\iota$-カラギーナンに水を少量ずつ加え，5～10分吸水膨潤させた後，70～80℃で加熱すると溶解する。Na塩の共存する冷水や温牛乳にも可溶である。$\lambda$-カラギーナンは，温水，冷水，温牛乳に可溶である。

ゲル化するのは$\kappa$および$\iota$-カラギーナンのみで，35～45℃で凝固し，ゲルは50～60℃で融解する。

### (2) ゲル特性

$\kappa$-カラギーナンは，もろく硬い，離漿の多いゲルを形成する。$\iota$-カラギーナンは，$\kappa$と$\lambda$の中間の性質を示し，弾力があり，離漿の少ないゲルを形成する。$\lambda$-カラギーナンはゲルを形成せず，粘性を示す。

### (3) 添加物の影響

砂糖添加により，ゲルの粘弾性が増し，離漿は減少する。酸の存在下では，pHが低いほど，温度が高いほど，時間が長いほどゲル強度は低下する。とくにpH3.5以下ではゲル形成しない。

KやCaの陽イオンは，ゲル化に大きな影響を及ぼす。$\kappa$-カラギーナンは，Kイオン，$\iota$-カラギーナンはCaイオンの共存でもっともゲル強度が大きくなる。

たんぱく質もゲル化に影響する。影響の大きいものは牛乳のカゼインで，その他小麦粉のグルテン，肉のミオシン，大豆たんぱく質なども影響する。とくに$\kappa$-カラギーナンは牛乳の添加でゲル強度が著しく増加する。

また，$\kappa$-カラギーナンはローカストビーンガムとの反応性が高く，混合により弾力性が増し，離漿が抑制されて$\iota$-カラギーナンに似た性状のゲルを形成するようになる。

市販のゼリー類は，カラギーナンとローカストビーンガム，塩類を混合して，それぞれ望みの物性のゲルに調製されている。同様に，市販されて

いる粉末のゲル化剤も，使いやすさ，出来上がりのゲルのテクスチャーを考えて，ローカストビーンガム，塩類および糖（ぶどう糖など）が混合されている。

### (4) ゼラチンとの混合ゼリー

寒天・ゼラチン混合ゼリーと同様に，カラギーナン・ゼラチン混合ゼリーを調製することができる。とくに $\kappa$-カラギーナンとの混合ゼリーでは，カラギーナンゲル特有のもろさが消え，しなやかなゼリーになる。

## 4）ペクチン

ペクチン質は，植物の細胞壁や細胞間質に存在する多糖類で，ガラクチュロン酸が多数結合したものである。ペクチン質は，プロトペクチン，ペクチニン酸，ペクチン酸の3つに大別できる。このうちペクチニン酸が，一般にペクチンといわれゲル化剤として使われる。

ペクチンは，構成する多数のガラクチュロン酸の一部に，カルボキシル基（-COOH）がメチルエステル化（$-COOCH_3$。$-OCH_3$ をメトキシル基という）しているものを含む。エステル化の程度（またはメトキシル含量）によって性質が大きく異なるため，ペクチンは一般にHMペクチン（高メトキシルペクチン）とLMペクチン（低メトキシルペクチン）に分けて扱う（表4-Ⅲ-4-2）。なおエステル化度0％がペクチン酸である。市販のペクチンは，HMペクチンではメトキシル含量8〜11％，LMペクチンでは同3〜5％のものが多い。

ペクチンの使用濃度は0.5〜1.5％である。ペクチンは水に対する分散性が悪い。

### (1) HMペクチンのゲル化

HMペクチンは90℃以上で水や牛乳に溶解する。凝固させるには最終的に pH3.0〜3.5 および砂糖濃度55〜65％にする必要がある（p.157末〜p.158参照）。ペクチンと酸だけで加熱する

MEMO

表 4-Ⅲ-4-2　ペクチン質の種類

| ペクチン質 | | メトキシル含量(%)<br>[エステル化度(%)] |
|---|---|---|
| プロトペクチン | | |
| ペクチン<br>（ペクチニン酸） | 高メトキシルペクチン | 16.32[100]〜7[42.9] |
| | 低メトキシルペクチン | 7[42.9]未満 |
| ペクチン酸 | | 0 |

注）メトキシル含量16.32％＝エステル化度100％

とペクチンが分解されるので初めから砂糖を加えたほうがよいが，高濃度の砂糖液ではペクチンが溶けにくいので薄い砂糖液で溶解するとよい。

　凝固温度は60〜80℃と高く，また凝固速度も速いので，手早く操作する。ゲルの融解温度は80〜90℃である。

### (2) LMペクチン

　LMペクチンは，冷水でも溶解する。凝固は，カルシウムなど多価の陽イオンを加えることによって起こる。したがって牛乳を加えれば凝固するが，初め水で溶解させた後，牛乳を加えるほうが溶解性がよい。

　ゲルを形成するために，HMペクチンのように糖を必要としないので，低エネルギーのジャム，ゼリー，飲料等に広く利用される。

## ◆演習問題

**問題1.** 澱粉に関する記述である。**正しいもの**はどれか。1つ選べ。
a 最高粘度を示した後さらに加熱すると粘度が低下する現象を，ブレークダウンという。
b 澱粉の糊化は40℃くらいから始まり，粘性が出てくる。
c 地上澱粉のゲルは透明感があり，地下澱粉のゲルは不透明であることが多い。
d 澱粉ゾルに対する食塩添加の影響は，どの澱粉でも小さい。
e 澱粉は，薄くず汁には3〜6％，あんには1〜2％用いられる。

**問題2.** 油脂に関する記述である。**正しいもの**はどれか。1つ選べ。
a 油は水と比べると，温度が上がりにくくまた下がりにくいため，揚げ物の温度コントロールは容易である。
b 油は水と混ざりやすいため，マヨネーズのような水中油滴型エマルションができる。
c バターがラードと比べ融けやすくまた固くなりやすいのは，可塑性を示す温度範囲が狭いためである。
d ケーキ類の調製において溶かしバターを使うときは，バターのクリーミング性を利用する場合である。
e 油脂が多いクッキーほど，ショートネスが小さい。

**問題3.** 砂糖に関する記述である。**正しいもの**はどれか。1つ選べ。
a フォンダンは，砂糖の微細な結晶が濃厚なシロップに分散したものである。
b ジャムでは，砂糖が自由水を低下させるため，微生物もカビも繁殖しない。
c 卵白でメレンゲを作るときは，砂糖を最初に全量加えてから泡立てる。
d ピーナッツの砂糖衣がけは，砂糖液を115〜120℃まで煮詰め，40℃まで冷ましてから加えて作る。
e プディング調製時には，器中でカラメルソースが固まってから卵液を流しいれる。

**問題4.** ゼラチンと寒天に関する記述である。**正しいもの**はどれか。1つ選べ。
a ゼラチン液は，沸騰させてよく溶かしてから冷まし固めてゲルにする。
b ゼラチンゼリーを作るとき，缶詰めのパイナップルを使うとゲル化しない。
c ゼラチンゲルはもろく，寒天ゲルは弾力がある。
d ゼラチンゼリーは離漿しやすく，寒天ゼリーは離漿しにくい。
e 同程度のかたさのゼリーを作るとき，粉寒天を使うなら角寒天の半分の量でよい。

◎解答
問題1. a
問題2. c
問題3. a
問題4. e

# chapter 5 調理と安全

〈学習のポイント〉
・安全な食べ物を供食するために，食中毒の原因を理解する。
・微生物による食中毒を起こさないための諸注意を理解する。
・食品の安全性に関する表示を理解して利用する。
・調理操作による有害物質の生成についての知識を得る。

## 1 調理と衛生管理

　調理の目的のひとつは，食品を衛生的で安全な食物にすることである。しかし，調理における衛生管理が不十分な場合には，食中毒を起こし，健康被害を及ぼすことがある。

　食中毒は，図5-1-1のように分類されている。現在，日本における食中毒の中で最も発生件数の多いのは，細菌性食中毒であり，次いでウイルス性食中毒，自然毒食中毒と続く。細菌やウイルスなどの微生物が原因となる食中毒が最近では全体の約90％を占めている。

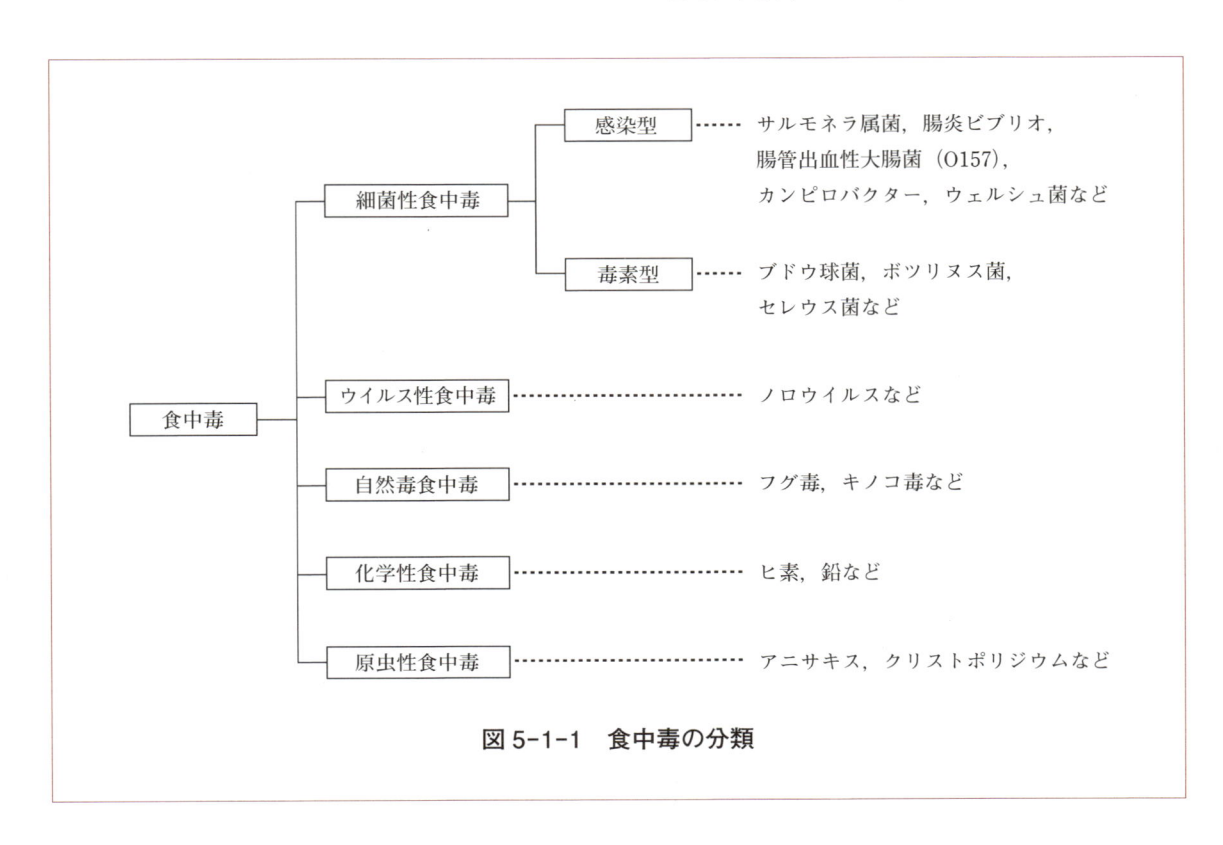

```
食中毒 ─┬─ 細菌性食中毒 ─┬─ 感染型 ……… サルモネラ属菌，腸炎ビブリオ，
         │                │                腸管出血性大腸菌（O157），
         │                │                カンピロバクター，ウェルシュ菌など
         │                └─ 毒素型 ……… ブドウ球菌，ボツリヌス菌，
         │                                 セレウス菌など
         ├─ ウイルス性食中毒 ……… ノロウイルスなど
         ├─ 自然毒食中毒 ……… フグ毒，キノコ毒など
         ├─ 化学性食中毒 ……… ヒ素，鉛など
         └─ 原虫性食中毒 ……… アニサキス，クリストポリジウムなど
```

図5-1-1　食中毒の分類

**自然毒食中毒**，**化学性食中毒**，**原虫性食中毒**については，食中毒の原因となる物質や原虫を食品に混入させないこと，毒素をもつ種類の食品やその部位を摂取しないようにすることで予防することができる。しかし，微生物による食中毒については，調理過程において汚染されたり，微生物が増殖したりすることによって発生するために，衛生管理の徹底がより重要である。微生物による食中毒の主な発生要因として次のことがあげられる。卵や魚介類，肉類などの生食，食材や調理食品の不適切な温度保存および長期保存，不適切な加熱調理，調理者の手指からの汚染などである。食中毒の予防は，食品に病原菌をつけない（汚染防止），病原菌を増やさない（増殖防止），加熱して殺菌する（加熱殺菌）の3原則を厳守することである（食中毒の詳細については，本シリーズ『食べ物と健康』p.97 - 116を参照）。

## 1）食品の汚染防止

　ヒトが食物として摂取する可食部分に細菌性食中毒やウイルス性食中毒の原因となる菌がもともと存在しているという例は少ない。しかし，家畜や家禽の屠殺や解体の際に取扱いが不十分な場合に，腸内常在菌が食肉を汚染する。魚の場合には，海に生息する細菌が海水温の上昇によって増殖し，魚を汚染する。野菜類や穀類は，生育地の土壌由来の細菌によって汚染されている。

　まず，食品の納入においては衛生的に管理された業者を選定し，新鮮な食品を購入することが大切である。野菜や果物を加熱せずに供する場合，流水で十分洗浄し，必要に応じて次亜塩素酸ナトリウム等で殺菌後，流水で十分すすぎ洗いする。魚介類は腸炎ビブリオを予防するため真水でよく洗浄する。さらに洗浄によってきれいになった食品に再び菌をつけないよう，手やふきん，まな板，調理器具による二次汚染を防止することが重要である。

　調理する場所や調理器具を清潔に保つことはもちろんのこと，調理従事者は調理前，調理中など頻繁に丁寧に手洗いをする。調理過程における食材から食材への汚染，調理器具からの食材への汚染を防ぐためにも，食材に直接触れるまな板や包丁などは，食肉，魚介，野菜用に分け，使用後には熱湯消毒をして，乾燥させる。

　手洗いについては，①調理開始時，②用便後，③生の食材を扱った後，④盛りつけ前や加熱後の食品を扱うとき，⑤ゴミなどの汚れたものを触ったときなどに行うことが必要である。手の洗い方は，流水で汚れを落とし，せっけんをつけて良く洗った後，流水でよく洗い流すようにする。洗った手は，乾いたタオルもしくはペーパータオルでふくか，温風乾燥機で乾かすようにする。

　手に傷があったり，手荒れをしているなど異常がある場合には，黄色ブドウ球菌が存在しているため，直接食品を触らないように注意することが必要である。

## 2）病原菌の増殖防止

　細菌やウイルスなどの食中毒菌の増殖域は10～50℃であり，この範囲内では通常温度が高いほど増殖速度が速くなる。したがって，10℃以下で保存することによって，病原菌の増殖を抑制することができる。

　食中毒の発生頻度の高いサルモネラ属菌による食中毒は，原因食品は鶏卵によるものが多い。鶏卵は，割卵して溶き卵にすると，卵黄に含まれる鉄イオンを利用してサルモネラ属菌が増殖する。したがって，溶き卵は放置せずに，できるだけ早く摂食することが必要である。

　O157やカンピロバクター，ノロウイルスについては，少量の菌で感染するため，汚染防止がより重要である。

## 3）加熱して殺菌する

　腸炎ビブリオやサルモネラ属菌，O157，カン

ピロバクターなどは熱に弱いため，食中毒を防止するための加熱の目安は，食品の中心温度が75℃で1分間以上，また二枚貝等ノロウイルスによる感染のおそれのある食品については，85～90℃で90秒間以上の加熱が必要と考えられている。その他，芽胞を形成するウェルシュ菌や，毒素型のブドウ球菌やボツリヌス菌，セレウス菌は熱に強く，通常の調理加熱によって殺菌することは難しいため，加熱調理後はすみやかに食べるか，調理後に保存する必要がある場合には急冷するなどして，菌の増殖を防ぐよう注意する。

大量調理における衛生管理については，「大量調理施設衛生管理マニュアル」（平成29年6月16日最終改正）を参考とする。家庭における衛生管理については，厚生労働省の「家庭でできる食中毒予防の6つのポイント」（表5-1-1），世界保健機構の「食品をより安全にするための5つの鍵」（表5-1-2）が参考となる。

**表 5-1-1　家庭でできる食中毒予防の6つのポイント**

－家庭で行う HACCP －

| | | |
|---|---|---|
| ポイント1 | 食品の購入 | 新鮮な物，消費期限を確認して購入する等 |
| ポイント2 | 家庭での保存 | 持ち帰ったらすぐに冷蔵庫や冷凍庫で保存する等 |
| ポイント3 | 下準備 | 手を洗う，きれいな調理器具を使う等 |
| ポイント4 | 調理 | 手を洗う，十分に加熱する等 |
| ポイント5 | 食事 | 手を洗う，室温に長く放置しない等 |
| ポイント6 | 残った食品 | きれいな器具容器で保存する，再加熱する等 |

資料）厚生労働省，1997

表5-1-2　食品をより安全にするための5つの鍵

| | |
|---|---|
| 1．清潔に保つ | ・食品を取り扱う前だけでなく調理中も頻繁に手洗いをする。<br>・トイレに行った後には必ず手を洗う。<br>・調理器具及び食品と接触する面は洗浄，消毒する。<br>・調理場や食材をねずみ，昆虫，他の動物の害から守る。 |
| 2．生の食品と加熱済み食品とを分ける | ・生の肉類および魚介類を他の食材と分けて取扱う。<br>・生の食品を扱う包丁やまな板などの調理器具は，加熱済み食品に使用するものと分けて使用する。<br>・生の食品と加熱済み食品は別の容器で保存する。 |
| 3．よく加熱する | ・食品，とくに肉類，卵および魚介類はよく加熱する。<br>・スープやシチューのような食品は70℃以上にするため，沸騰するまで加熱する。<br>・肉類に関しては，肉汁が透明であることを確認する。温度計を使用することが理想的。<br>・調理済みの食品はよく再加熱する。 |
| 4．安全な温度に保つ | ・調理済み食品を室温に2時間以上放置しないようにする。<br>・調理済み食品及び生鮮食品を保存する時は素早く冷却する（理想的には5℃以下）。<br>・食べるときまで熱い状態を保つ（60℃以上）。<br>・冷蔵庫内でも食品を長時間保存しない。<br>・冷凍された食品を室温で解凍しない。 |
| 5．安全な水と原材料を使用する | ・安全な水を使用する。<br>・新鮮で良質な食品を選別する。<br>・安全性が確保された，殺菌乳のような食品を選ぶ。<br>・果物や野菜を，とくに生で食べる場合にはよく洗う。<br>・消費期限をすぎた食品を使用しないようにする。 |

資料）世界保健機構，2001

## 2　食品の衛生的な保管

食中毒をもたらす病原菌が増殖するためには，温度，栄養，水分が必要である。これらの条件のひとつでも欠けると増殖できなくなることから，食品を衛生的に保管するためには，この3つのポイントに注意したい。

### 1）温度

食中毒の原因となる病原菌などを食品内で増殖させないために，温度管理が必要であること，病原菌を殺菌するために十分な加熱が必要であることを前節で述べた。

基本的には，食材を納入して調理するまでに保存する必要がある場合には，冷蔵庫もしくは冷凍庫で保存する。これは，10℃以下の冷蔵保存においては，一般に食品内の病原菌の増殖を抑制することができるためである。したがって，短時間であっても室温に放置することをせずに冷蔵庫に入れる習慣をつけることが大切である。－18℃以下で冷凍すれば，病原菌の増殖はほぼ完全に抑えることはできるが，殺菌にはならないことに注意する必要がある。

ただし，アニサキスのような寄生虫の場合には，－18℃以下で24時間以上冷凍すると死滅するので，寄生虫による汚染のおそれのある食材を生食する場合には，事前に冷凍保存をするということが有効である。

調理後の食品はできるだけ早く食べることが望ましいが，加熱終了後，食品の温度が50℃以下になると，加熱によって完全に殺菌できていない場合には，菌の増殖が始まってしまう。したがって，温かく喫食する料理は65℃以上，冷やして喫食する料理は急冷して10℃以下にする。保存した料理を食べる際に再加熱することによって殺菌できる場合もあるが，熱に強い菌では，再加熱

しても効果がない。ウェルシュ菌によって，肉，魚介類，野菜を使った加熱調理食品，特に大量調理されたカレーや弁当，スープなどが食中毒の原因食品となるが，45℃付近の温度で急速に増殖し，芽胞を形成するため，熱に強く，温める程度の再加熱では菌は死なない。

## 2）水分

　食中毒に関連する病原菌は，水分の多い環境で増殖しやすい。したがって，調理場を乾燥した状態に保つことが重要である。洗浄を行った調理器具も洗浄後乾燥させずに湿気の多い場所に保管すると菌が増殖する。表5-2-1は布巾の乾燥方法と検出された菌数の関係を示している。湿気の多い厨房に放置しておくと菌が増殖することがわかる。

　まな板用の紫外線殺菌の保管庫などもあるが，乾燥装置がついていない保管庫では，完全に乾燥

MEMO

### 表5-2-1　布巾の干し方と細菌汚染度

| 乾燥条件 | 汚染度範囲（100cm²当たり） | 平均汚染度 |
| --- | --- | --- |
| 対照（当初菌数） | $10^2 \sim 10^6$ | $1.2 \times 10^3$ |
| 日なた干し | $0 \sim 10^2$ | 7 |
| 日陰干し | $0 \sim 10^3$ | $1.5 \times 10$ |
| 厨房内放置 | $10^2 \sim 10^6$ | $4.6 \times 10^4$ |
| 乾燥機による乾燥 | $0 \sim 10$ | 3 |

資料）金井美惠子「日本調理科学会誌」vol.38, p.83-88, 2005

してから入れないと紫外線殺菌の効果が得られない。

### 3）包装

食品を調理するまでの間保存する必要がある場合には，食品ごとに包装をして冷蔵庫に入れるようにする。これは，乾燥を防ぐと同時に冷蔵庫内の汚染と食品間の相互汚染を防止するためである。

## 3　食品の安全性

### 1）表示

食品の生産と消費の場所が離れている現在，私たちが食べている食材がどこでどのようにして育てられ，加工されているのかを直接知ることは難しい。その中で食品の安全性を判断する材料として，その食品の表示は重要である。食品の表示については，JAS法，食品衛生法，健康増進法の3法の食品表示に関する規定を統合した食品表示法（2015年施行）によって規定されている。

### （1）期限表示

加工食品の期限表示は，現在は消費期限と賞味期限の2種類が使用されている。消費期限は，定められた方法で保存した場合，「衛生上の危害が生じる恐れのない期間」を示す年月日が，品質が急速に劣化する食品（製造および加工日を含めておおむね5日以内で品質が劣化するもの）に表示されている。賞味期限は，消費期限を規定する食品以外の食品へ表示するものであり，定められた方法で保存した場合，「食品の品質の保持が十分に可能な期間」を示す年月日が，品質の劣化が比較的緩やかな食品に表示されている。いずれも未開封の状態で，表示されている保存方法を守っていることが品質保持の条件となる。

表 5-3-1　食品添加物の用途

| 使用目的 | 用途別名称 |
| --- | --- |
| 食品の製造，加工用 | 豆腐凝固剤，かんすい，消泡剤，抽出溶剤，酵素，pH調整剤，その他の製造溶剤など |
| 食品の嗜好性および品質の向上 | 着色料，発色剤，漂白剤，光沢剤，香料，香辛料抽出物，甘味料，調味料，乳化剤，増粘安定剤，膨張剤など |
| 食品の保存性向上・食中毒の防止 | 保存料，酸化防止剤，殺菌料，防かび剤など |
| 食品の栄養成分を強化 | 栄養強化剤（ビタミン，ミネラル，アミノ酸など） |

鶏の殻付きの卵については，賞味期限が表示されているが，生食用か加熱加工用かの区別と使用方法を表示することになっている。たとえば，一般に市販されている生食用の鶏卵は，「生で食べる場合は期限内に使用し，賞味期限後は十分に加熱する必要がある」というような表示がされており，賞味期限後の使用方法に条件が付されている。鶏卵の他に生食用か加熱加工用かの区別が必要なものとしては，切り身またはむき身にした鮮魚介類と生かきがある。

### (2) 食品添加物

食品添加物とは，食品衛生法で「食品の製造過程において又は食品の加工もしくは保存の目的で，食品に添加，混和，浸潤，その他の方法によって使用するもの」と定められている。食品添加物の使用目的は表5-3-1のとおりである。

食品添加物の安全性については，物質の分析結果，動物を用いた毒性試験結果等の科学的なデータに基づき，審議・評価されている。具体的には，毒性試験で無毒性量を推定し，その値に安全係数として1/100をかけて人が生涯その食品添加物を毎日摂取しても影響を受けない**1日摂取許容量（ADI）**が設定されている。

食品添加物の安全性は，個々の添加物についての評価であり，複数の食品添加物を組み合わせて利用したときの安全性について不安に思われることがある。これについては，2006年度に，食品安全委員会が「食品添加物の複合影響に関する情報収集調査」を行い，個々に安全性が評価されている食品添加物は，複合的影響についても安全性を十分確保できると報告している。

マーケットバスケット方式を用いた食品添加物の一日摂取量調査も実施されている。スーパー等で売られている食品を購入し，その中に含まれている食品添加物量を分析し，その結果に国民栄養調査に基づく食品の喫食量を乗じて摂取量を算出する。一日摂取量がADIと比較して安全性上問

MEMO

題となるような結果が得られた場合には，食品添加物の基準を改正するなど必要な措置を講じることになっている。

### (3) トレーサビリティ*

牛海綿状脳症（BSE）や食品の偽装表示問題などの事件により，消費者に食品の安全性への不信感が広がっていることを受け，2003（平成15）年に食品安全委員会が設置され，食品のリスク評価**が行われるようになった。その中で，食品の生産，加工，流通などの各段階の情報が，追跡できるトレーサビリティが導入された。現在はトレーサビリティの導入が義務化されているのは，牛肉と米のみであり，他の食品については事業者の判断に委ねられている。

### (4) アレルギー表示

2002（平成14）年から食品衛生法により，アレルギー物質を含む食品については，消費者の健康危害の発生を防止する観点から，これらを含むことを表示することが義務づけられている。現在（2019年9月），表示が義務づけられている特定原材料は，卵，乳，小麦，そば，落花生，えび，かにの7品目，表示を奨励するものについては，アーモンド，あわび，いか，いくらなど21品目ある。

食物アレルギーを持つ人は年々増加傾向にあり，厚生労働省の2005（平成17）年の調査によると，食物アレルギーを起こした人の割合は乳児が10％，3歳児が4〜5％，学童期が2〜3％，成人が1〜2％と報告されており，原因食物は，乳幼児期までは鶏卵，乳製品が多いが，加齢とともに耐性を獲得する。一方，学童期以降は甲殻類や果物類のアレルギーの割合が増える。症状は，皮膚症状が最も多いが，血圧低下などのショック症状（アナフィラキシー）をともなうこともあり，注意することが必要である。

食品に含まれている食物アレルギーの原因とな

表5-3-2　原材料と加工食品のアレルギー発症可能性の関連性

| 発症可能性<br>食品 | レベル1<br>起きにくい | レベル2 | レベル3 | レベル4<br>起きやすい |
|---|---|---|---|---|
| 魚介類 | かつお節，かまぼこ | | | 塩辛，粕漬け，糠漬け，みそ漬け，水煮缶詰，油漬け缶詰 |
| 乳製品 | チョコレート | バター，ヨーグルト，チーズ | | |
| 野菜・果物 | 缶詰（果物），トマトソース，ケチャップ，粕漬け，糠漬け，みそ漬け | キムチ，干ししいたけ | トマトジュース | |
| ダイズ | チョコレート | みそ，しょうゆ | 豆腐，納豆，豆乳，湯葉 | |
| 小麦 | | パン，うどん，麩，ラーメン，スパゲティ | | |
| 大麦 | | 麦茶，麦みそ，麦焼酎 | ビール | |
| 米 | ビーフン，せんべい | もち，日本酒，酒かす | | |

資料）神奈川県衛生研究所「『食物アレルギーによる発症予防事業』総合研究報告書」p.43, 2006

るアレルゲンの調理，加工による変化については，少しずつ研究が進められている。その結果，野菜や果物では，調理，加工においてアレルゲン性が低下するものが多く，魚介類ではアレルゲン性の変化が少ないことが明らかにされている（表5-3-2）。これは，それぞれのアレルゲンの耐熱性の違いによるものと考えられている。

## 2）調理による食品成分の変化により生じる有害物質

食品に含まれる成分が調理において変化し，有害物質が発生するものとして，次のようなものがある。

### （1）ヒスタミン

さばやかつお，さんま，いわし，あじ等の赤身魚にはヒスタミンの元となるヒスチジンが多く含まれている。これらの魚のみりん干しや煮付けなどによる食中毒が報告されている。これは，腐敗細菌が付着して増殖する際に，ヒスチジンが分解されヒスタミンに変り，発熱，発疹などアレルギーのような症状が起こる（アレルギー様食中毒）。ヒスタミンは，通常の調理では完全に分解されないので，細菌の付着および増殖を防ぐようにして保存や加工する必要がある。特に食品上でのヒスタミン産生は，4℃できわめて遅いため，冷蔵が有効とされている。

### （2）過酸化脂質

油脂や油脂を多く含む食品は，保存中に脂質が空気中の酸素で酸化され，過酸化脂質が生成される。過酸化脂質による食中毒は，即席めん類，スナック菓子，クッキーなどで報告されている。ヒトの老化や細胞のがん化等にも過酸化脂質は関与していると考えられている。

食品衛生法では，食用油や即席めん類などについて規格基準が設定されている。油脂の酸敗は熱や光によって促進されるため，酸敗を防ぐには，真空包装や脱酸素剤の利用による空気中の酸素と

---

\* **トレーサビリティ（traceability）**
「trace（追跡）」「ability（可能）」の2つの用語を合わせた言葉。

\*\* **リスク評価**
食品に含まれる健康に害を及ぼすおそれのある要因を摂取することによって，どのくらいの確率で，どの程度健康へ悪影響を与えるかを科学的に評価すること。

の遮断，冷暗所での保存，光遮断性の高い容器に保存するなどが効果的である。

### (3) ニトロソアミン

亜硝酸とアミン類が酸性化で反応すると発がん物質であるニトロソアミンが生成される。亜硝酸塩は，ハムやベーコン，ソーセージなどの発色剤として用いられている。また，だいこんやはくさいなど野菜の漬け物等の加工品に硝酸塩が多く含まれており，体内で還元されて亜硝酸塩になる。アミン類は，アミノ酸から脱炭酸して生成され，魚介類に多い。

### (4) アクリルアミド

食品材料中に含まれるアミノ酸の一種のアスパラギン酸とブドウ糖などの還元糖が，揚げる，焼くなどの加熱（120℃以上）により反応して，アクリルアミドを生成する。じゃがいもを原料とするフライドポテトやポテトチップス，小麦や米を原料とするビスケットやかりんとう，米菓などの菓子類などに含まれている。調理時間が長く，揚げ温度が高いほど多く生成される。そこで，炭水化物の多い食品を必要以上に長時間，高温で焼いたり揚げたりしないようにする。冷蔵庫に保存したじゃがいもは澱粉の一部が高温で加熱した場合にアクリルアミドの生成の原因となる還元糖へと変化するため，揚げ物などの高温加熱は避けた方がよい。

### (5) ヘテロサイクリックアミン

たんぱく質に富む食品を加熱することによって生成される。魚や肉などを高温で焼いたり，揚げたりした時の焦げの部分に含まれ，発がん性があると考えられている。

### (6) トランス脂肪酸

トランス型*の二重結合を有する不飽和脂肪酸で，マーガリンやショートニングなどの加工油脂やこれらを原料として製造される食品，乳，乳製品，天然には牛，羊，山羊などの反芻動物の肉や

表5-3-3　国内に流通している食品のトランス脂肪酸含有量

| 食品名 | 試料数 | トランス脂肪酸（g/100g） |
| --- | --- | --- |
| マーガリン，ファットスプレッド | 34 | 7.00 |
| 食用調合油等 | 22 | 1.40 |
| ショートニング | 10 | 13.6 |
| ビスケット類※1 | 29 | 1.80 |
| スナック菓子，米菓子 | 41 | 0.62 |
| バター | 13 | 1.95 |
| クリーム類※2 | 10 | 3.02 |

※1　ビスケット，クッキー，クラッカー，パイ，半生ケーキが含まれる。
※2　クリーム，乳等を主材料とする食品，コーヒー用液状クリーミング，クリーミングパウダー，植物油脂クリーミング食品が含まれる。

資料）食品安全委員会ファクトシート，2012

精製植物油などに含まれる。トランス脂肪酸は，虚血性心疾患のリスクを高めると考えられており，WHO（世界保健機構）は，健康を増進するための勧告（目標）基準として，トランス脂肪酸の摂取を総エネルギー摂取量の1％未満に抑えるよう提示している。なお，日本人のトランス脂肪酸の摂取量は，平均値で総エネルギー摂取量の0.3％であり，通常の食生活では健康への影響は小さいと考えられている。表5-3-3に国内に流通している食品のトランス脂肪酸の含有量を示す。加工・調理段階でのトランス脂肪酸の生成は，植物油などの加工における水素添加の過程，植物油等の精製における脱臭の過程，油を高温で加熱する調理過程の3つの過程がある。調理過程においてどの程度トランス脂肪酸が生成するかについてのデータは少なく，研究が進められている。

---

**＊ トランス型**

不飽和脂肪酸における二重結合の炭素に結びつく水素の向き。トランス型とシス型の2種類がある。天然では，ほとんどの場合不飽和脂肪酸はシス型で存在する。

トランス型

シス型

## ◆演習問題

**問題1.** 食中毒菌に関する記述である。**誤っている**ものはどれか。1つ選べ。

a サルモネラ属菌による食中毒を防止するために、75℃で1分以上加熱する。
b 腸炎ビブリオは真水でよく洗浄することで防ぐことができる。
c 手に傷があるときは黄色ブドウ球菌による汚染の恐れがある。
d ウェルシュ菌、ボツリヌス菌、セレウス菌は熱に強いため、通常の加熱では殺菌することが難しい。保存する場合は急冷で保存して菌の増殖を抑える。
e 二枚貝等ノロウイルス汚染のおそれのある食品の場合は75℃で1分以上加熱する。

**問題2.** 調理による食品成分の変化に起因して生じる有害物質に関する記述である。**誤っている**ものはどれか。1つ選べ。

a 赤身魚にはヒスタミンの元となるヒスチジンが多く含まれている。ヒスチジンは分解されヒスタミンに変わり、アレルギー様食中毒を起こす。ヒスタミンは、通常の調理では完全に分解されない。
b 亜硝酸とアミン類が酸性化で反応すると発がん性物質であるニトロソアミンが生成される。アミン類はアミノ酸から脱炭酸して生成され、魚介類に多い。
c 食品材料中に含まれるアミノ酸の一種のアスパラギン酸とブドウ糖などの還元糖が、揚げる、焼くなどの加熱（120℃以上）により反応して、アクリルアミドを生成する。調理時間が長く、揚げ温度が高いほど多く生成される。
d トランス型の二重結合を有する不飽和脂肪酸をトランス脂肪酸と呼ぶ。この脂肪酸は天然には存在しない。
e たんぱく質に富む食品を加熱することによってヘテロサイクリックアミンが生成され、発がん性があると考えられている。

---

◎解答
問題1.　e
問題2.　d

# index ■さくいん

1日摂取許容量（ADI）　173
3つの食品群　9
4つの食品群　9〜11
5′-グアニル酸　106
6つの基礎食品群　9〜11
α-リノレン酸　27
β-澱粉　64
ATP　129
HDL　135
IH　56
JAS法　172
K値　129
LDL　135, 142
O157　168
pH　22, 79, 98
Umami　17

## あ

赤身魚　126
あく　22, 97
アクリルアミド　176
揚げる　43
味　15
味の相互作用　22
アシルグリセロール　154
アスパラギン酸　21, 22, 176
圧搾・ろ過　48
甘味　17
アミノ・カルボニル反応　28
アミノ化合物　28
アミノ酸　1
アミノ酸スコア　66
あめ　158
あらい　131
アルギン酸　111
アルマイト（鍋類）　55
泡立ち性　142
あん　89, 90

アントシアニン　95
イースト　76
閾値　22
イコサペンタエン酸（EPA）　126
異性化酵素　17
炒める　42
イタリア料理　6
イノシン酸（IMP）　21, 129
いも　82
インディカ種　64
ウイルス性食中毒　167, 168
ウインタリング　154
うま味　21
うま味成分　2, 126
うま味物質　21
栄養素　2, 8
えぐ味　22, 96〜98
エネルギー源　51
エマルション　29
遠赤外線ヒーター　53
オーブン　42
音　33
落とし卵　139
温度　32
温度管理（衛生管理）　170

## か

外観　30
外食　4
会席料理　5
懐石料理　4
過酸化脂質　175
ガス　51
加水（炊飯過程）　66
ガス炊飯器　57
可塑性　155
過熱水蒸気加熱　46
加熱操作　38

粥　68
カラギーナン　162
辛味　22
カラメル　159
カルボニル化合物　28
カロテノイド　93, 94
韓国料理　6
乾式加熱　41
換水値　76
乾燥豆　87
寒天　160
カンピロバクター　168
期限表示　172
きのこ　106〜108
起泡性　142
牛乳　144
凝固剤　90
行事食・供応食　4
共食　3
強制対流式オーブン　42
強力粉　71〜74
魚介類　125
魚肉の死後変化　129
筋形質たんぱく質　118
筋原線維たんぱく質　118
筋線維　118, 122
筋肉組織　117
グアニル酸　21
クックチルシステム　47
グリシニン　86
クリーミング性　156
クリーム　146
グルタミン酸　21
グルタミン酸ナトリウム　110
グルテン　71〜76
クロロフィル　92
鶏卵　133〜137
計量　47

化粧塩　133
結合組織　118
ゲル　30，160
ゲル化剤　160
検知閾値　22
香信　107
糊化澱粉　64，149
糊化特性　149
黒炭　54
穀類　63
こしあん　90
固体脂指数（SFI）　147，155
コハク酸　19，21，126
小麦粉　70〜82
米　64〜70
米粉　70
コロイド溶液　30
こわ飯　70
混合・撹拌　48
コンパウンドクリーム　146
昆布　110
コンベクションオーブン　→強制対
　流式オーブン

## さ

サービング　12
さしみ　131
サスペンション　29
さつまいも　84
さといも　85
砂糖　156
砂糖衣　158
サルモネラ属菌　168
酸味　18
シーズヒーター　53，56
塩味　19
嗜好性　1
シチュー　124
湿式加熱　38
渋きり　89
渋味　22，96
脂肪　118，120
しめさば　131

じゃがいも　84
ジャバニカ種　65
ジャポニカ種　65
シュー　80
重曹　77
熟成　121
主菜　12
主食　12
準強力粉　71，80
ショートニング　154，176
ショートニング性　156
精進料理　4
消費期限　172
賞味期限　172
食事　1
食事の計画　12
食事バランスガイド　12
食中毒　167〜172，175
食肉　117
食品　1
食品衛生法　172〜175
食品加工　2
食品群　9
食品添加物　173
食品の安全性　172
食品表示法　172
食文化　2，3
食物アレルギー　174
食用油脂　154
食料　1
シロップ　158
白身魚　126，132
真空調理法　46
浸漬　48，66
水中油滴型エマルション　29，142
炊飯過程　66
スクロース（ショ糖）　17
寿司飯　69
スチームコンベクションオーブン
　58
ステーキ　123
ステンレス（鍋類）　55
西洋料理　5

赤外線　42，53
切砕　48
ゼラチン　160
セラミックス（鍋類）　55
洗浄　47
洗米　66
相乗効果　23
藻類　109
咀嚼　15
疎水性　155
ゾル　30，160

## た

ダイズ（大豆）　20，86，90
耐熱ガラス（鍋類）　55
対比効果　22
対流　38
大量調理施設衛生管理マニュアル
　46，169
タイ料理　7
炊き込み飯　69
炊く　40
だし　110
ダマ　81
炒飯（チャーハン）　70
中国料理　6
中力粉　72，80
腸炎ビブリオ　168
調味の方法　24
調理　1
調理操作　2，37
つぶしあん　90
テアニン　21
テクスチャー　28
デュラム粉　72，80
電気　53
電気炊飯器　57
電気ヒーター　53
電子レンジ　43，57，58
澱粉　63，149
澱粉ゲル　151
ドウ　73
等電点　123

豆腐　90
ドコサヘキサエン酸（DHA）　126
トランス脂肪酸　176
トレーサビリティ　174
冬菇　107

## な
内食　4
中食　4
鍋　55
生肉の色　122
におい　24
苦味　20
肉基質たんぱく質　118
肉の組織　117
煮魚　132
ニトロソアミン　176
日本食品標準成分表　8
日本人の食事摂取基準　8
煮豆　88
乳化　28
乳脂肪　144
煮る　40
認知閾値　22
熱凝固性　137
熱伝導　38
ノロウイルス　168，169

## は
パイ　79
バイキング　8
ハウ・ユニット　137
白炭　54
薄力粉　71～74
バタークリーム　158
バター　73
刃物　58
ハロゲンヒーター　53
非加熱調理操作　58
ひき肉　124
ヒスタミン　175
ヒスチジン　126，175
微生物　1，168

びっくり水　89
ビュッフェ　7
ピラフ　69
ファットスプレッド　154
風味調味料　22
ブールマニエ　81
フォンダン　158
副菜　12
不飽和脂肪酸　120
フラボノイド　94
フランス料理　5，6
ブレークダウン　149
粉砕・磨砕　48
分散系　28
ベーキングパウダー　76～79
ペクチン　163
ペクチンメチルエステラーゼ　100
ヘテロサイクリックアミン　176
変調効果　23
ホイップクリーム　147
膨化　76～80
放射　38
包装　172
包丁　58
ほうろく　42
飽和脂肪酸　120
ホーロー（鍋類）　55
保管　170
ポリフェノール　95
本膳料理　4

## ま
マーガリン　154
マイクロ波　43，57
豆類　86
ミオグロビン　122
味覚変革物質　24
味蕾　24，33
無機質　100
蒸す　40
メイラード反応　→アミノ・カルボニル反応
メレンゲ　144

もち　70
もち米　70
盛りつけ　32

## や
焼き魚　132
焼く　41
野菜類　92
やまのいも　86
有極性分子　43
誘電加熱解凍　50
油中水滴型エマルション　29，142
ゆで卵　138
ゆでる　39
抑制効果　23

## ら
卵黄係数　137
卵黄中の乳化剤　142
リスク評価　174
リノール酸　27，128
緑黄色野菜　92
緑色野菜　92
ルウ　81
冷却・冷蔵　48
冷凍・解凍　48
冷凍冷蔵庫　60
老化　64，152

## わ
わかめ　111

エスカベーシック
食べ物と健康
―調理学―

2009年 4月10日　第一版第1刷発行
2024年 3月31日　第一版第9刷発行

編著者●渋川祥子
著　者●今井悦子
　　　　杉山久仁子
　　　　大石恭子
　　　　辰口直子
発行者●宇野文博
発行所●株式会社 同文書院
　　　　〒112-0002　東京都文京区小石川 5-24-3
　　　　TEL（03）3812-7777
　　　　FAX（03）3812-7792
　　　　振替　00100-4-1316
印刷・製本・DTP●真生印刷株式会社

ⓒ Shoko Shibukawa et al, 2009
Printed in Japan　ISBN978-4-8103-1359-8

●落丁・乱丁本はお取り替えいたします